ATLAS MUNDIAL

INCORPORATED

MAPLEWOOD, NEW JERSEY 07040

CONTENIDO

INDICE DE GRANDES DIVISIONES DEL MUNDO

CON SU EXTENSION Y POBLACION

Lista alfabetica de grandes divisiones, paises, estados y provincias, posesiones coloniales, etc., con datos sobre la superficie, poblacion y capital de cada uno, la poblacion de las capitales y ciudades mas grandes y, ademas, la referencia al mapa de mayor escala en que aparece cada pais. A continuacion de nombre de las posesiones coloniales y de ciertas regiones, se indica el nombre de la metropoli respectiva, entre parentesis y, generalmente, en abreviatura. En ciertos casos, a continuacion del nombre de un pais aparece igualmente entre parentesis, el otro nombre por el que tambien es conocido. Las divisiones de los paises mas grande de America Latina aparecen tambien. Aunque las de Cuba y la Republica Dominicana no aparecen en el mapa, se pueden encontrar en este indice.

Las referencias que permiten encontrar en cualquier mapa el pais que se busque, consisten en el numero de la pagina en que esta el mapa y en la letra y el numero que sirven de coordenadas y que corresponden con las letras y los numeros que aparecen en los bordes del mapa. Trazando sendas lineas que partan de la letra y el numero, tomados como referencia, y que corran sobre la superficie del mapa, en el punto en que se junten esas lineas o en su area inmediata, se encontrara el nombre o el lugar buscado.

ABREVIATURAS

Admin. Mil.	= Administración Militar	Fr.	= Francés, Francesa	Prot.	= protectorado
Arch.	= Archipiélago	Grens.	= Grenadines	Ref.	= referencia (en el mapa)
Arg.	= Argentina	Is.	= Islas	Rep.	= República
Br.	= Británico, Británica	Km2	= Kilómetros cuadrados	Rep. Dom.	= República Dominicana
Dist.	= distrito	Nva.	= Nueva	R.F.S.S.	= República Federada Socialista Soviética
En fid.	= en fideicomiso	Pág.	= Página	R.S.S.	= República Socialista Soviética
Esp.	= Español, Española	P.N.G.	= Papúa Nueva Guinea	Terr.	= territorio
E.U.A.	= Estados Unidos de América	Port.	= Portugués, Portuguesa	U.R.S.S.	= Unión de las Repúblicas Socialistas Soviéticas

País o División	Superficie Km2	Población	Capitales y Ciudades Principales	Población	Ref. (País)	Pág.
A						
Aconcagua, Chile	....	....	*Valparaíso	†620,180	E 2	30
Acre, Brasil	152,589	306,500	*Rio Branco	34,531	G10	26
Afganistán	649,509	15,540,000	*Kabul	905,108	K 6	54
África	30,320,000	469,000,000	....			63
África del Sudoeste (Namibia)	823,172	852,000	*Windhoek	61,639	D 7	63
Africana Central, República	612,000	1,637,000	*Bangui	279,792	E 4	63
Aguascalientes, México	5,589	338,142	*Aguascalientes	181,277	H 6	37
Aisén de Geral. Carlos Ibánes del Campo, Chile ..	....	....	*Puerto Aisén	†15,000	G 3	30
Alabama, E.U.A.	133,667	3,890,061	*Montgomery	†272,687	J 4	38
			Birmingham	†847,360		
Alagoas, Brasil	27,652	1,900,000	*Maceió	242,867	G 5	26
Alaska, E.U.A.	1,518,807	400,481	*Juneau	19,258	C 5	36
			Anchorage	†173,017		
Albania	28,748	2,188,000	*Tirana	170,000	B 3	52
Alberta, Canadá	661,188	1,838,037	*Edmonton	461,361	E 5	35
Alemania Occidental	248,600	61,517,000	*Bonn	283,260	......	49
			Berlín (Oeste)	1,984,837		
Alemania Oriental	108,178	16,745,000	*Berlín	1,094,147	......	49
Aleutianas, Islas (E.U.A.) ..	10,881	7,768	Unalaska	1,322	F 3	18
Altagracia, La, Rep. Dominicana	3,084	86,070	*Higüey	17,995	......	39
Alto Volta (Burkina Faso)	274,200	6,144,000	*Uagadugu	172,661	B 3	63
Amapá, Brasil	139,068	179,300	*Macapá	51,563	D 2	26
Amazonas, Brasil	1,558,987	1,400,000	*Manaus	284,118	G 9	26
Amazonas, Colombia	121,240	6,825	*Leticia	6,285	D 6	24
Amazonas, Venezuela	175,750	13,651	*Puerto Ayacucho	10,417	E 5	23
América Central	511,678		....			38
América del Norte	24,249,000	370,000,000	....			31
América del Sur	17,834,000	245,000,000	....			19
Andorra	487	31,000	*Andorra la Vieja	12,000	G 1	44
Angola	1,246,700	6,761,000	*Luanda	475,328	D 6	63
Anguilla (Br.)	91	6,519	The Valley	....	F 3	39
Antártica	14,245,000					72
Antigua y Barbuda	442	72,000	*San Juan	21,814	G 3	39
Antillas, Las	239,716		....			39
Antillas Holandesas	1,011	246,000	*Willemstad	†130,000	E 4	39
Antioquia, Colombia	62,870	2,976,153	*Medellín	†1,100,082	B 3	24
Antofagasta, Chile	....	....	*Antofagasta	157,000	B 3	30
Anzoátegui, Venezuela	43,300	586,923	*Barcelona	76,410	F 3	23
			Puerto La Cruz	76,477		
Apure, Venezuela	76,500	186,080	*San Fernando	38,960	D 4	23
Arabia Saudita	2,149,690	7,013,000	*El Riad	666,840	B 3	59
			La Meca	366,801		
Aragua, Venezuela	7,014	510,860	*Maracay	†330,441	E 3	23
Arauca, Colombia	23,490	19,884	*Arauca	7,613	D 3	24
Araucania, La, Chile	....	....	*Temuco	156,900	D 4	30
Argelia	2,381,741	19,129,000	*Argel	1,365,400	C 1	63
Argentina	4,024,459	27,064,000	*Buenos Aires	†8,925,000		29
Arizona, E.U.A.	295,024	2,717,866	*Phoenix	†1,508,030	D 4	36
Arkansas, E.U.A.	137,539	2,285,513	*Little Rock	†393,494	H 3	36
Armenia, R.S.S. de, U.R.S.S.	29,800	3,031,000	*Erivan	1,019,000	F 6	53
Artigas, Uruguay	12,145	52,843	*Artigas	29,256	B 1	28
B						
Ascensión (Br.)	88	1,000	*Georgetown	1,206	A 5	63
Asia	44,363,000	‡2,558,000,000	....			54
Atacama, Chile	....	....	*Copiapó	†51,809	B 5	30
Atlántico, Colombia	3,270	958,560	*Barranquilla	†661,920	B 1	24
Australia	7,686,884	14,567,000	*Canberra	†196,539	......	67
			Sydney	†3,021,982		
Austria	83,850	7,505,000	*Viena	1,592,800	......	52
Azerbeiyán, R.S.S. de U.R.S.S.	86,600	6,028,000	*Bakú	†1,550,000	G 6	53
Azores (Port.)	2,335	285,015	Punta Delgada	20,190	N 4	18
Azua, Rep. Dominicana	2,430	86,850	*Azua	13,880	......	39
Bahamas	13,939	225,000	*Nassau	105,352	D 2	39
Bahía, Brasil	559,951	9,300,000	*Salvador	†1,766,075	F 6	26
Bahoruco, Rep. Dominicana	1,376	67,025	*Neiba	9,215	......	39
Bahrain	622	364,000	*Manama	88,785	D 3	59
Baja California Norte, México	70,113	870,421	*Mexicali	317,228	B 1	37
			Tijuana	†458,574		
Baja California Sur, México	73,677	128,019	*La Paz	46,011	C 3	37
Baleares, Islas, Esp.	5,014	558,287	*Palma	†234,098	H 3	44
Bangladesh	142,776	87,657,000	*Dhaka	1,679,572	F 4	60
Barahona, Rep. Dominicana	2,528	111,115	*Barahona	†56,885	......	39
Barbados	431	249,000	*Bridgetown	†97,565	G 4	39
Barinas, Venezuela	35,200	239,686	*Barinas	56,329	C 3	23
Belau (Palaos)	497	12,674	*Koror	6,032	D 5	71
Bélgica	30,513	9,855,000	*Bruselas	†1,028,972	E 7	47
Belice	22,965	144,857	*Belmopan	2,932	C 2	38
			Belice	†50,925		
Beni, El, Bolivia	213,564	211,500	*Trinidad	20,940	C 3	27
Benin	114,711	3,567,000	*Puerto Novo	104,000	C 4	63
			Cotonou	164,000		
Bermudas, Islas (Br.)	53	57,000	*Hamilton	†13,757	G 2	39
Bío-Bío, Chile	....	....	Concepción	†518,950	D 4	30
Birmania	678,033	32,913,000	*Rangún	†2,055,365	B 1	62
Bismarck Archipiélago, Papúa Nva. Guinea	49,148	314,308	*Rabaul	14,973	E 6	71
Bolívar, Colombia	26,392	802,407	*Cartagena	†313,305	C 2	24
Bolívar, Venezuela	238,000	505,765	*Ciudad Bolívar	140,524	F 4	23
			Ciudad Guayana	†152,575		
Bolivia	1,098,581	5,425,000	*La Paz	654,713	......	27
			*Sucre	†106,590		
Botswana	582,140	791,000	*Gaborone	17,718	E 7	63
			Francistown	18,613		
Boyacá, Colombia	23,076	1,084,766	*Tunja	†77,473	D 3	24
Brasil	8,456,508	119,024,600	*Brasília	†538,351		26
			Río de Janeiro	†9,018,981		
			São Paulo	†12,578,045		
Brunei	5,765	213,000	*Bandar Seri Begawan	36,987	E 5	62
Buenos Aires, Argentina	307,804	8,774,529	*La Plata	†478,666	D 4	29
Bulgaria	110,912	8,814,000	*Sofía	†814,382	D 3	52
Burkina Faso	274,200	6,144,000	*Uagadugu	172,661	B 3	63
Burundi	27,834	3,992,130	*Bujumbura	78,810	E 5	63
Bután	47,000	1,035,000	*Thimphu	50,000	F 3	60

*Capital; †Poblacion incluye todo el municipio, partido o departamento. ‡Sin U.R.S.S.

País o División	Superficie Km2	Población	Capitales y Ciudades Principales	Población	Ref. (País)	Pág.
C						
Cabo Verde	4,033	303,000	*Praia	21,494	G 8	63
Caimanes, Islas (Br.)	259	16,677	*George Town	7,617	B 2	39
Caldas, Colombia	7,283	700,954	*Manizales	†231,066	B 3	24
California, E.U.A.	411,015	23,668,562	*Sacramento	†1,014,002	B 3	36
			Los Ángeles	†7,477,657		
Camagüey, Cuba	14,142	620,529	*Camagüey	221,826		39
Camboja	181,035	6,701,000	*Fnom-Penh	300,000	C 3	62
Camerún	465,054	7,914,000	*Yaundé	313,706	D 4	63
			Duala	458,426		
Campeche, México	51,833	251,556	*Campeche	69,506	O 7	37
Canadá	9,976,185	22,992,604	*Ottawa	304,462		35
			Montreal	1,080,546		
Canal, Islas del Reino Unido	192	130,000	*San Helier	28,135	E 6	45
			*San Peter Port	16,303		
Canarias, Islas, Esp.	7,273	1,170,224	Las Palmas	†287,038	B 4	44
Canelones, Uruguay	4,533	285,195	*Canelones	15,938	C 5	28
			Las Piedras	53,983		
Caquetá, Colombia	90,185	57,103	*Florencia	31,817	C 5	24
Carabobo, Venezuela	4,649	603,953	*Valencia	†405,177	D 2	23
Carolina del Norte, E.U.A.	136,198	5,874,429	*Raleigh	†525,059	K 3	36
			Charlotte	†632,083		
Carolina del Sur, E.U.A.	80,433	3,119,208	*Columbia	†395,775	K 4	36
Casanare, Colombia	44,674	90,107	*Yopal	11,332	D 3	24
Catamarca, Argentina	99,818	172,323	*Catamarca	†64,410	C 2	29
Cauca, Colombia	30,495	603,894	*Popayán	†94,120	B 4	24
Ceará, Brasil	146,817	5,300,000	*Fortaleza	†1,581,457	F 4	26
Ceilán (Sri Lanka)	65,610	14,741,000	*Colombo	618,000	D 7	60
Cerro Largo, Uruguay	13,851	71,023	*Melo	38,208	E 3	28
Cesar, Colombia	23,792	339,843	*Valledupar	†110,038	C 2	24
Ciego de Ávila, Cuba	6,488	301,348	*Ciego de Ávila	60,910		39
Cienfuegos, Cuba	4,151	318,638	*Cienfuegos	88,000		39
Coahuila, México	151,571	1,114,956	*Saltillo	161,114	H 3	37
			Torreón	†356,240		
Cochabamba, Bolivia	55,631	866,100	*Cochabamba	169,930	C 5	27
Cojedes, Venezuela	14,800	108,061	*San Carlos	21,029	D 3	23
Colima, México	5,455	241,153	*Colima	58,450	G 7	37
Colombia	1,138,914	27,185,000	*Bogotá	†2,855,065		24
Colombia Británica, Canadá	948,601	2,466,608	*Victoria	†230,592	D 5	35
			Vancouver	†1,085,242		
Colonia, Uruguay	6,143	105,350	*Colonia	16,895	B 5	28
Colorado, E.U.A.	270,000	2,888,834	*Denver	†1,619,921	E 3	36
Comoros	1,862	370,000	*Moroni	12,000	G 6	63
Congo	342,000	1,440,000	*Brazzaville	298,967	D 5	63
Connecticut, E.U.A.	12,973	3,107,576	*Hartford	†726,094	M 2	36
Cook, Islas	236	18,500	*Avarua	†5,808	L 7	71
			*La Serena	†71,898	E 1	30
Coquimbo, Chile	....	....				
Córdoba, Argentina	168,766	2,060,065	*Córdoba	†790,508	D 3	29
Córdoba, Colombia	25,175	645,478	*Montería	†149,442	B 2	24
Corea del Norte	120,538	17,000,000	*Pyongyang	1,250,000	F 4	61
Corea del Sur	98,431	37,605,000	*Seúl	6,889,502	F 4	61
Corrientes, Argentina	88,199	564,147	*Corrientes	†136,924	E 2	29
Costa del Marfil	321,673	7,920,000	*Abidchan	685,828	B 4	63
Costa Rica	50,900	2,193,000	*San José	†395,401	E 5	38
Cuba	110,922	9,775,000	*Habana	†1,804,195	B 2	39
Cundinamarca, Colombia	22,373	1,106,626	*Bogotá	†2,855,065	C 4	24
CH						
Chaco, Argentina	99,633	566,613	*Resistencia	†142,848	D 2	29
Chad	1,284,000	4,309,000	*N'Djamena	179,000	D 3	63
Chatham, Islas (Nva. Zelanda)	963	615	Waitangi	310	J10	71
Checoslovaquia	127,827	15,247,000	*Praga	1,173,031		52
Chiapas, México	73,887	1,569,053	*Tuxtla Gutiérrez	66,851	L 8	37
Chihuahua, México	247,087	1,612,525	*Chihuahua	327,313	F 2	37
			Ciudad Juárez	497,267		
Chile	756,945	11,167,000	*Santiago	†3,691,548		30
China	9,561,000	958,090,000	*Pekín	†8,500,000		61
			Shanghai	†10,980,000		
Chipre	8,995	621,000	*Nicosia	115,718	E 5	58
Chocó, Colombia	47,205	201,915	*Quibdó	†49,556	B 3	24
Christmas, Isla (Australia)	135	3,000	Flying Fish Cove	1,300	O11	54
Chubut, Argentina	224,686	189,970	*Rawson	†34,361	C 5	29
			Comodoro Rivadavia	†72,906		
Chuquisaca, Bolivia	51,524	499,500	*Sucre	54,020	C 6	27
D						
Daito, Islas, Japón	44	2,357	I. Minami-Daito	1,710	M 6	61
Dajabón, Rep. Dominicana	890	52,695	*Dajabón	6,025		39
Dakota del Norte, E.U.A.	183,022	652,695	*Bismarck	†79,988	F 1	36
			Fargo	†137,574		
Dakota del Sur, E.U.A.	199,552	690,178	*Pierre	11,973	F 2	36
			Sioux Falls	†109,435		
Delaware, E.U.A.	5,328	595,225	*Dover	17,488	L 3	36
			Wilmington	†512,400		
Delta Amacuro, Venezuela	40,200	35,273	*Tucupita	21,417	H 3	23
Dependencias Federales, Venezuela	120	861	El Roque	345	E 2	23
Dinamarca	43,070	5,125,000	*Copenhague	†1,327,940	F 8	48
Distrito de Columbia, E.U.A.	174	637,651	*Wáshington	†3,041,909	L 3	36
Distrito Especial, Colombia	1,587	2,855,065	*Bogotá	2,855,065	C 4	24
Distrito Federal, Arg.	199.5	2,972,453	Buenos Aires	†8,925,000	E 3	29
Distrito Federal, Brasil	5,771	1,176,748	*Brasília	†1,176,748	D 6	26
Distrito Federal, México	1,499	6,874,165	*México	†10,766,791	L 1	37
Distrito Federal, Venezuela	1,930	2,561,553	*Caracas	†2,445,071	E 2	23
Distrito Nacional, Rep. Dominicana	1,477	817,645	*Santo Domingo	†865,000		39
Dominica	751	81,000	*Roseau	†16,035	G 4	39
Dominicana, República	48,442	5,431,000	*Santo Domingo	†817,645	D 3	39
Duarte, Rep. Dominicana	1,292	201,795	*San Francisco de Macorís	†56,925		39
Durango, México	119,648	939,208	*Durango	150,541	G 4	37
Durazno, Uruguay	12,207	53,635	*Durazno	25,811	C 3	28
E						
Ecuador	273,724	8,354,000	*Quito	599,828		25
			Guayaquil	†816,424		
Egipto	1,001,449	41,572,000	*El Cairo	5,084,463	E 2	63
El Libertador Geral. Bernardo O'Higgins, Chile			*Rancagua	122,500	E 3	30
El Salvador	21,393	4,485,000	*San Salvador	337,171	C 4	38
Emiratos Árabes Unidos	83,600	862,000	*Abu Dhabi	347,000	D 4	59
Entre Ríos, Argentina	72,216	811,691	*Paraná	†127,635	E 3	29
Escocia, Reino Unido	78,772	5,261,000	*Edimburgo	470,085	D 2	45
			Glasgow	†1,674,789		
Espaillat, Rep. Dominicana	1,000	138,265	*Moca	24,195		39
España	504,741	37,513,000	*Madrid	†3,500,000	D 3	44
			Barcelona	†2,000,000		
Española, Isla	76,143	7,397,435			D 2	39
Espíritu Santo, Brasil	45,597	2,000,000	*Vitoria	121,978	F 7	26
Estados Unidos de América	9,363,166	226,504,815	*Wáshington	†3,041,909		36
			Nueva York	†9,080,777		
Estonia, R.S.S. de, U.R.S.S.	45,100	1,466,000	*Tallinn	430,000	C 3	53
Estrelleta, La, Rep. Dominicana	1,788	54,495	*Elías Piña	4,445		39
Etiopía	1,221,900	30,420,000	*Addis Abeba	1,963,300	F 4	63
Europa	10,505,000	‡484,000,000	....	....		40
F						
Falcón, Venezuela	24,800	461,155	*Coro	68,701	C 2	23
Fernando de Noronha, Brasil	25	1,239	Vila dos Remedios		G 3	19
Feroé, Islas (Dinamarca)	1,399	41,969	*Thorshavn	11,618	D 2	40
Fiji	18,272	619,000	*Suva	†93,000	J 7	71
Filipinas, República de	300,000	47,914,017	*Manila	1,626,249	H 4	62
Finlandia	337,032	4,778,000	*Helsinki	†871,294	L 5	48
Flores, Uruguay	5,133	23,530	*Trinidad	17,598	C 4	28
Florida, E.U.A.	151,670	9,739,992	*Tallahassee	†157,076	K 5	36
			Miami	†1,572,842		
Florida, Uruguay	10,383	63,987	*Florida	25,030	C 4	28
Formosa, Argentina	72,066	234,075	*Formosa	†61,071	D 1	29
Francia	543,998	53,478,000	*París	†8,547,625		46
G						
Gabón	267,667	500,000	*Libreville	†105,080	D 5	63
Galápagos, Islas, Ecuador	7,879	4,058	*Puerto Baquerizo	1,282	B 8	25
Gales, Reino Unido	20,764	2,778,000	Cardiff	281,500	E 4	45
Gambia	10,689	601,000	*Banjul	39,476	A 3	63
Gaza, Faja de		400,000			A 5	59
Georgia, E.U.A.	152,489	5,464,265	*Atlanta	†2,329,618	K 4	36
Georgia, R.S.S. de, U.R.S.S.	69,700	5,015,000	*Tbilisi	1,066,000	F 6	53
Ghana	238,537	11,450,000	*Accra	†738,498	B 4	63
Gibraltar (Br.)	6	29,760	*Gibraltar	29,760	D 4	44
Goiás, Brasil	642,036	3,900,000	*Goiânia	362,152	B 6	26
Gran Bretaña e Irlanda del Norte (Reino Unido)	244,019	55,883,000	*Londres	†12,332,900		45
Granada	344	110,000	*San Jorge	†29,860	F 4	39
Granma, Cuba	8,457	725,519	*Bayamo	81,000		39
Grecia	131,944	9,440,000	*Atenas	†2,566,775	C 4	52
Groenlandia, Dinamarca	2,175,600	49,773	*Nûk	†9,561	O 2	31
Guadalupe y Dependencias (Fr.)	1,780	319,000	*Basse Terre	15,206	F 3	39
			Pte.-à-Pitre	23,750		
Guainía, Colombia	78,065	1,792	*Puerto Infrida	1,750	E 5	24
Guajira, La, Colombia	20,180	180,520	*Riohacha	†39,587	D 1	24

País o División	Superficie Km2	Población	Capitales y Ciudades Principales	Población	Ref. (País)	Pág.

N

País o División	Superficie Km2	Población	Capitales y Ciudades Principales	Población	Ref. (País)	Pág.
Namibia	823,172	852,000	*Windhoek	61,369	D 7	63
Nariño, Colombia	31,045	807,112	*Pasto	†149,620	A 5	24
Naúru	21	7,000	Yaren (dist.)	377	G 6	71
Nayarit, México	27,621	544,031	*Tepic	87,540	G 6	37
Nebraska, E.U.A.	200,018	1,570,006	*Lincoln	†192,884	F 2	36
			Omaha	†570,399		
Nepal	141,577	13,713,000	*Katmandú	†353,756	D 3	60
Neuquén, Argentina	94,078	154,570	*Neuquén	†43,070	B 4	29
Nevada, E.U.A.	286,299	799,184	*Carson City	32,022	C 3	36
			Las Vegas	†461,816		
Nicaragua	118,358	2,481,000	*Managua	†404,634	E 4	38
Níger	1,267,000	4,994,000	*Niamey	225,314	C 3	63
Nigeria	983,237	82,643,000	*Lagos	†1,476,837	C 4	63
Niue (Nva. Zelanda)	259	4,000	*Alofi	1,045	K 7	71
Norfolk, Isla, Australia	34	2,000	*Kingston		G 8	71
Noroeste, Territorios del, Canadá	3,379,699	42,609	*Yellowknife	8,256	F 3	35
Norte de Santander, Colombia	20,815	693,298	*Cúcuta	†269,565	C 2	24
Noruega	323,887	4,087,000	*Oslo	†645,413	G 6	48
Nueva Bretaña, Papúa Nva. Guinea	36,959	222,759	Rabaul	14,973	F 6	71
Nueva Caledonia (Fr.)	19,000	139,600	*Noumea	†63,000	G 8	71
Nueva Escocia, Canadá	55,491	814,000	*Halifax	†222,637	K 7	35
Nueva Esparta, Venezuela	1,150	135,494	*La Asunción	6,334	G 2	23
			Porlamar	21,754		
Nueva Hampshire, E.U.A.	24,097	920,610	*Concord	30,400	M 2	36
			Manchester	†160,787		
Nueva Irlanda, Papúa Nva. Guinea	8,650	67,605	Kavieng	4,566	F 6	71
Nueva Jersey, E.U.A.	20,295	7,364,158	*Trenton	†305,678	M 3	36
			Newark	†1,963,600		
Nueva York, E.U.A.	128,402	17,557,288	*Albany	†794,298	L 2	36
			Nueva York	†9,080,777		
Nueva Zelanda	268,675	3,119,000	*Wellington	†328,400		67
			Auckland	†749,000		
Nuevo Brunswick, Canadá	73,437	677,250	*Fredericton	45,248	K 7	35
			St. John	85,956		
Nuevo León, México	64,555	1,694,689	*Monterrey	†1,543,399	K 4	37
Nuevo México, E.U.A.	315,115	1,299,968	*Santa Fe	48,899	E 4	36
			Albuquerque	†454,499		

O

País o División	Superficie Km2	Población	Capitales y Ciudades Principales	Población	Ref. (País)	Pág.
Oaxaca, México	95,364	2,015,424	*Oaxaca	99,535	L 8	37
Oceanía (con Australia)	8,526,280	23,000,000				71
Océano Indico Británico, Terr. del	60	2,000			L10	54
Ohio, E.U.A.	106,765	10,797,419	*Columbus	†1,093,293	K 2	36
			Cleveland	†1,898,720		
Oklahoma, E.U.A.	181,090	3,025,266	*Oklahoma City	†829,584	G 3	36
Omán	310,800	600,000	*Mascate	7,500	E 4	59
			Matrah	20,000		
Ontario, Canadá	1,068,587	8,264,465	*Toronto	†2,124,791	H 5	35
Orcadas, Islas (Escocia)	963	17,675	*Kirkwall	4,777	E 1	45
Oregón, E.U.A.	251,181	2,632,663	*Salem	†249,895	B 2	36
			Portland	†1,242,187		
Oruro, Bolivia	53,588	371,300	*Oruro	106,590	A 6	27

P

País o División	Superficie Km2	Población	Capitales y Ciudades Principales	Población	Ref. (País)	Pág.
Pacifico, Terr. Fid. de las Islas del (en fid. E.U.A.)	1,857	126,000	Capitol Hill	592	D,G 5	71
			Ebeye	6,320		
Países Bajos (Holanda)	41,160	14,155,000	*Amsterdam	†970,376	G 4	47
			*La Haya	†675,449		
			Rotterdam	†1,019,924		
Pakistán	803,943	76,770,000	*Islamabad	77,318	A 3	60
Pampa, La, Argentina	143,440	172,029	*Santa Rosa	†33,649	C 4	29
Panamá	77,082	1,830,175	*Panamá	388,638	G 6	38
Pando, Bolivia	63,827	35,000	*Cobija	3,010	B 2	27
Papúa Nueva Guinea	475,370	3,006,799	*Puerto Moresby	122,761	B 7	62
Pará, Brasil	1,227,530	3,400,000	*Belém	†1,000,357	D 4	26
Paraguay	406,752	2,973,000	*Asunción	†565,363		28
Paraíba, Brasil	56,372	2,400,000	*João Pessoa	197,398	G 4	26
Paraná, Brasil	199,060	7,500,000	*Curitiba	†1,441,743	D 9	26
Paysandú, Uruguay	14,105	88,029	*Paysandú	62,412	B 2	28
Paz, La, Bolivia	133,985	1,674,600	*La Paz	605,200	A 4	27
Pedernales, Rep. Dominicana	967	12,625	*Pedernales	5,240		39
Pensilvania, E.U.A.	117,413	11,866,728	*Harrisburg	†446,308	L 2	36
			Filadelfia	†4,700,996		
Peravia, Rep. Dominicana	1,622	129,335	*Baní	23,530		39
Pernambuco, Brasil	98,281	6,100,000	*Recife	†2,346,196	G 5	26
Persia (Irán)	1,648,000	35,504,000	*Teherán	4,496,159		58
Perú	1,285,216	18,135,000	*Lima	†2,836,374	F 5	25
Piauí, Brasil	250,934	1,700,000	*Teresina	181,071	F 5	26
Pinar del Río, Cuba	10,865	616,978	*Pinar del Río	83,000		39

País o División	Superficie Km2	Población	Capitales y Ciudades Principales	Población	Ref. (País)	Pág.
Pitcairn, Islas (Br.)	47	100	*Adamstown	66	O 8	71
Polinesia Francesa	4,000	137,382	*Papeití	22,967	N 7	71
Polonia	312,677	35,641,000	*Varsovia	1,474,200		51
Portugal	92,072	9,866,000	*Lisboa	†1,611,887	B 3	44
Portuguesa, Venezuela	15,200	550,655	*Guanare	37,715	D 3	23
			Acarigua	42,112		
Potosí, Bolivia	118,218	943,600	*Potosí	73,840	B 7	27
Príncipe Eduardo, Isla, Canadá	5,662	118,229	*Charlottetown	17,063	K 7	35
Puebla, México	33,919	2,508,226	*Puebla	465,985	K 7	37
Puerto Plata, Rep. Dominicana	1,881	189,490	*Puerto Plata	†46,115		39
Puerto Rico	8,897	3,187,570	*San Juan	†1,083,664	G 1	39
Putumayo, Colombia	25,570	22,916	*Mocoa	6,221	B 5	24

Q

País o División	Superficie Km2	Población	Capitales y Ciudades Principales	Población	Ref. (País)	Pág.
Quebec, Canadá	1,540,687	6,234,445	*Quebec	†449,663	J 5	35
			Montreal	1,080,546		
Querétaro, México	11,769	485,523	*Querétaro	112,993	K 6	37
Quindío, Colombia	1,825	321,677	*Armenia	†145,802	B 4	24
Quintana Roo, México	50,350	88,150	*Chetumal	23,685	P 7	37

R

País o División	Superficie Km2	Población	Capitales y Ciudades Principales	Población	Ref. (País)	Pág.
Reino Unido	244,019	55,883,000	*Londres	†12,704,290		45
Reunión (Fr.)	2,510	489,000	*St. Denís	80,075	J12	54
Rhode Island, E.U.A.	3,144	947,154	*Providence	†919,036	M 2	36
Río de Janeiro, Brasil	43,305	11,300,000	*Río de Janeiro	†9,018,981	F 8	26
Río Grande del Norte, Brasil	53,015	1,900,000	*Natal	250,787	G 4	26
Río Grande del Sur, Brasil	267,528	1,300,000	*Porto Alegre	†2,332,370	C10	26
Río Negro, Argentina	203,013	262,622	*Viedma	†12,888	C 5	29
			General Roca	†29,320		
Río Negro, Uruguay	9,637	46,861	*Fray Bentos	19,569	B 3	28
Rioja, La, Argentina	92,331	136,237	*La Rioja	†46,090	C 2	29
Risaralda, Colombia	3,962	452,626	*Pereira	†210,543	B 4	24
Riukiu, Islas, Japon	2,196	1,215,456	*Naha	295,006	L 6	61
Rivera, Uruguay	9,099	71,086	*Rivera	49,013	D 2	28
Rocha, Uruguay	10,992	55,097	*Rocha	21,612	E 4	28
Romana, La, Rep. Dominicana	541	56,980	*La Romana	†37,885		39
Rondônia, Brasil	243,044	116,000	*Porto Velho	41,146	H10	26
Roraima, Brasil	230,104	73,300	*Boa Vista	16,720	H 8	26
Ruanda	26,338	4,819,317	*Kigali	117,749	E 5	63
Rumania	237,500	22,048,305	*Bucarest	†1,960,097	D 2	52
Rusia, R.F.S.S. de, U.R.S.S.	17,075,400	137,551,000	*Moscú	†8,011,000		53,54
Rusia Blanca, R.S.S. de, U.R.S.S.	207,600	9,560,000	*Minsk	†1,276,000	C 4	53

S

País o División	Superficie Km2	Población	Capitales y Ciudades Principales	Población	Ref. (País)	Pág.
Sabah, Malasia	73,711	1,002,608	*Kota Kinabalu	40,939	F 5	62
			Sandakan	42,413		
Sahara Occidental	266,000	165,000			A 2	63
Sakhalin, U.R.S.S.	76,400	655,000	Yuchno-Sakhalinsk	140,000	T 4	54
Salcedo, Rep. Dominicana	533	88,415	*Salcedo	8,915		39
Salomón, Islas, P.N.G.	10,620	128,890	*Kieta	3,445	F 6	71
			Arawa	12,623		
Salomón, Islas	28,897	221,000	*Honiara	18,002	F 6	71
Salta, Argentina	154,775	509,803	*Salta	†176,216	C 1	29
Salto, Uruguay	14,359	92,183	Salto	72,948	B 2	28
Salvador, El	21,393	4,485,000	*San Salvador	368,000	C 4	38
Samaná, Rep. Dominicana	989	53,015	*Samaná	5,080		39
			Sánchez	6,290		
Samoa Americana (E.U.A.)	197	32,395	*Pago Pago	†9,690	J 7	71
Samoa Occidental	2,935	156,000	*Apia	†30,266	J 7	71
San Andrés y Providencia, Colombia	44	14,583	*San Andrés	20,104	B 7	24
San Cristóbal, Rep. Dom.	3,743	323,535	*San Cristóbal	†69,875		39
San Cristóbal y Nevis	311	44,404	*Basseterre	15,930	F 3	39
San José, Uruguay	4,994	79,563	*San José de Mayo	28,427	C 5	28
San Juan, Argentina	86,137	384,284	*San Juan	†217,514	C 3	29
San Juan, Rep. Dominicana	3,561	190,905	*San Juan	†44,310		39
San Juan, Is. Vírgenes, (E.U.A.)	52	1,729	Cruz Bay	1,497	H 1	39
San Luis, Argentina	76,748	183,460	*San Luis	†50,771	C 3	29
			Mercedes	25,912		
San Luis Potosí, México	62,848	1,281,996	*San Luis Potosí	271,123	J 5	37
San Marino	61	21,000	*San Marino	4,279	D 3	50
San Pedro de Macorís, Rep. Dominicana	1,166	105,405	*San Pedro de Macorís	†45,710		39
San Pierre y Miquelon (Fr.)	242	6,000	*San Pierre	5,232	L 6	35
San Vicente y las Grenadines	389	104,000	*Kingstown	†23,330	G 4	39
Sancti Spíritus, Cuba	6,740	393,508	*Sancti Spíritus	83,000		39
Sánchez Ramírez, Rep. Dominicana	1,174	106,775	*Cotuí	7,485		39
Santa Catarina, Brasil	95,483	2,900,000	*Florianópólis	115,665	E 9	26

INDICE DE GRANDES DIVISIONES

País o División	Superficie Km2	Población	Capitales y Ciudades Principales	Población	Ref. (País)	Pág.
Santa Cruz, Argentina	243,943	84,457	*Río Gallegos	†27,833	C 6	29
Santa Cruz, Bolivia	370,621	505,200	*Santa Cruz	135,010	E 5	27
Santa Cruz, Is. Vírgenes, (E.U.A.)	210	31,779	*Christiansted	3,020	H 2	39
Santa Elena (Br.)	419	7,000	*Jamestown	1,601	B 6	63
Santa Fe, Argentina	133,007	2,135,583	*Santa Fe	†244,655	D 3	29
			Rosario	†806,942		
Santa Lucia	616	115,783	*Castries	42,770	G 4	39
Santander, Colombia	30,950	1,130,977	*Bucaramanga	†298,051	C 3	24
Santiago, Chile	....	....	*Santiago	†3,691,548	E 2	30
Santiago, Rep. Dominicana	3,122	387,255	*Santiago de los Caballeros	†173,975	......	39
Santiago de Cuba, Cuba	6,346	897,090	*Santiago de Cuba	315,801	......	39
Santiago del Estero, Argentina	135,254	495,419	*Santiago del Estero	†105,127	D 2	29
Santiago Rodríguez, Rep. Dominicana	1,020	47,490	*Sabaneta	7,420	......	39
Santo Tomás, Is. Vírgenes (E.U.A.)	83	28,960	*Charlotte Amalie	12,220	G 1	39
Santo Tomás y Príncipe	964	75,000	*Santo Tomás	7,681	C 4	63
São Paulo, Brasil	247,320	23,400,000	*São Paulo	†12,578,045	D 8	26
Sarawak, Malasia	124,450	1,294,753	*Kuching	63,535	E 5	62
Saskatchewan, Canadá	651,903	921,323	*Regina	149,593	F 5	35
Seibo, El, Rep. Dominicana	2,989	132,480	*El Seibo	8,960	......	39
			Hato Mayor	10,195		
Senegal	197,161	5,116,000	*Dakar	798,792	A 3	63
Sergipe, Brasil	21,994	1,100,000	*Aracaju	179,512	G 5	26
Seychelles	376	63,000	*Victoria	15,559	J10	54
Shetland, Islas (Escocia)	1,429	18,494	*Lerwick	6,195	C 1	45
Siam (Thailandia)	514,000	46,455,000	*Bangkok	†1,867,297	C 2	62
Sierra Leona	72,326	3,470,000	*Freetown	274,000	A 4	63
Sinaloa, México	58,092	1,266,528	*Culiacan	228,001	F 4	37
Singapur	584	2,363,000	*Singapur	2,363,000	C 5	62
Siria	185,180	8,979,000	*Damasco	†923,253	H 5	58
Sociedad, Islas de la, Polinesia Francesa	1,755	117,703	*Papeití	22,967	L 7	71
Socotora (R.D.P. del Yemen)	3,625	....	*Tamrida	....	D 6	59
Somalia	637,657	2,941,000	*Mogadishu	371,000	G 4	63
Sonora, México	184,934	1,098,720	*Hermosillo	232,691	D 1	37
Soriano, Uruguay	8,915	77,906	*Mercedes	34,667	B 4	28
Sri Lanka (Ceilan)	65,610	14,741,000	*Colombo	618,000	D 7	60
Suazilandia	17,366	530,000	*Mbabane	23,109	F 7	63
			Manzini	28,837		
Sucre, Colombia	10,523	354,412	*Sincelejo	†76,701	C 2	24
Sucre, Venezuela	11,800	550,655	*Cumaná	119,751	G 2	23
Sudáfrica, República de	1,221,043,	23,771,970	*Ciudad del Cabo	†1,096,597	E 7	63
			*Pretoria	528,407		
			Johannesburgo	1,536,457		
Sudán	2,505,813	16,953,000	*Khartum	334,000	E 3	63
Suecia	440,843	8,321,000	*Estocolmo	†1,357,183	J 6	48
Suiza	41,292	6,329,000	*Berna	†283,600	......	51
			Zurich	†707,500		
Suriname	156,018	385,000	*Paramaribo	†182,100	C 6	23
Svalbard, Noruega	62,049	3,431	Longyearbyen	....	C 2	48

T

País o División	Superficie Km2	Población	Capitales y Ciudades Principales	Población	Ref. (País)	Pág.
Tabasco, México	24,661	768,327	*Villahermosa	99,565	N 7	37
Táchira, Venezuela	11,100	613,283	*San Cristóbal	†181,691	B 3	23
Tacuarembó, Uruguay	15,970	76,964	*Tacuarembó	34,152	D 3	28
Tadyikistan, R.S.S. de, U.R.S.S.	143,100	3,801,000	*Dushanbe	494,000	L 6	54
Tahití, Polinesia Francesa	1,042	95,604	*Papeití	22,967	L 7	71
Tai-uan: China	36,186	16,609,961	*Taipei	1,830,000	K 7	61
Tamaulipas, México	79,829	1,456,858	*Ciudad Victoria	83,897	K 4	37
			Tampico	†314,146		
Tanzania	942,004	17,527,560	*Dar es Salaam	757,346	F 5	63
Tarapacá, Chile	....	....	*Iquique	†164,900	B 2	30
Tarija, Bolivia	37,623	223,900	*Tarija	29,950	D 7	27
Tejas, E.U.A.	692,405	14,228,383	*Austin	†532,811	G 4	36
			Houston	†2,891,146		
Tennessee, E.U.A.	109,412	4,590,750	*Nashville	†850,505	J 3	36
			Memphis	†912,887		
Terranova, Canadá	404,519	557,725	*St. Johns	86,576	K 5	35
Thailandia	514,000	46,455,000	*Bangkok	†1,867,297	C 2	62
Tibet, China	1,221,700	1,790,000	*Lhasa	175,000	C 5	61
Tierra del Fuego, Antártida e Islas del Atlántico Sur, Argentina	1,268,195	13,431	*Ushuaia	†5,677	C,H 7	29
Tlaxcala, México	3,914	420,638	*Tlaxcala	9,972	N 1	37
			Apizaco	21,189		
Tobago, Trinidad y Tobago	301	38,754	*Scarborough	1,931	G 5	39
Togo	56,000	2,472,000	*Lomé	148,443	C 4	63
Tokelau, Islas (Nva. Zelanda)	10	2,000	*Fenuafala	649	J 6	71
Tolima, Colombia	22,393	903,520	*Ibagué	†204,810	B 4	24
Tonga	699	94,000	*Nukualofa	22,000	J 7	71
Treinta y Tres, Uruguay	9,676	43,419	*Treinta y Tres	25,757	E 4	28
Trinidad, Trinidad y Tobago	4,827	892,317	*Puerto de España	†381,868	G 5	39
Trinidad y Tobago	5,128	1,133,000	*Puerto de España	†381,868	G 5	39
Tristán de Cunha (Br.)	98	....	*Edimburgo	275	N 7	18
Trujillo, Venezuela	7,400	419,042	*Trujillo	25,921	C 3	23
			Valera	65,263		
Tuamoto, Arch. de Polinesia Francesa	798	9,052,000	Pakaka	118	N 7	71
Tubuái (Australes), Islas, Polinesia Francesa	111	5,208	*Moerai	651	L 8	71
Tucumán, Argentina	22,524	765,962	*San Miguel de Tucumán	†366,392	C 2	29

País o División	Superficie Km2	Población	Capitales y Ciudades Principales	Población	Ref. (País)	Pág.
Tunas, Las, Cuba	6,376	423,619	*Las Tunas	90,141	......	39
Túnez	163,610	6,367,000	*Túnez	550,404	C 1	63
Turk y Caicos, Islas (Br.)	430	7,436	*Cockburn Town	2,787	D 2	39
Turkmenistan, R.S.S. de, U.R.S.S.	488,100	2,759,000	*Achkabad	312,000	K 6	54
Turquía	779,452	44,236,000	*Ánkara	1,701,004	......	58
			Estambul	2,547,364		
Tuvalu	25	7,000	*Fongafale	871	H 7	71

U

País o División	Superficie Km2	Población	Capitales y Ciudades Principales	Población	Ref. (País)	Pág.
Ucrania, R.S.S. de, U.R.S.S.	603,700	49,755,000	*Kiev	2,144,000	C 5	53
Uganda	235,887	12,630,076	*Kampala	380,000	F 4	63
Unión de las Repúblicas Socialistas Soviéticas	22,402,200	262,436,000	*Moscú	†8,011,000		53,54
Uruguay	177,508	2,878,000	*Montevideo	†1,173,245	......	28
Usbekistan, R.S.S. de, U.R.S.S.	449,600	15,391,000	*Tachkent	1,780,000	K 5	54
Utah, E.U.A.	219,932	1,461,037	*Salt Lake City	†935,280	D 3	36

V

País o División	Superficie Km2	Población	Capitales y Ciudades Principales	Población	Ref. (País)	Pág.
Valle del Cauca, Colombia	21,245	2,204,722	*Cali	†923,446	A 4	24
Valparaíso, Chile	....	....	*Valparaíso	†620,180	E 2	30
Valverde, Rep. Dominicana	570	75,250	*Mao	†38,860	......	39
Vanuatu	14,763	112,596	*Vila	....	G 7	71
Vaticano, Ciudad del	0.44	728		....	B 6	50
Vaupés, Colombia	....	....	*Mitú	1,637	D 5	24
Vega, La, República Dominicana	3,277	293,730	*La Vega	†64,370	......	39
Venezuela	912,050	13,913,000	*Caracas	1,662,627		23
Veracruz, México	72,815	3,815,422	*Jalapa	122,371	L 7	37
			Veracruz	255,646		
Vermont, E.U.A.	24,887	511,456	*Montpelier	8,241	M 2	36
			Burlington	37,712		
Vichada, Colombia	98,970	2,172	*Puerto Carreño	2,172	E 4	24
Vietnam	332,570	52,741,766	*Hanoi	†2,570,905	D 2	62
Villa Clara, Cuba	8,073	760,417	*Santa Clara	146,651	......	39
Vírgenes, Islas (Br.)	153	12,000	*Road Town	2,183	H 1	39
Vírgenes, Islas (E.U.A.)	345	95,214	*Charlotte Amalie	12,220	H 1	39
Virginia, E.U.A.	105,716	5,346,279	*Richmond	†630,965	L 3	36
			Norfolk	†799,853		
Virginia Occidental, E.U.A.	62,629	1,949,644	*Charleston	†268,595	K 3	36

W

País o División	Superficie Km2	Población	Capitales y Ciudades Principales	Población	Ref. (País)	Pág.
Wake, Isla (E.U.A.)	6.5	2,000	Wake Islet	....	G 4	71
Walvis, Bahía de (Rep. de Sudáfrica)	1,124	23,461	Bahía de Walvis	21,725	D 7	63
Wallis y Futuna (Fr.)	275	9,000	*Mata Utu	566	J 7	71
Wáshington, E.U.A.	176,617	4,130,163	*Olimpia	27,447	B 1	36
			Seattle	†1,606,765		
Wisconsin, E.U.A.	145,439	4,705,335	*Madison	†318,866	J 2	36
			Milwaukee	†1,392,872		
Wyoming, E.U.A.	253,597	470,816	*Cheyenne	47,283	E 2	36

Y

País o División	Superficie Km2	Población	Capitales y Ciudades Principales	Población	Ref. (País)	Pág.
Yaracuy, Venezuela	7,100	251,736	*San Felipe	43,801	B 2	23
Yemen, Rep. Árabe del	200,000	5,238,000	*Sana	134,588	B 6	59
Yemen, Rep. Dem. Popular del	287,753	1,853,000	*Adén	240,370	C 6	59
Yibutí	23,000	81,000	*Yibutí	76,000	G 3	63
Yucatán, México	39,340	758,355	*Mérida	233,912	P 6	37
Yugoslavia	255,804	22,397,000	*Belgrado	†774,744	B 2	52
Yukón, Canadá	536,327	21,836	*Whitehorse	13,311	C 3	35

Z

País o División	Superficie Km2	Población	Capitales y Ciudades Principales	Población	Ref. (País)	Pág.
Zacatecas, México	75,040	951,462	*Zacatecas	50,251	H 5	37
Zaire	2,380,115	27,869,000	*Kinshasa	1,323,039	E 5	63
Zambia	752,621	5,649,000	*Lusaka	†415,000	E 6	63
Zimbabwe	390,580	7,140,000	*Harare	601,000	F 6	63
Zulia, Venezuela	63,100	1,650,438	*Maracaibo	†685,578	B 2	23

La fotografía de arriba presenta una vista satélica de la tierra tomada desde una órbita estacionaria a 36.000 kilómetros de distancia. El diagrama de abajo identifica los rasgos principales que aparecen nublados en la fotografía de arriba.

LA TIERRA
DESDE EL ESPACIO

LA LUNA—
LADO CERCANO
(mosaico fotográfico)

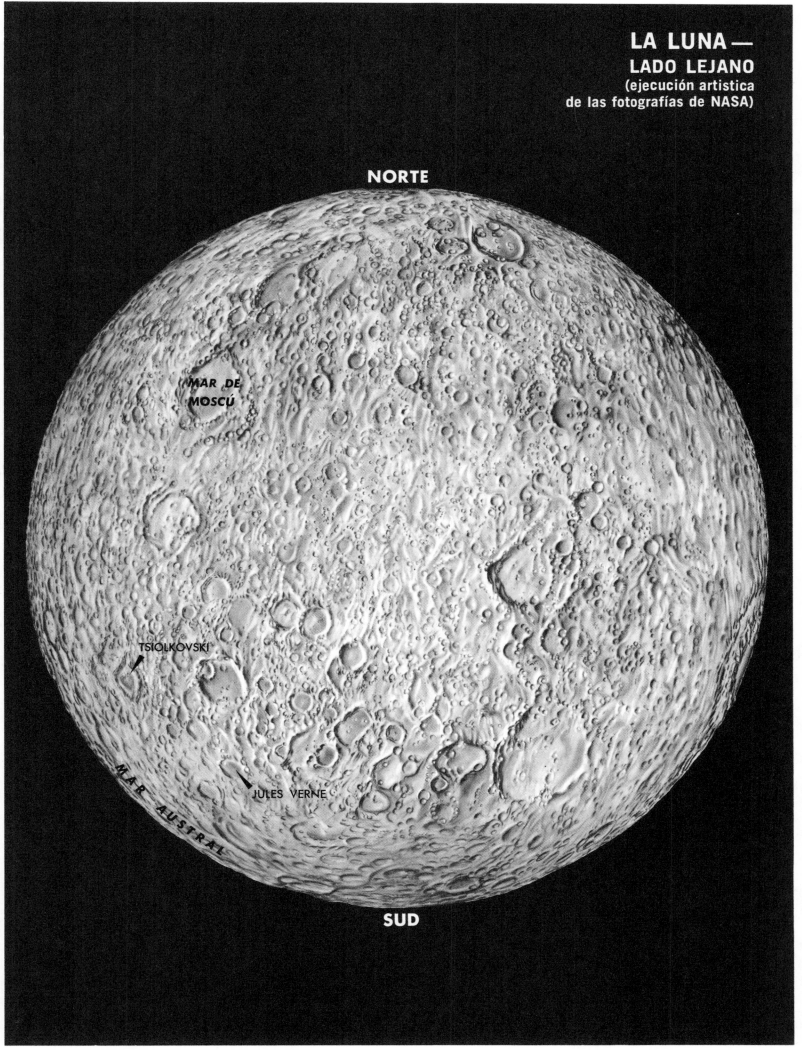

LA LUNA—
LADO LEJANO
(ejecución artistica
de las fotografías de NASA)

NORTE

MAR DE
MOSCÚ

TSIOLKOVSKI

JULES VERNE

MAR AUSTRAL

SUD

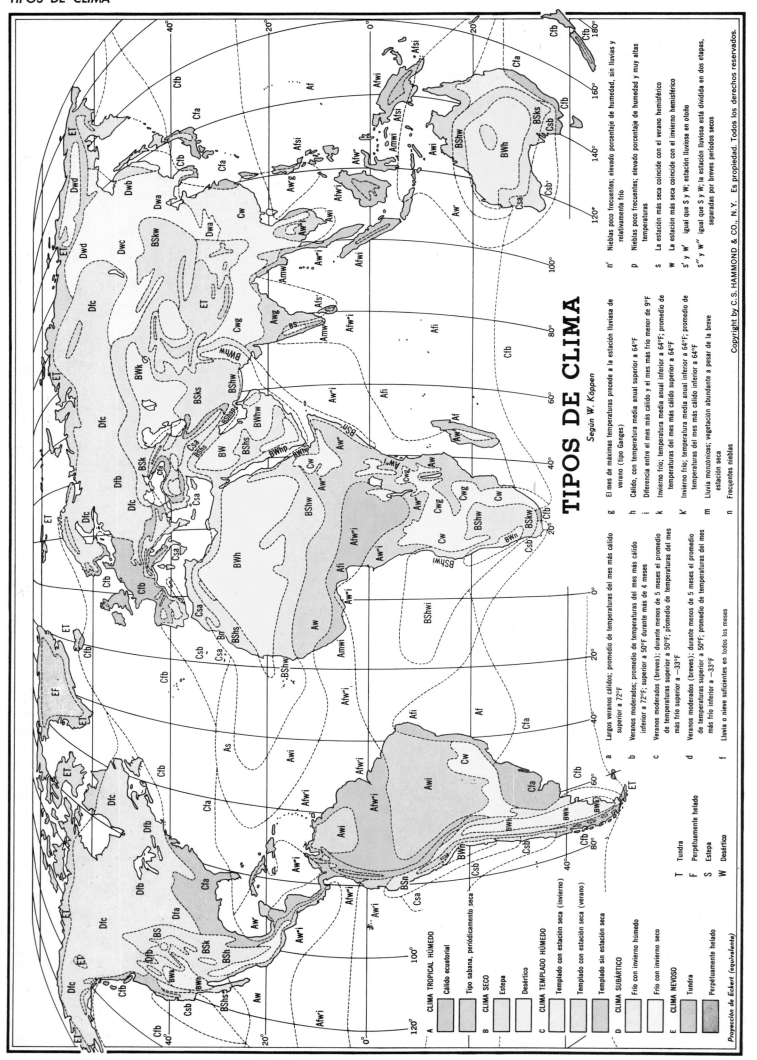

TIPOS DE CLIMA

Según W. Köppen

A CLIMA TROPICAL HÚMEDO
- Cálido ecuatorial
- Tipo sabana, periódicamente seca

B CLIMA SECO
- Estepa
- Desértico

C CLIMA TEMPLADO HÚMEDO
- Templado con estación seca (invierno)
- Templado con estación seca (verano)
- Templado sin estación seca

D CLIMA SUBÁRTICO
- Frío con invierno húmedo
- Frío con invierno seco

E CLIMA NEVOSO
- Tundra
- Perpétuamente helado

- T Tundra
- F Perpetuamente helado
- S Estepa
- W Desértico

Proyección de Eckert (equivalente)

- a Largos veranos cálidos; promedio de temperaturas del mes más cálido superior a 72°F
- b Veranos moderados; promedio de temperaturas del mes más cálido inferior a 72°F; superior a 50°F durante más de 4 meses
- c Veranos moderados (breves); durante menos de 5 meses el promedio de temperaturas superior a 50°F; promedio de temperaturas del mes más frío superior a −33°F
- d Veranos moderados (breves); durante menos de 5 meses el promedio de temperaturas superior a 50°F; promedio de temperaturas del mes más frío inferior a −33°F
- f Lluvia o nieve suficientes en todos los meses
- g El mes de máximas temperaturas precede a la estación lluviasa de verano (tipo Ganges)
- h Cálido, con temperatura media anual superior a 64°F
- i Diferencia entre el mes más cálido y el mes más frío menor de 9°F
- k Invierno frío; temperatura media anual inferior a 64°F; promedio de temperaturas del mes más cálido superior a 64°F
- k' Invierno frío; temperatura media anual inferior a 64°F; promedio de temperaturas del mes más cálido inferior a 64°F
- m Lluvia monzónicas; vegetación abundante a pesar de la breve estación seca
- n Frecuentes nieblas
- n' Nieblas poco frecuentes; elevado porcentaje de humedad, sin lluvias y relativamente frío
- p Nieblas poco frecuentes; elevado porcentaje de humedad y muy altas temperaturas
- s La estación más seca coincide con el verano hemisférico
- w La estación más seca coincide con el invierno hemisférico
- s' y w' igual que S y W; estación lluviosa en otoño
- s'' y w'' igual que S y W; la estación lluviosa está dividida en dos etapas, separadas por breves períodos secos

Copyright by C. S. HAMMOND & CO., N. Y. Es propiedad. Todos los derechos reservados.

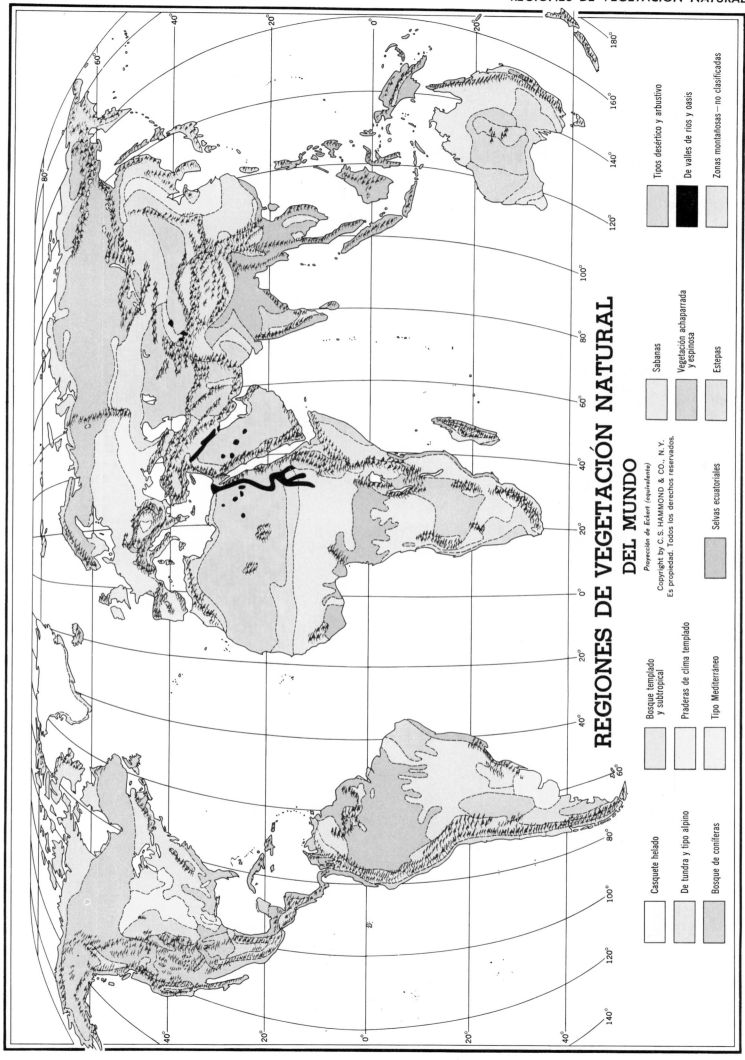

REGIONES DE VEGETACIÓN NATURAL
DEL MUNDO

Proyección de Eckert (equivalente)

Copyright by C. S. HAMMOND & CO., N.Y.
Es propiedad. Todos los derechos reservados.

Bosque templado y subtropical

Praderas de clima templado

Tipo Mediterráneo

Selvas ecuatoriales

Sabanas

Vegetación achaparrada y espinosa

Estepas

Tipos desértico y arbustivo

De valles de ríos y oasis

Zonas montañosas — no clasificadas

Casquete helado

De tundra y tipo alpino

Bosque de coníferas

13

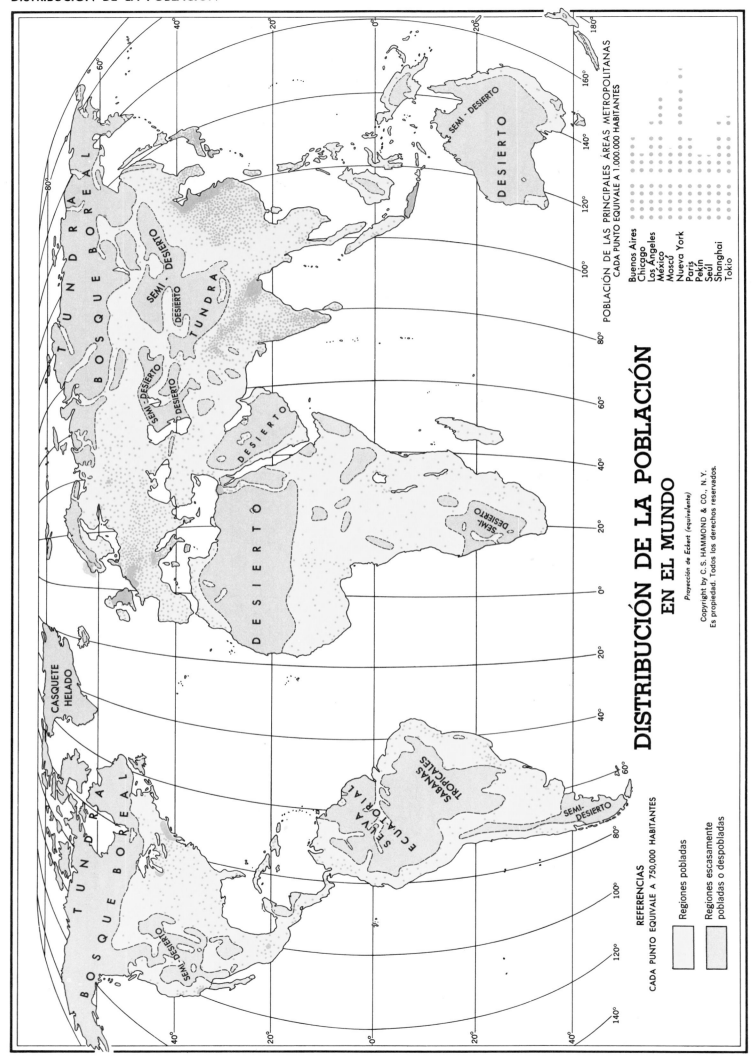

DISTRIBUCIÓN DE LA POBLACIÓN EN EL MUNDO

Proyección de Eckert (equivalente)

Copyright by C.S. HAMMOND & CO., N.Y.
Es propiedad. Todos los derechos reservados.

POBLACIÓN DE LAS PRINCIPALES ÁREAS METROPOLITANAS
CADA PUNTO EQUIVALE A 1.000.000 HABITANTES

Buenos Aires
Chicago
Los Ángeles
México
Moscú
Nueva York
París
Pekín
Seúl
Shanghai
Tokio

REFERENCIAS

CADA PUNTO EQUIVALE A 750.000 HABITANTES

Regiones pobladas

Regiones escasamente
pobladas o despobladas

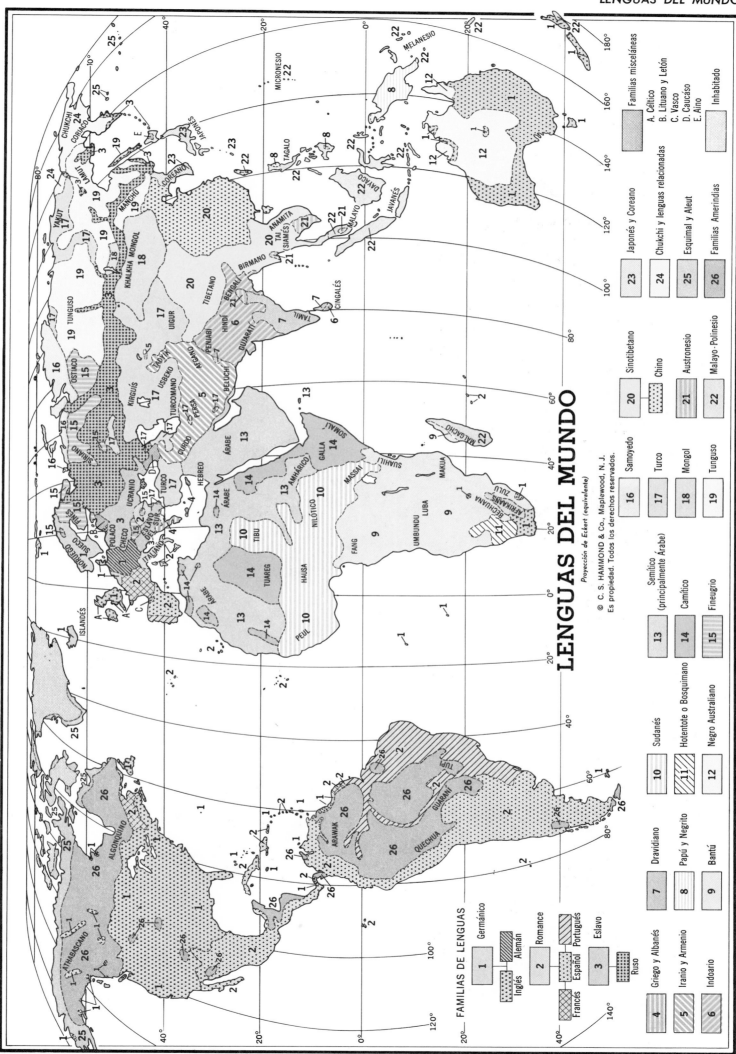

LENGUAS DEL MUNDO

Proyección de Eckert (equivalente)

© C. S. HAMMOND & Co., Maplewood, N. J.
Es propiedad. Todos los derechos reservados.

FAMILIAS DE LENGUAS

1 Germánico	Alemán
	Inglés
2 Romance	Español Portugués
	Francés
3 Eslavo	Ruso

4 Griego y Albanés	**7** Dravidiano
5 Iranio y Armenio	**8** Papú y Negrito
6 Indoario	**9** Bantú

10 Sudanés	**13** Semítico (principalmente Árabe)
11 Hotentote o Bosquimano	**14** Camítico
12 Negro Australiano	**15** Fineugrio

16 Samoyedo	**20** Sinotibetano
17 Turco	**21** Chino
18 Mongol	**22** Austronesio
19 Tunguso	**23** Malayo - Polinesio

23 Japonés y Coreano	Familias misceláneas
24 Chukchi y lenguas relacionadas	A. Céltico
25 Esquimal y Aleut	B. Lituano y Letón
26 Familias Amerindias	C. Vasco
	D. Caucáso
	E. Aino
	Inhabitado

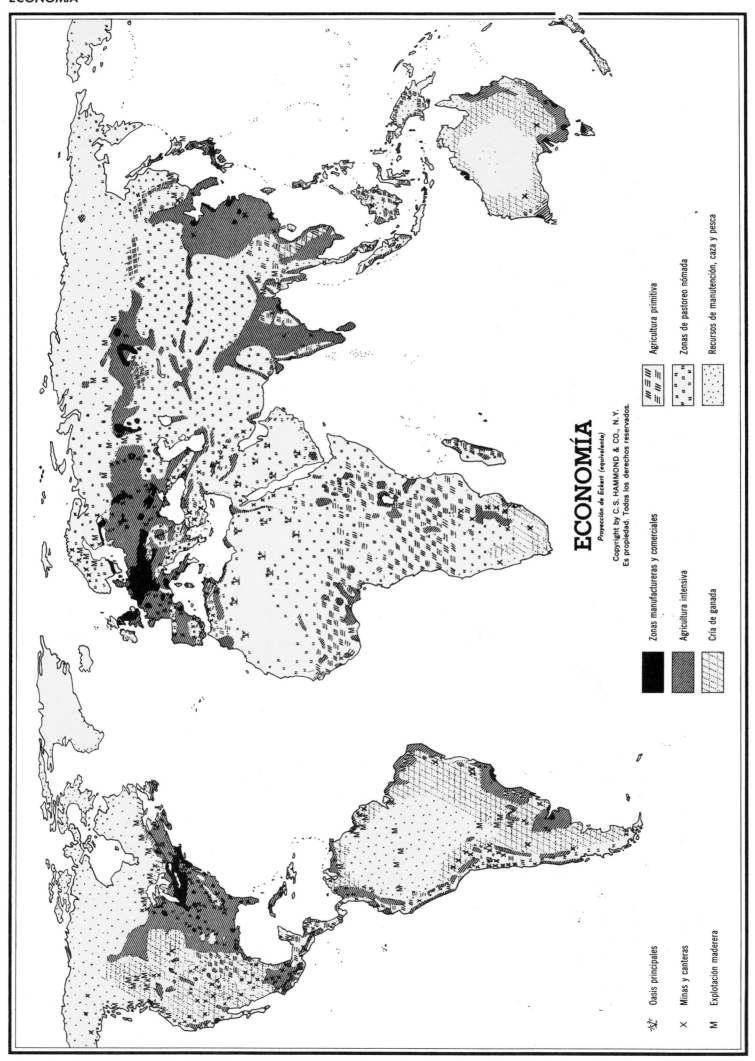

ECONOMÍA

Proyección de Eckert (equivalente)

Copyright by C.S. HAMMOND & CO., N.Y.
Es propiedad. Todos los derechos reservados.

Zonas manufactureras y comerciales

Agricultura intensiva

Cría de ganada

Agricultura primitiva

Zonas de pastoreo nómada

Recursos de manutención, caza y pesca

Oasis principales

X Minas y canteras

M Explotación maderera

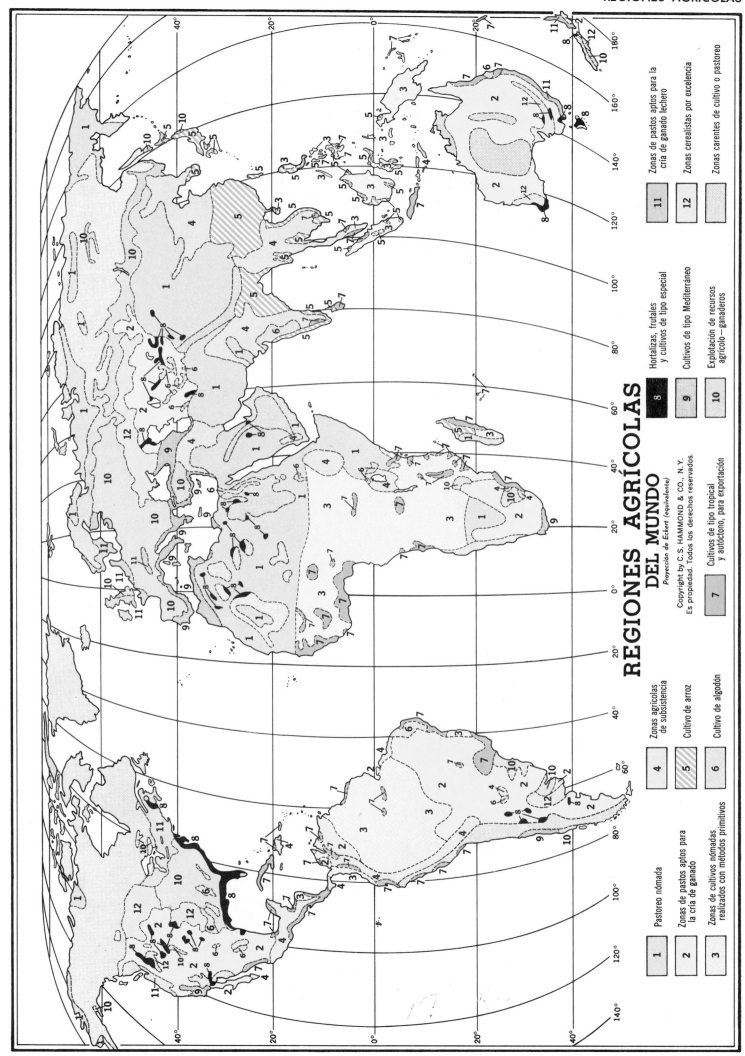

REGIONES AGRÍCOLAS
DEL MUNDO
Proyección de Eckert (equivalente)

Copyright by C. S. HAMMOND & CO., N. Y.
Es propiedad. Todos los derechos reservados.

1 Pastoreo nómada

2 Zonas de pastos aptos para la cría de ganado

3 Zonas de cultivos nómadas realizados con métodos primitivos

4 Zonas agrícolas de subsistencia

5 Cultivo de arroz

6 Cultivo de algodón

7 Cultivos de tipo tropical y autóctono, para exportación

8 Hortalizas, frutales y cultivos de tipo especial

9 Cultivos de tipo Mediterráneo

10 Explotación de recursos agrícolo–ganaderos

11 Zonas de pastos aptos para la cría de ganado lechero

12 Zonas cerealistas por excelencia

Zonas carentes de cultivo o pastoreo

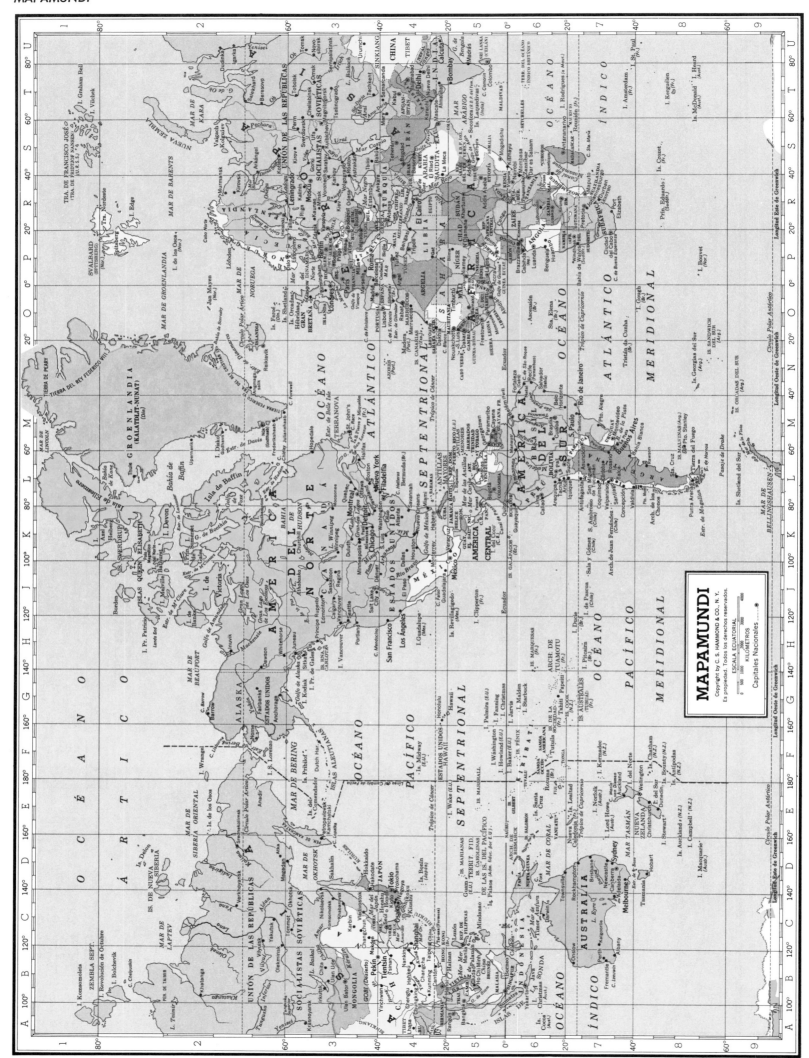

MAPAMUNDI

Copyright by C. S. HAMMOND & CO., N. Y.
Es propiedad. Todos los derechos reservados.

ESCALA ECUATORIAL
KILÓMETROS
0   500   1000   2000   3000   4000

Capitales Nacionales

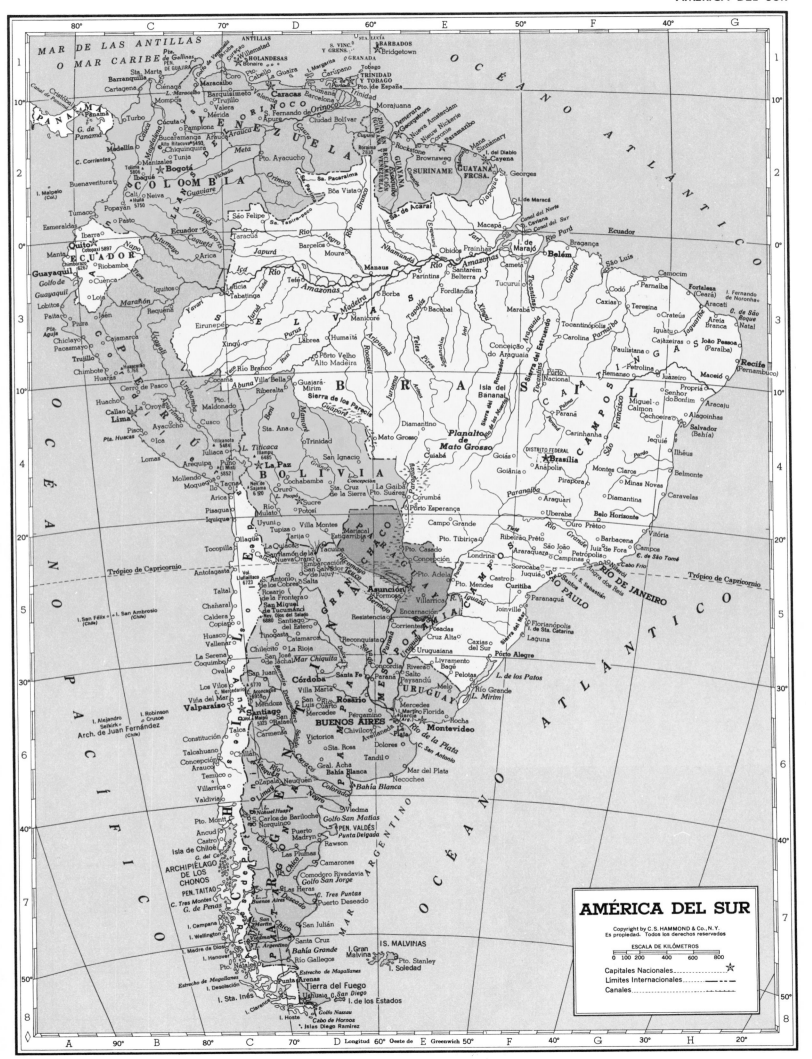

AMÉRICA DEL SUR
MAPA FÍSICO

Copyright by C. S. HAMMOND & CO., N. Y.
Es propiedad. Todos los derechos reservados.

ESCALA DE KILÓMETROS

PESCA

TRINIDAD Y TOBAGO

PETRÓLEO

PETRÓLEO

ORO

PETRÓLEO

V E N E Z U E L A

HIERRO

ZONA EN RECLAMACIÓN

GUAYANA

BAUXITA

SURINAME

GUAYANA FRCSA.

CAFÉ

• Bogotá

C O L O M B I A

CACAO

ECUADOR

• Belém

PETRÓLEO

Manaus •

CAUCHO

MADERAS

BANANAS

PESCA

CAÑA DE AZÚCAR

P E R Ú

B R A S I L

ALGODÓN

PLOMO, CINC Y COBRE

CAÑA DE AZÚCAR

Lima •

ALGODÓN

• Salvador

B O L I V I A

CACAO

ESTAÑO, PLATA Y TUNGSTENO

HIERRO

TABACO

COBRE, NITRATOS Y AZUFRE

PLOMO Y CINC

CAFÉ

P A R A G U A Y

MAÍZ

• São Paulo

• Río de Janeiro

HIERRO

YERBA MATE

CAÑA DE AZÚCAR

ALGODÓN

PESCA

C H I L E

A R G E N T I N A

MADERAS

GANADO VAC.

LINO

URUGUAY

Santiago •

VIÑAS

MAÍZ

CARNEROS

Buenos Aires •

GANADO VAC.

PESCA

TRIGO

CARNEROS

PESCA

PETRÓLEO

CARNEROS

ISLAS MALVINAS

RELIEVE Y PRODUCTOS
de
AMÉRICA DEL SUR

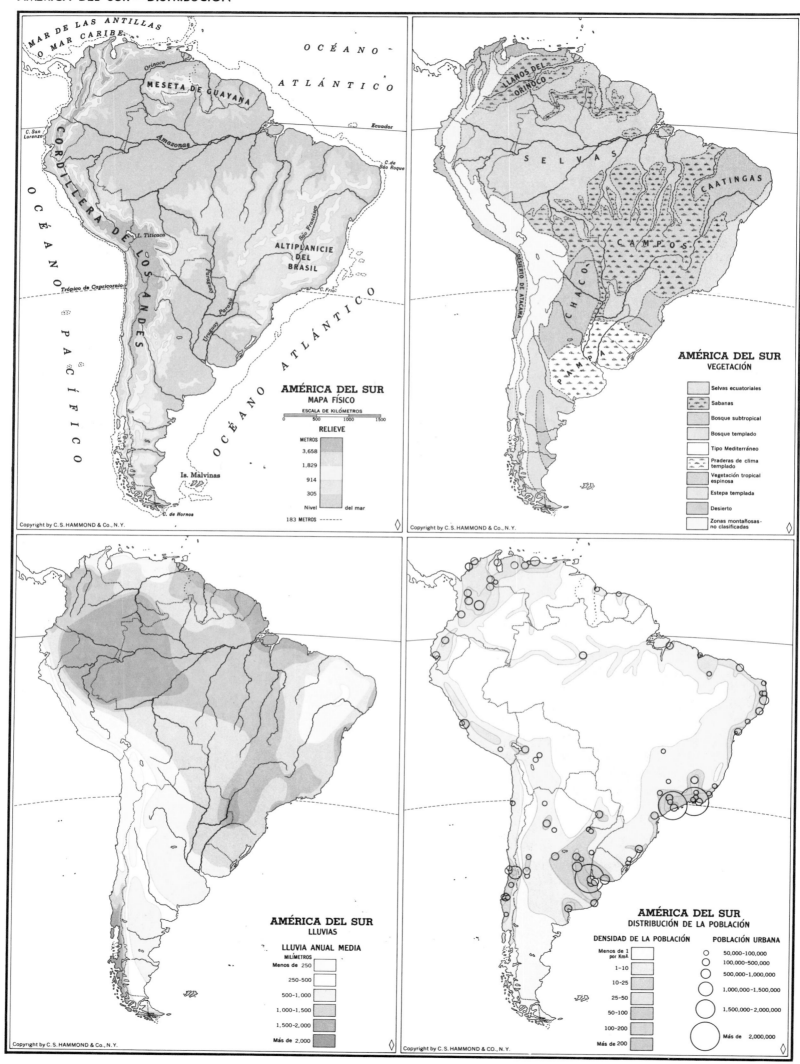

AMÉRICA DEL SUR
MAPA FÍSICO

ESCALA DE KILÓMETROS

RELIEVE

METROS
3,658
1,829
914
305
Nivel del mar

183 METROS --------

Copyright by C.S. HAMMOND & Co., N.Y.

AMÉRICA DEL SUR
VEGETACIÓN

Selvas ecuatoriales
Sabanas
Bosque subtropical
Bosque templado
Tipo Mediterráneo
Praderas de clima templado
Vegetación tropical espinosa
Estepa templada
Desierto
Zonas montañosas no clasificadas

Copyright by C.S. HAMMOND & Co., N.Y.

AMÉRICA DEL SUR
LLUVIAS

LLUVIA ANUAL MEDIA

MILÍMETROS
Menos de 250
250-500
500-1,000
1,000-1,500
1,500-2,000
Más de 2,000

Copyright by C.S. HAMMOND & Co., N.Y.

AMÉRICA DEL SUR
DISTRIBUCIÓN DE LA POBLACIÓN

DENSIDAD DE LA POBLACIÓN

Menos de 1 por Km².
1-10
10-25
25-50
50-100
100-200
Más de 200

POBLACIÓN URBANA

50,000-100,000
100,000-500,000
500,000-1,000,000
1,000,000-1,500,000
1,500,000-2,000,000
Más de 2,000,000

Copyright by C.S. HAMMOND & CO., N.Y.

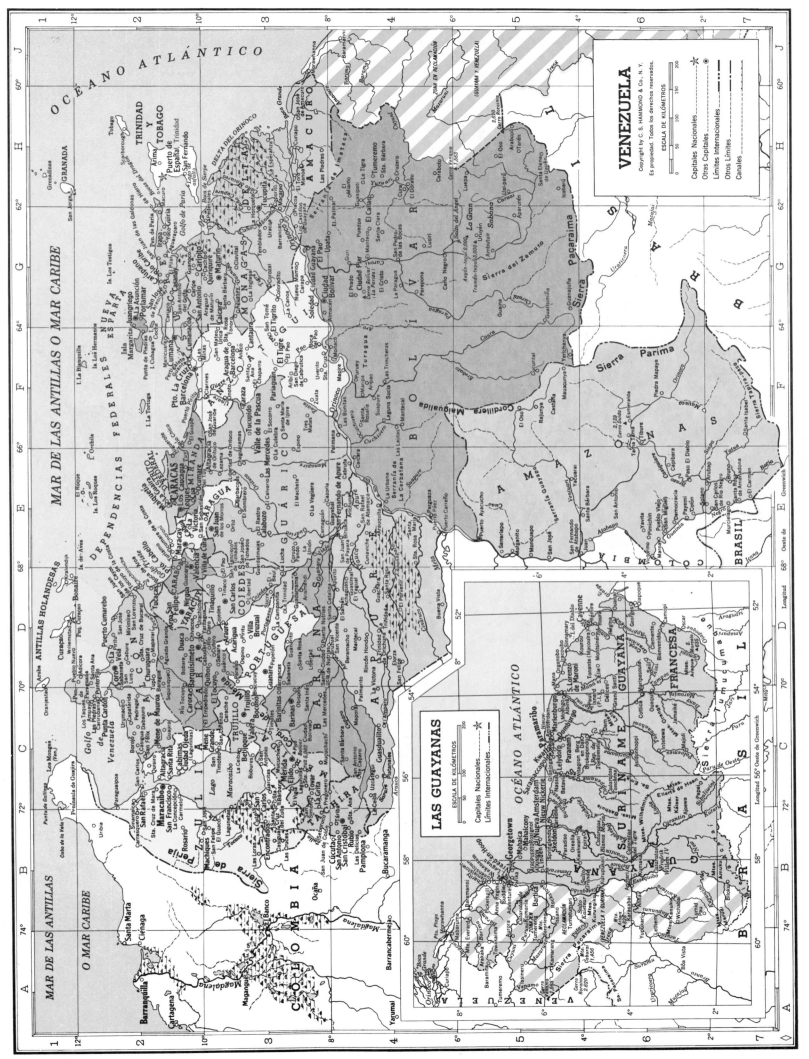

VENEZUELA

Copyright by C. S. HAMMOND & Co., N. Y.
Es propiedad. Todos los derechos reservados.

ESCALA DE KILÓMETROS

Capitales Nacionales
Otras Capitales
Límites Internacionales
Otros Límites
Canales

LAS GUAYANAS

ESCALA DE KILÓMETROS

Capitales Nacionales
Límites Internacionales

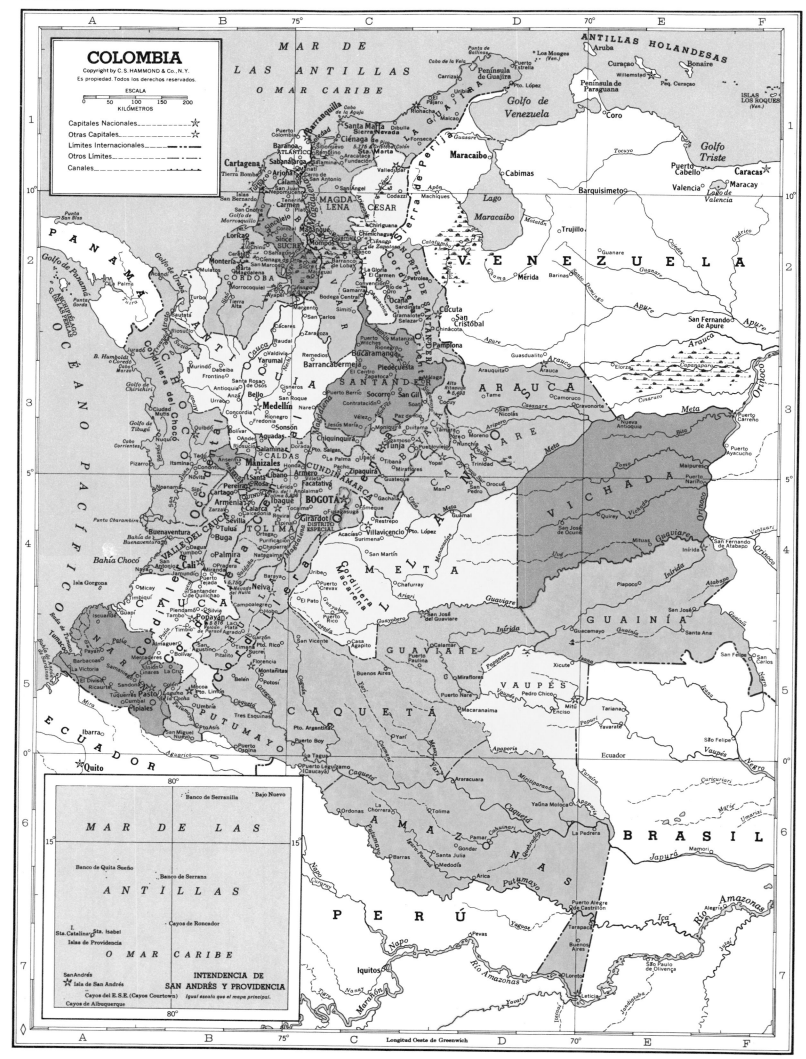

COLOMBIA

Copyright by C.S. HAMMOND & Co., N.Y.
Es propiedad. Todos los derechos reservados.

ESCALA
0   50   100   150   200
KILÓMETROS

Capitales Nacionales _____ ☆
Otras Capitales _____ ☆
Límites Internacionales _____
Otros Límites _____
Canales _____

INTENDENCIA DE
SAN ANDRÉS Y PROVIDENCIA
Igual escala que el mapa principal.

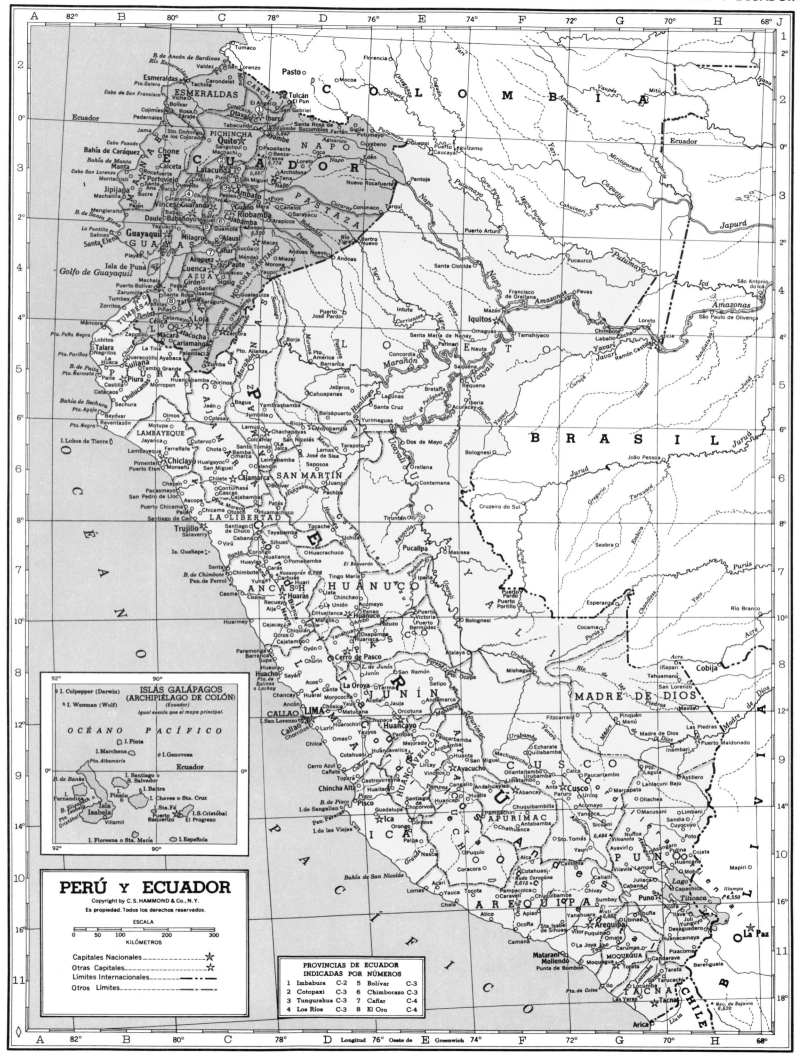

PERÚ Y ECUADOR

Copyright by C.S. HAMMOND & Co., N.Y.

Es propiedad. Todos los derechos reservados.

ESCALA

KILÓMETROS

Capitales Nacionales	⋆
Otras Capitales	☆
Límites Internacionales	— · —
Otros Límites	— — —

**PROVINCIAS DE ECUADOR
INDICADAS POR NÚMEROS**

1 Imbabura	C-2	5 Bolívar	C-3
2 Cotopaxi	C-3	6 Chimborazo	C-3
3 Tungurahua	C-3	7 Cañar	C-4
4 Los Ríos	C-3	8 El Oro	C-4

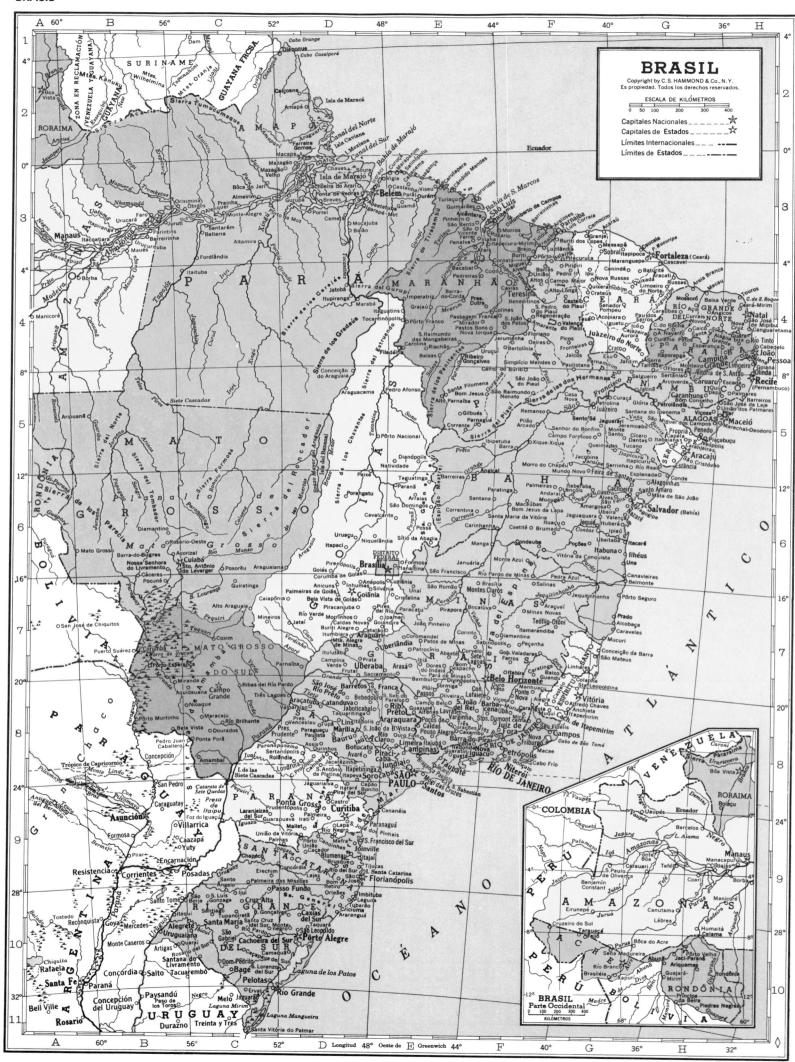

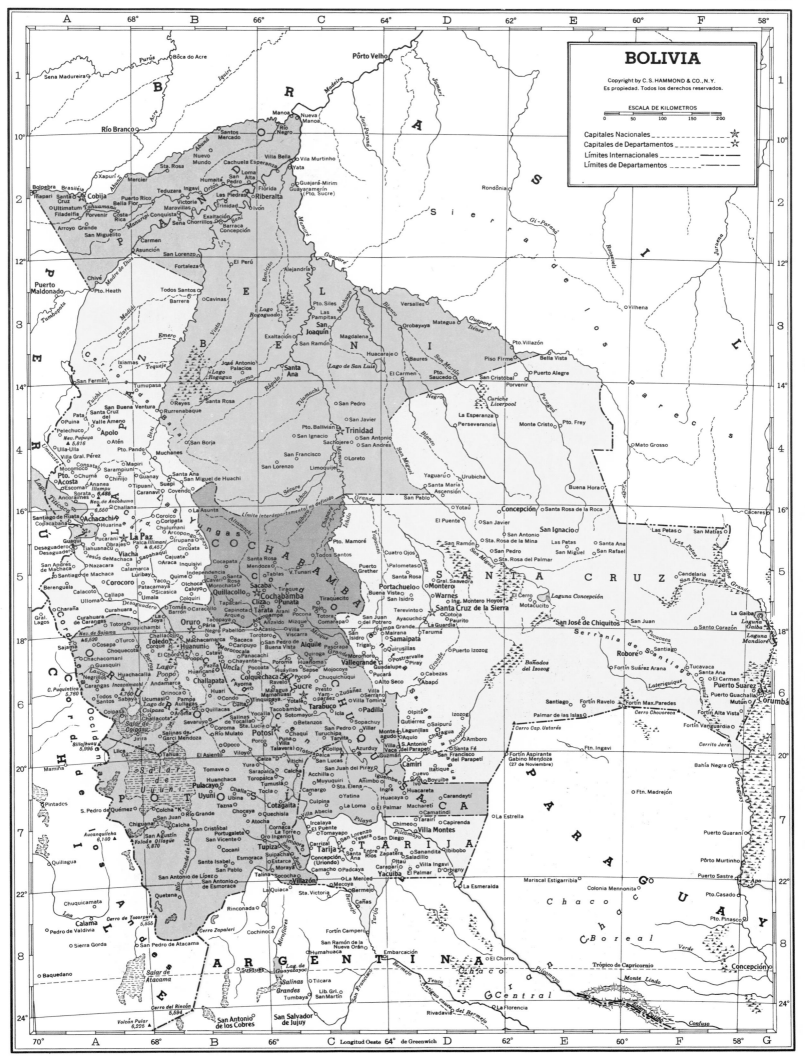

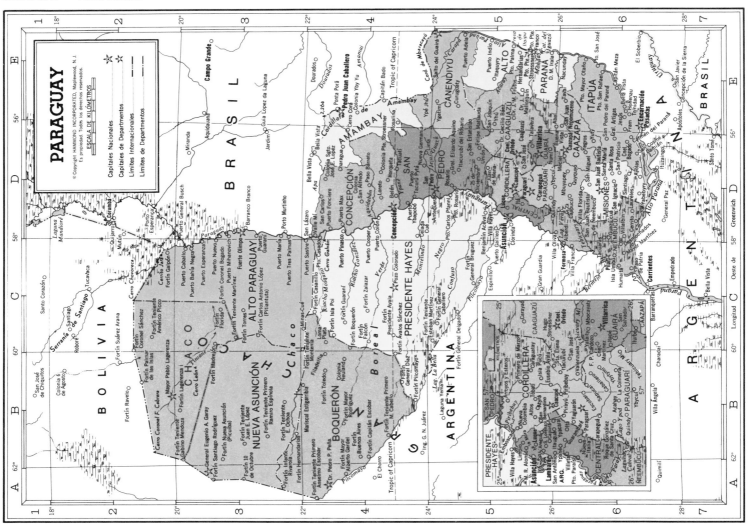

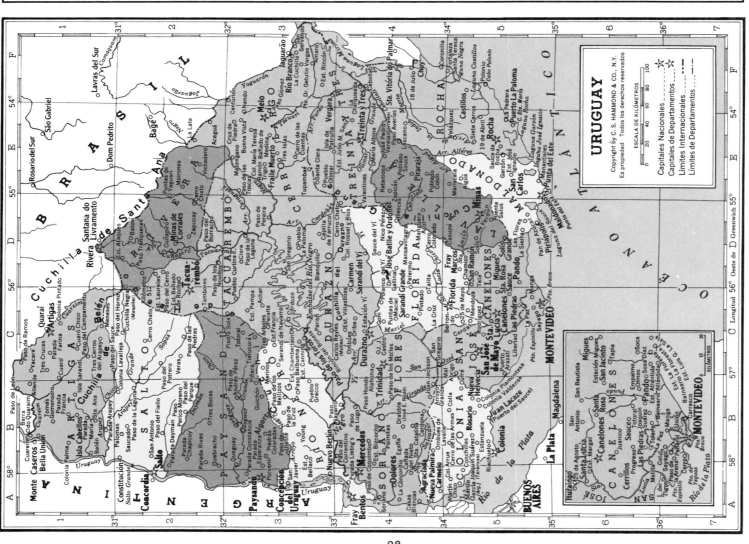

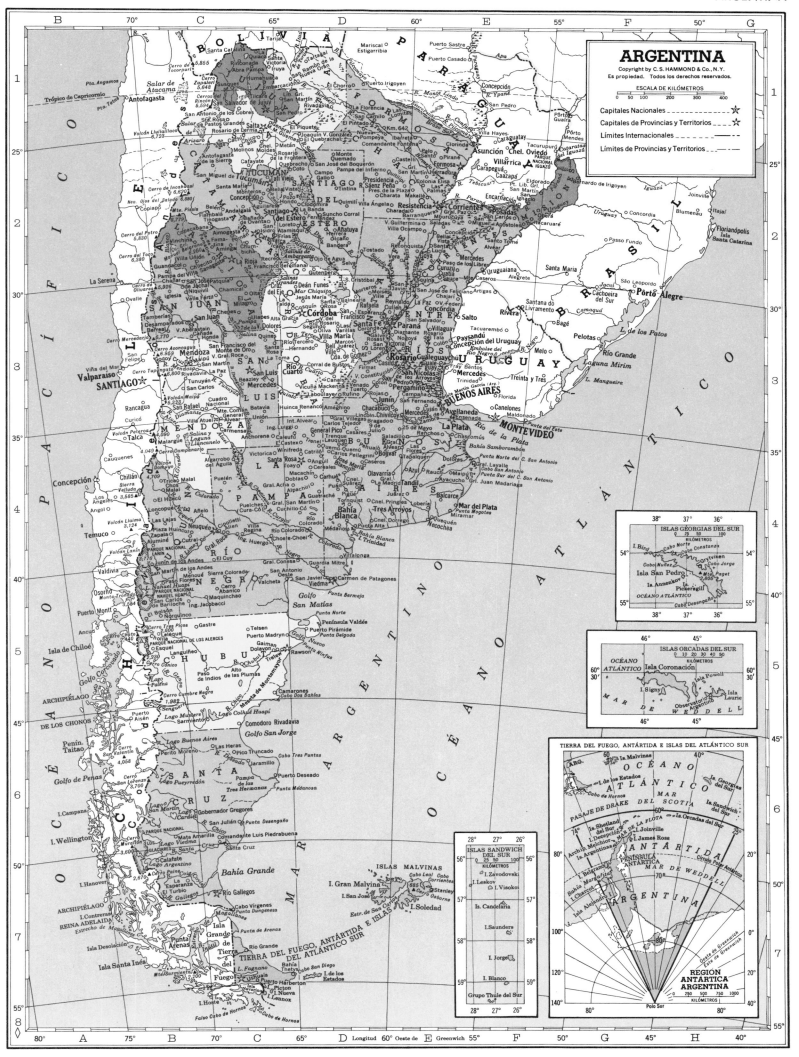

ARGENTINA

Copyright by C.S. HAMMOND & Co., N.Y.
Es propiedad. Todos los derechos reservados.

ESCALA DE KILÓMETROS

Capitales Nacionales ⭐
Capitales de Provincias y Territorios ☆
Límites Internacionales
Límites de Provincias y Territorios

ISLAS GEORGIAS DEL SUR

ISLAS ORCADAS DEL SUR

TIERRA DEL FUEGO, ANTÁRTIDA E ISLAS DEL ATLÁNTICO SUR

ISLAS SANDWICH DEL SUR

ISLAS MALVINAS

REGIÓN ANTÁRTICA ARGENTINA

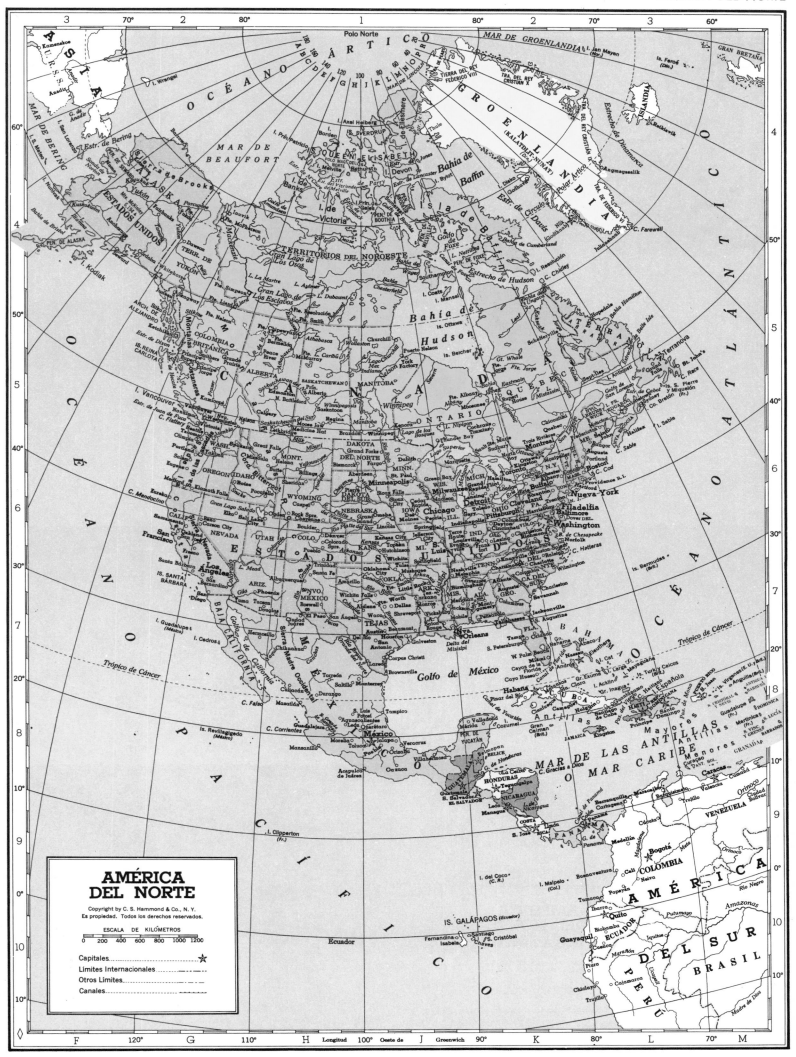

AMÉRICA
DEL NORTE

Copyright by C. S. Hammond & Co., N. Y.
Es propiedad. Todos los derechos reservados.

ESCALA DE KILÓMETROS
0   200 400 600 800 1000 1200

Capitales................................⭐
Límites Internacionales................
Otros Límites..........................
Canales................................

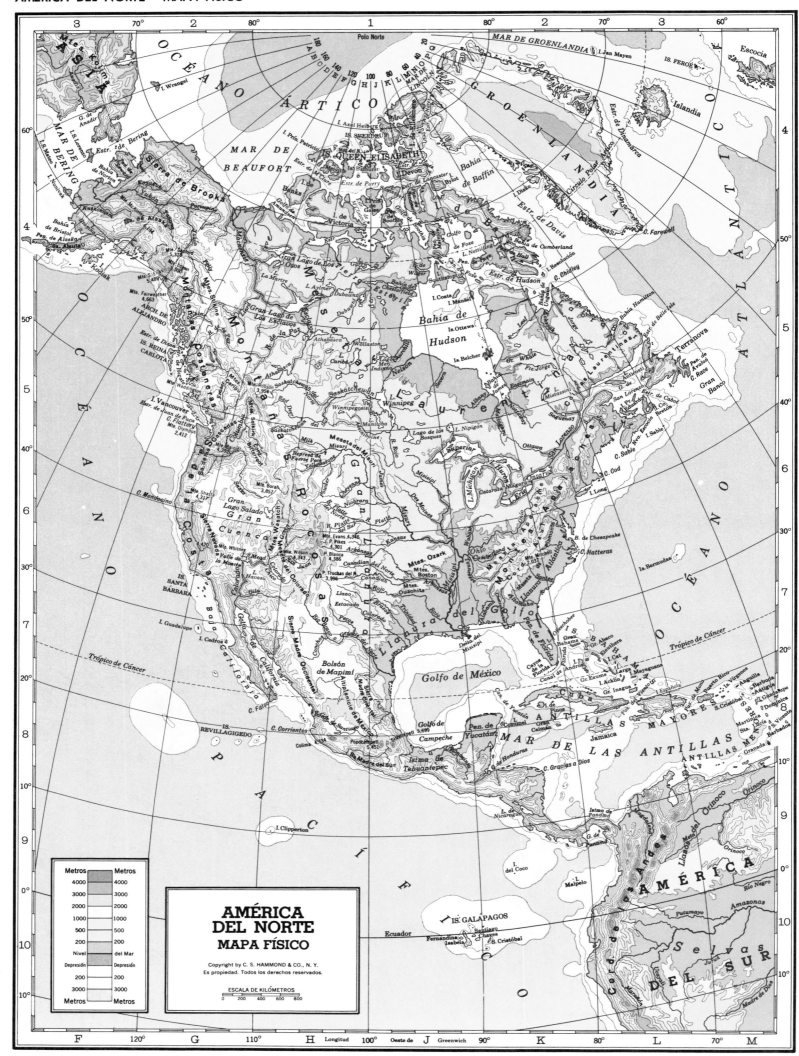

AMÉRICA
DEL NORTE
MAPA FÍSICO

Copyright by C. S. HAMMOND & CO., N. Y.
Es propiedad. Todos los derechos reservados.

ESCALA DE KILÓMETROS
0   200   400   600   800

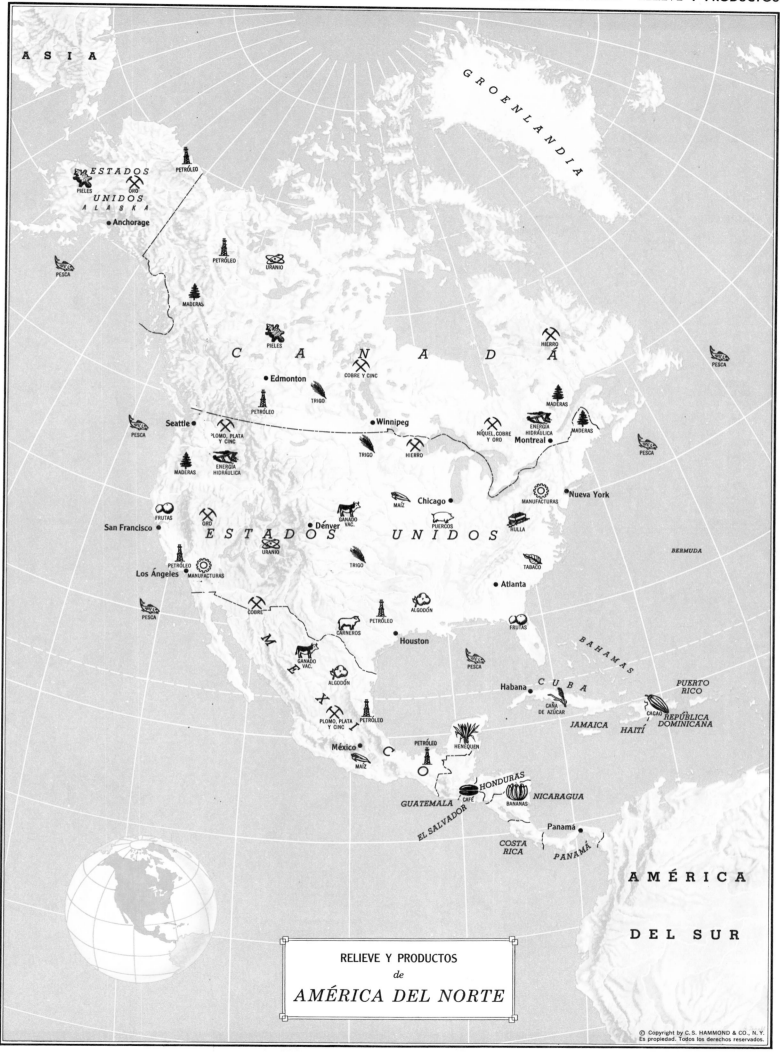

ASIA

GROENLANDIA

ESTADOS
PIELES   ORO
UNIDOS
ALASKA
● Anchorage

PETRÓLEO

PESCA

PETRÓLEO

URANIO

MADERAS

PIELES

C A N A D Á

HIERRO

● Edmonton

COBRE Y CINC

PETRÓLEO

TRIGO

MADERAS

PESCA   Seattle ●

PLOMO, PLATA
Y CINC

● Winnipeg

TRIGO

HIERRO

NÍQUEL, COBRE
Y ORO

ENERGÍA
HIDRÁULICA
Montreal ●

MADERAS

PESCA

MADERAS   ENERGÍA
HIDRÁULICA

MAÍZ   Chicago ●

MANUFACTURAS
● Nueva York

FRUTAS

San Francisco ●

E S T A D O S   **U N I D O S**

ORO   Dénver ●   GANADO
VAC.

PUERCOS

HULLA

BERMUDA

PETRÓLEO
Los Ángeles ●   MANUFACTURAS

URANIO

TRIGO

TABACO

● Atlanta

PESCA

COBRE

CARNEROS

PETRÓLEO

ALGODÓN

FRUTAS

BAHAMAS

M E X   Houston ●

GANADO
VAC.

ALGODÓN

PESCA

Habana ●   C U B A

PUERTO
RICO

CAÑA
DE AZÚCAR

CACAO   REPÚBLICA
DOMINICANA

PLOMO, PLATA
Y CINC   PETRÓLEO

JAMAICA   HAITÍ

I C O

México ●

PETRÓLEO

HENEQUÉN

MAÍZ

HONDURAS

GUATEMALA   CAFÉ   BANANAS   NICARAGUA

EL SALVADOR

Panamá ●

COSTA
RICA   PANAMÁ

A M É R I C A

D E L   S U R

RELIEVE Y PRODUCTOS
de
AMÉRICA DEL NORTE

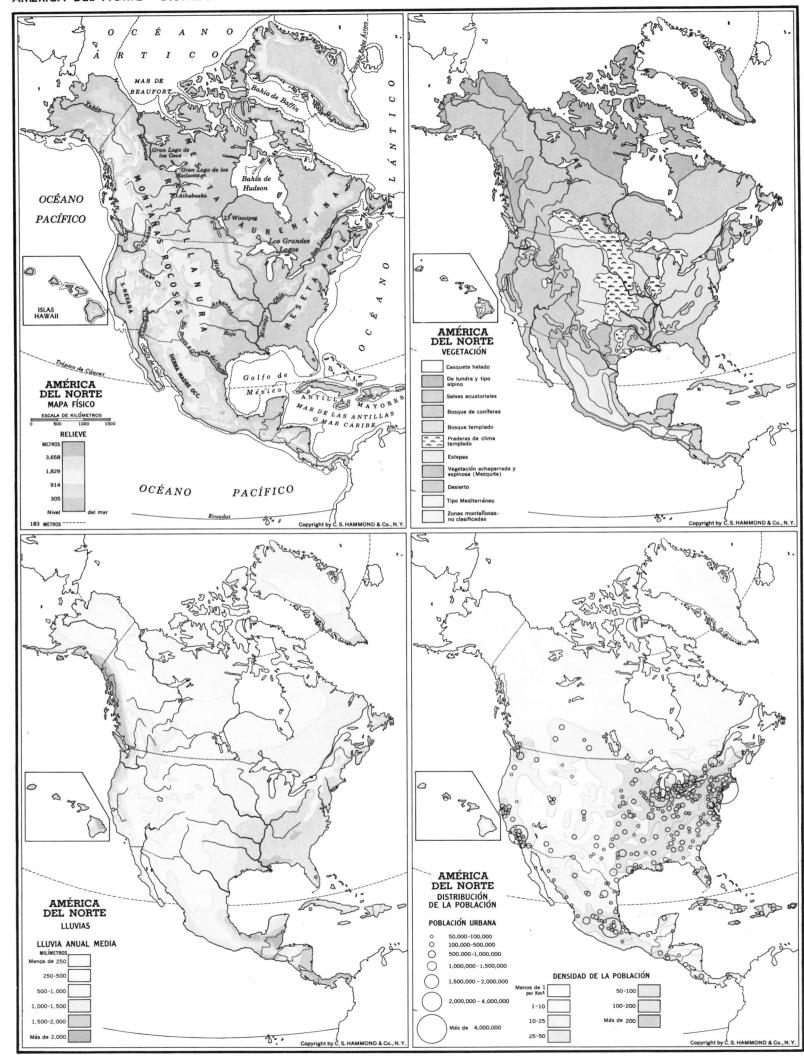

AMÉRICA DEL NORTE
MAPA FÍSICO

ESCALA DE KILÓMETROS
0   500   1000   1500

RELIEVE

METROS
3,658
1,829
914
305
Nivel del mar
183 METROS

OCÉANO ÁRTICO
MAR DE BEAUFORT
Bahía de Baffin
Gran Lago de los Osos
Gran Lago de los Esclavos
L. Athabaska
L. Winnipeg
Bahía de Hudson
Los Grandes Lagos
OCÉANO PACÍFICO
MONTAÑAS ROCOSAS
GRAN LLANURA
MESETA LAURENTINA
MESETA APALACHES
OCÉANO ATLÁNTICO
ISLAS HAWAII
S. NEVADA
SIERRA MADRE OCC.
Columbia
Snake
Río Bravo o Grande del Norte
Golfo de México
ANTILLAS MAYORES
MAR DE LAS ANTILLAS O MAR CARIBE
Trópico de Cáncer
Ecuador
OCÉANO PACÍFICO
Arkansas
Rojo
Missouri
Misisipí
Ohio
Yukón
Golfo de Cal.

AMÉRICA DEL NORTE
VEGETACIÓN

Casquete helado
De tundra y tipo alpino
Selvas ecuatoriales
Bosque de coníferas
Bosque templado
Praderas de clima templado
Estepas
Vegetación achaparrada y espinosa (Mezquite)
Desierto
Tipo Mediterráneo
Zonas montañosas no clasificadas

AMÉRICA DEL NORTE
LLUVIAS

LLUVIA ANUAL MEDIA
MILÍMETROS
Menos de 250
250-500
500-1,000
1,000-1,500
1,500-2,000
Más de 2,000

AMÉRICA DEL NORTE
DISTRIBUCIÓN DE LA POBLACIÓN

POBLACIÓN URBANA
50,000-100,000
100,000-500,000
500,000-1,000,000
1,000,000-1,500,000
1,500,000-2,000,000
2,000,000-4,000,000
Más de 4,000,000

DENSIDAD DE LA POBLACIÓN
Menos de 1 por Km².
1-10
10-25
25-50
50-100
100-200
Más de 200

Copyright by C. S. HAMMOND & Co., N.Y.

CANADÁ

Copyright by C. S. HAMMOND & CO., N. Y.
Es propiedad. Todos los derechos reservados

ESCALA DE KILÓMETROS
0 50 100 200 300 400 500

Capitales Nacionales
Capitales de Provincias y Territorios
Límites Internacionales
Límites de Provincias
Canales

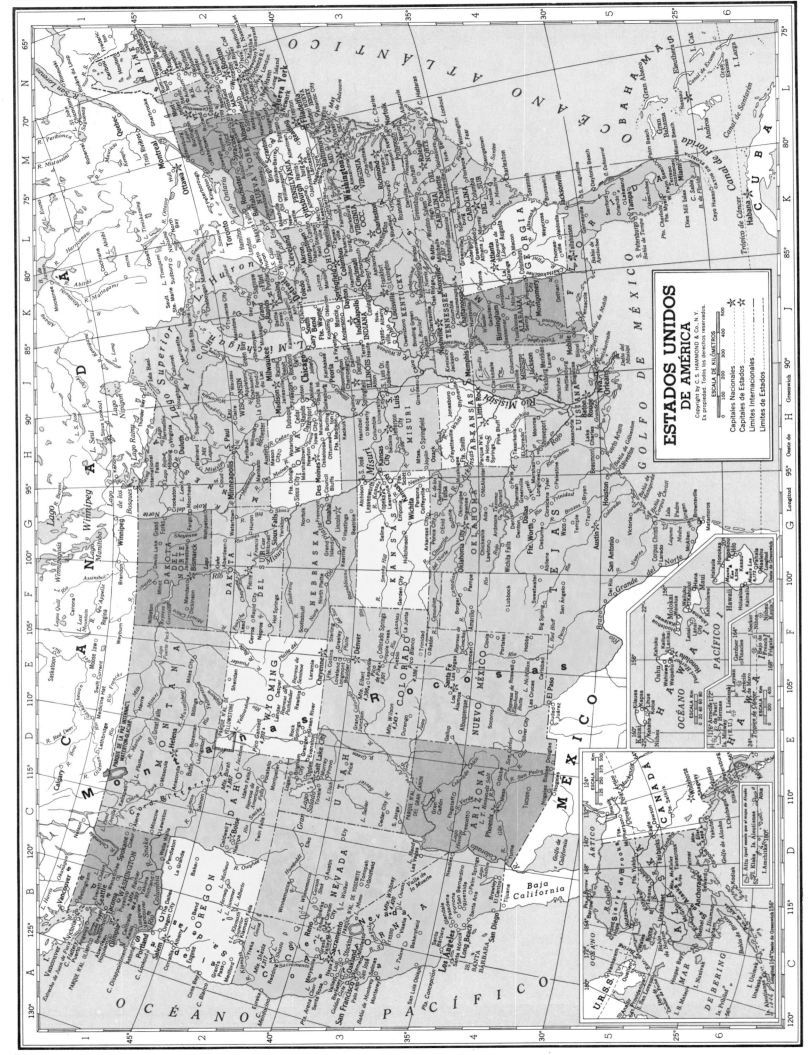

ESTADOS UNIDOS DE AMÉRICA

Copyright by C. S. HAMMOND & Co., N.Y.
Es propiedad. Todos los derechos reservados.

ESCALA DE KILÓMETROS

100 200 300 400 500

Capitales Nacionales..........
Capitales de Estados..........
Límites Internacionales..........
Límites de Estados..........

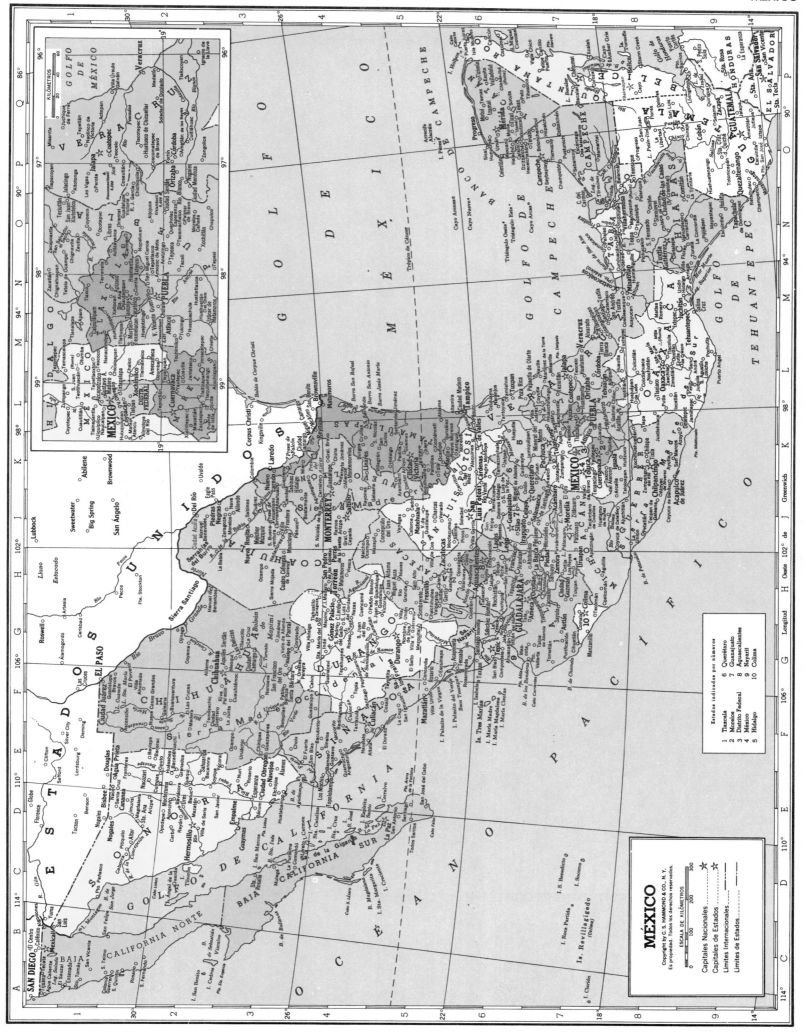

MÉXICO

Copyright by C. S. HAMMOND & CO., N.Y.
Es propiedad. Todos los derechos reservados.

ESCALA DE KILÓMETROS
0 100 200 300

Capitales Nacionales ☆
Capitales de Estados ★
Límites Internacionales ———
Límites de Estados ———

Estados indicados por números

1 Tlaxcala   6 Querétaro
2 Morelos   7 Guanajuato
3 Distrito Federal 8 Aguascalientes
4 México   9 Nayarit
5 Hidalgo   10 Colima

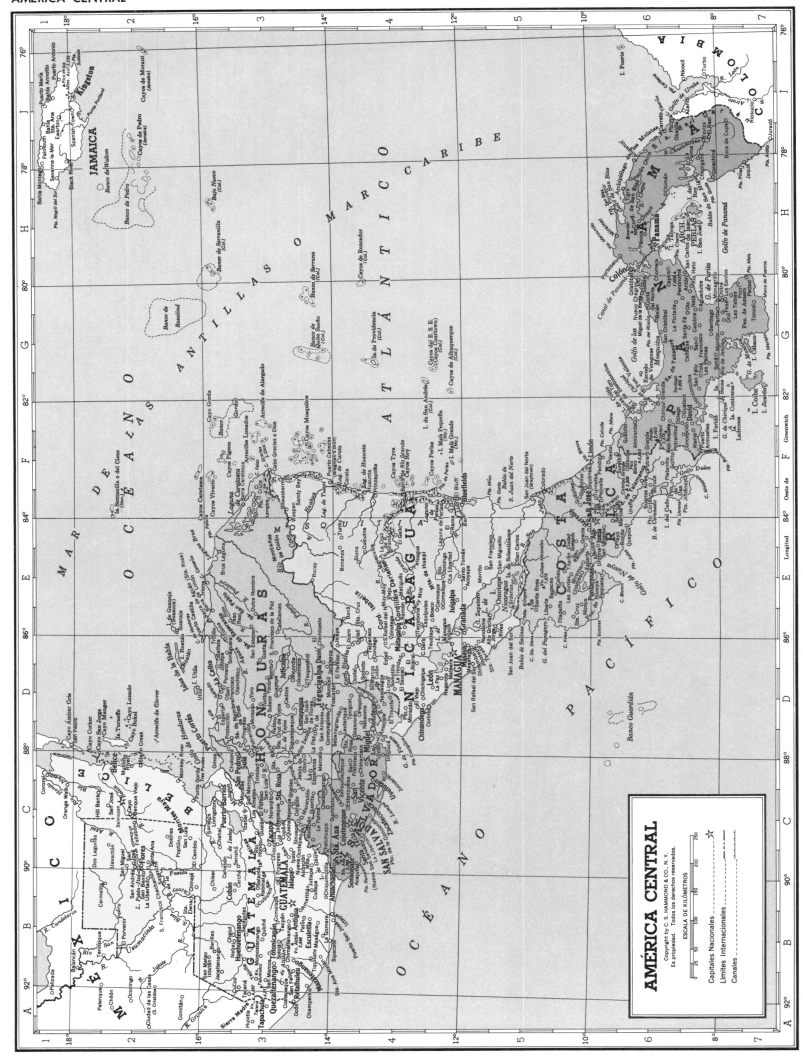

AMÉRICA CENTRAL

Copyright by C. S. HAMMOND & CO., N. Y.
Es propiedad. Todos los derechos reservados.

ESCALA DE KILÓMETROS

Capitales Nacionales
Límites Internacionales
Canales

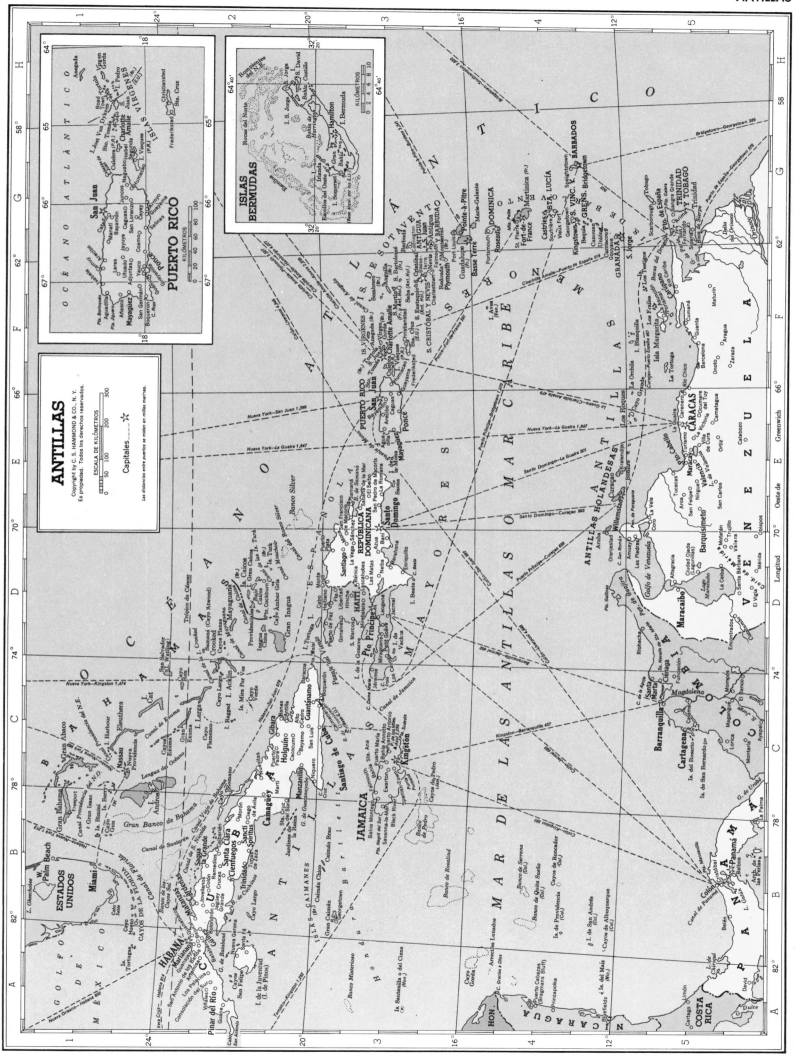

EUROPA

ESCALA DE KILOMETROS

EUROPA
MAPA FÍSICO

Copyright by C. S. HAMMOND & CO., N. Y.
Es propiedad. Todos los derechos reservados.

ESCALA DE KILÓMETROS
0 100 200 300 400 500

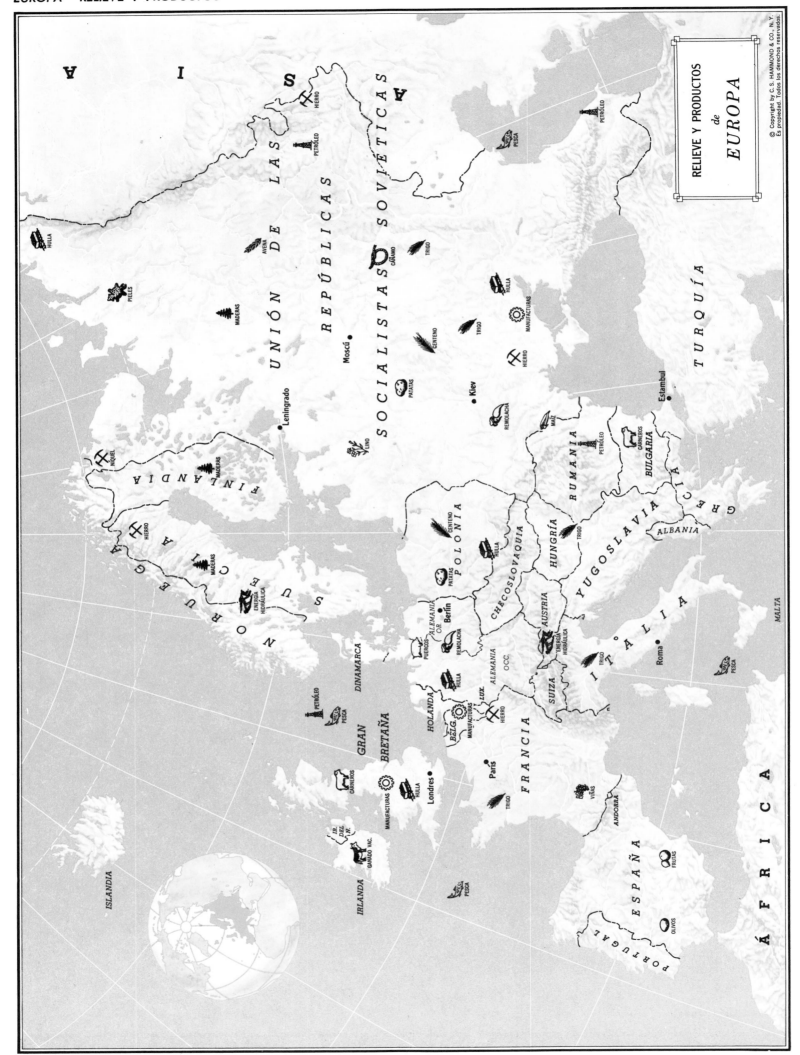

A S I A

U N I Ó N   D E   L A S

R E P Ú B L I C A S

S O C I A L I S T A S   S O V I É T I C A S

HULLA

PETRÓLEO

HIERRO

PIELES

AVENA

CÁÑAMO

TRIGO

HULLA

MADERAS

MANUFACTURAS

TURQUÍA

• Moscú

CENTENO

TRIGO

HIERRO

PATATAS

• Kiev

Estambul •

• Leningrado

REMOLACHA

MAÍZ

PETRÓLEO

CARNEROS

NÍQUEL

LINO

RUMANIA

BULGARIA

FINLANDIA

MADERAS

HIERRO

MADERAS

POLONIA

CENTENO

HUNGRÍA

TRIGO

GRECIA

ALBANIA

ENERGÍA
HIDRÁULICA

PATATAS

HULLA

CHECOSLOVAQUIA

AUSTRIA

YUGOSLAVIA

N O R U E G A

S U E C I A

DINAMARCA

ALEMANIA
OR. • Berlín

PUERCOS

REMOLACHA

ALEMANIA
OCC.

ENERGÍA
HIDRÁULICA

I T A L I A

• Roma

PESCA

PETRÓLEO

PESCA

HULLA

LUX.

SUIZA

GRAN

HOLANDA

BÉLG.

HIERRO

TRIGO

MANUFACTURAS

FRANCIA

CARNEROS

MANUFACTURAS

HULLA

Londres •

• París

TRIGO

VIÑAS

ANDORRA

IR.
DEL
N.

GANADO VAC.

ESPAÑA

FRUTAS

ISLANDIA

IRLANDA

PESCA

PORTUGAL

OLIVOS

Á F R I C A

MALTA

RELIEVE Y PRODUCTOS
de
EUROPA

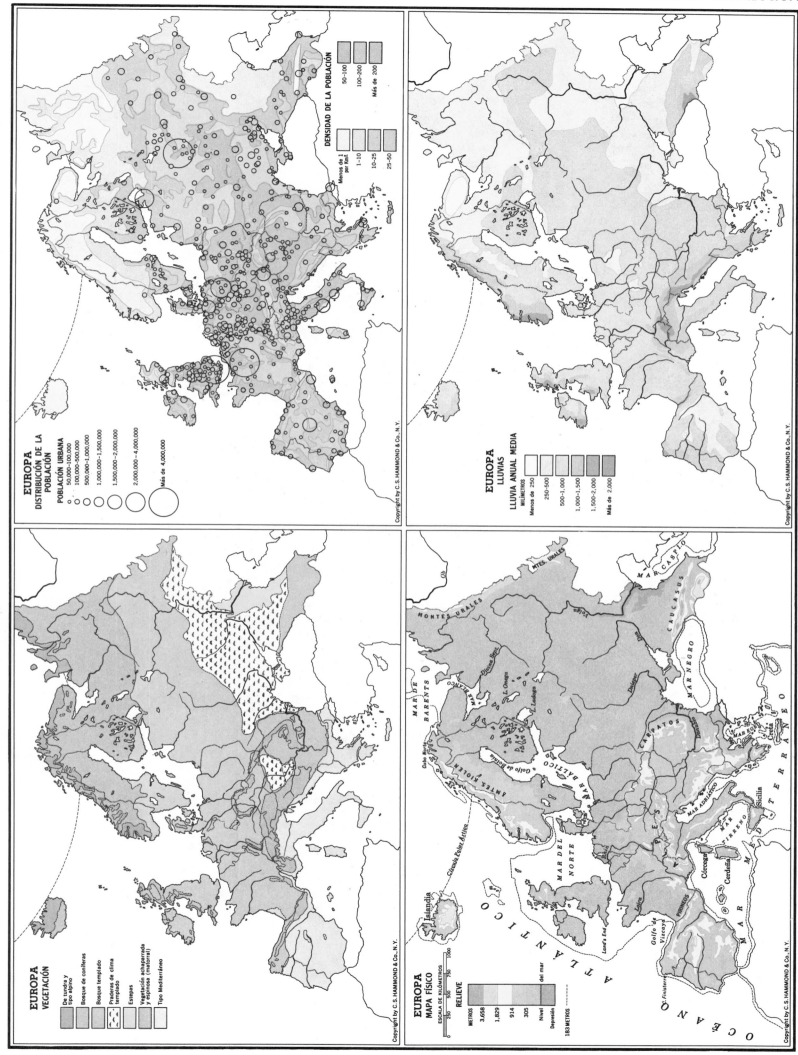

EUROPA
DISTRIBUCIÓN DE LA POBLACIÓN

POBLACIÓN URBANA
- 50,000-100,000
- 100,000-500,000
- 500,000-1,000,000
- 1,000,000-1,500,000
- 1,500,000-2,000,000
- 2,000,000-4,000,000
- Más de 4,000,000

DENSIDAD DE LA POBLACIÓN
- Menos de 1 por Km²
- 1-10
- 10-25
- 25-50
- 50-100
- 100-200
- Más de 200

Copyright by C.S. HAMMOND & Co., N.Y.

EUROPA
LLUVIAS
LLUVIA ANUAL MEDIA

MILÍMETROS
- Menos de 250
- 250-500
- 500-1,000
- 1,000-1,500
- 1,500-2,000
- Más de 2,000

Copyright by C.S. HAMMOND & Co., N.Y.

EUROPA
VEGETACIÓN

- De tundra y tipo alpino
- Bosque de coníferas
- Bosque templado
- Praderas de clima templado
- Estepas
- Vegetación achaparrada y espinosa (matorral)
- Tipo Mediterráneo

Copyright by C.S. HAMMOND & Co., N.Y.

EUROPA
MAPA FÍSICO

RELIEVE
ESCALA DE KILÓMETROS
0 250 500 750 1000

METROS
- 3,658
- 1,829
- 914
- 305
- Nivel del mar
- Depresión
- 183 METROS

MAR DE BARENTS
MTES. URALES
MONTES URALES
MAR CASPIO
CAUCASUS
MAR NEGRO
Volga
Don
Dniéper
Dniéster Sep.
L. Onega
L. Ladoga
Cabo Norte
MAR BLANCO
MAR BÁLTICO
Golfo de Botnia
MTES. ESCAND.
MAR DEL NORTE
CÁRPATOS
Danubio
MAR ADRIÁTICO
MAR TIRRENO
Córcega
Cerdeña
Sicilia
MAR MEDITERRÁNEO
MAR EGEO
Creta
Islandia
Círculo Polar Ártico
OCÉANO ATLÁNTICO
Land's End
Loira
Sena
Golfo de Vizcaya
C. Finisterre
PIRINEOS
Tajo

Copyright by C.S. HAMMOND & Co., N.Y.

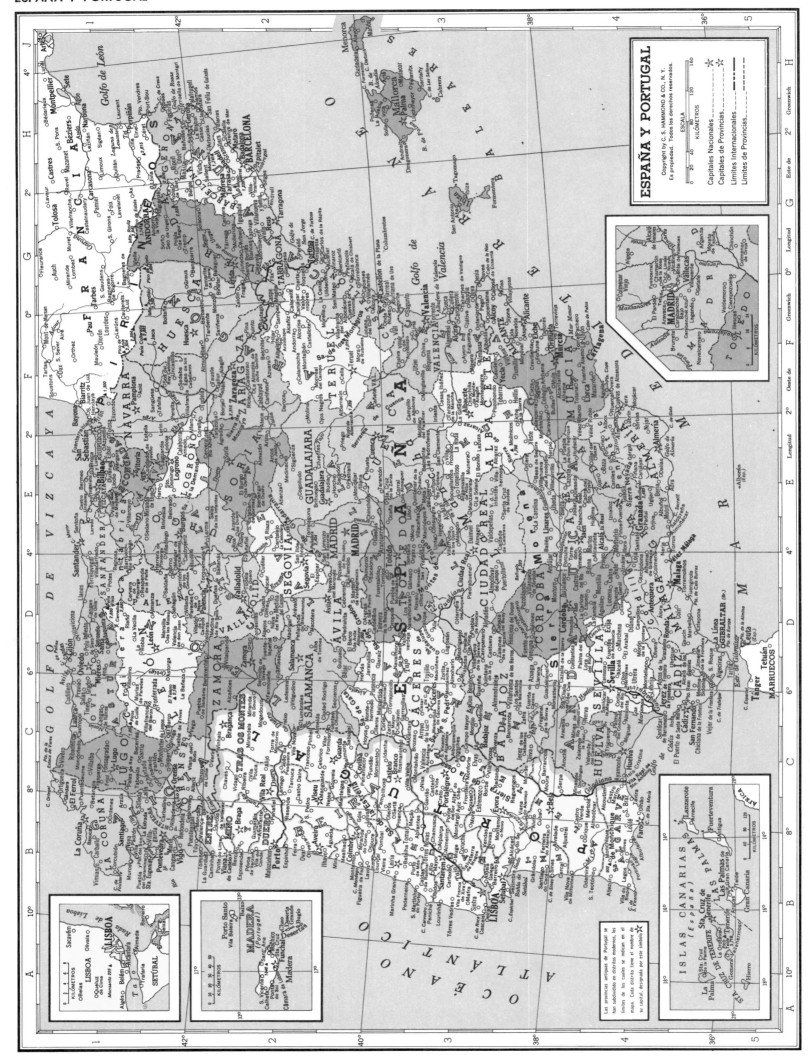

ESPAÑA Y PORTUGAL

Copyright by C. S. Hammond & Co., N. Y.
Es propiedad. Todos los derechos reservados.

ESCALA

KILÓMETROS

Capitales Nacionales
Capitales de Provincias
Límites Internacionales
Límites de Provincias

MADRID

ISLAS CANARIAS
(España)

LISBOA

MADEIRA
(Portugal)

Las provincias antiguas de Portugal se han subdividido en distritos modernos, los límites de los cuales se indican en el mapa. Cada distrito tiene el nombre de su capital, designado por este símbolo.

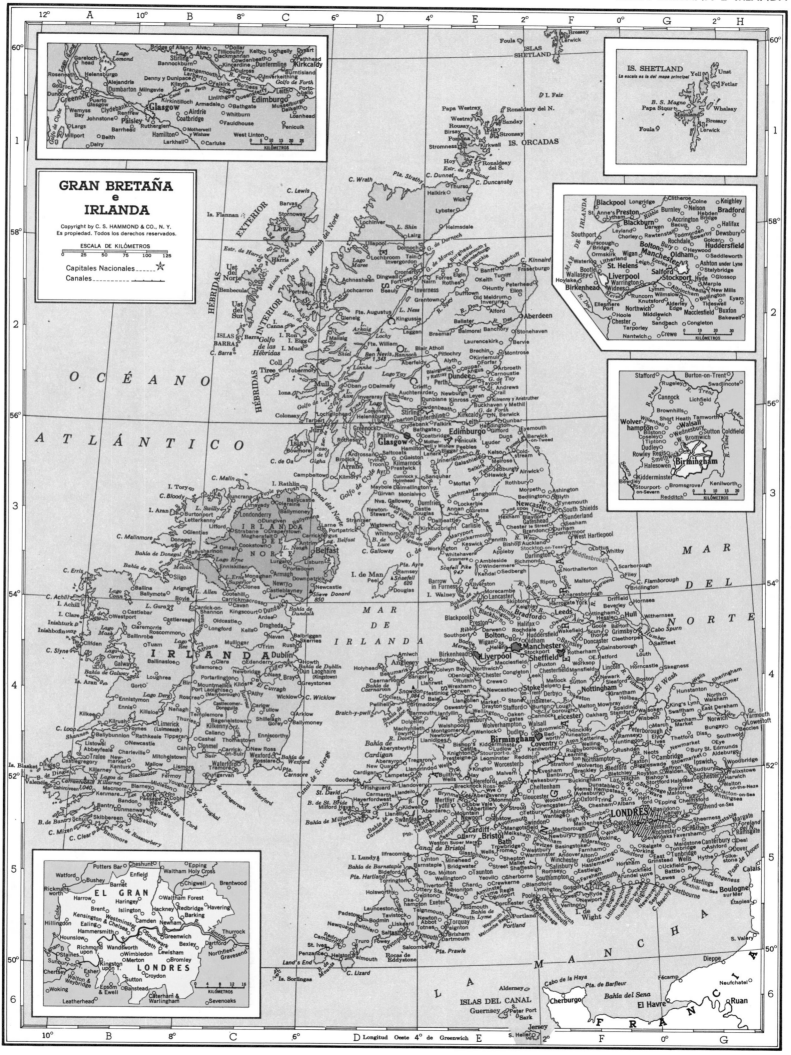

GRAN BRETAÑA e IRLANDA

Copyright by C. S. HAMMOND & CO., N. Y.
Es propiedad. Todos los derechos reservados.

ESCALA DE KILÓMETROS

Capitales Nacionales _____ ★
Canales _____

IS. SHETLAND
La escala es la del mapa principal

EL GRAN LONDRES

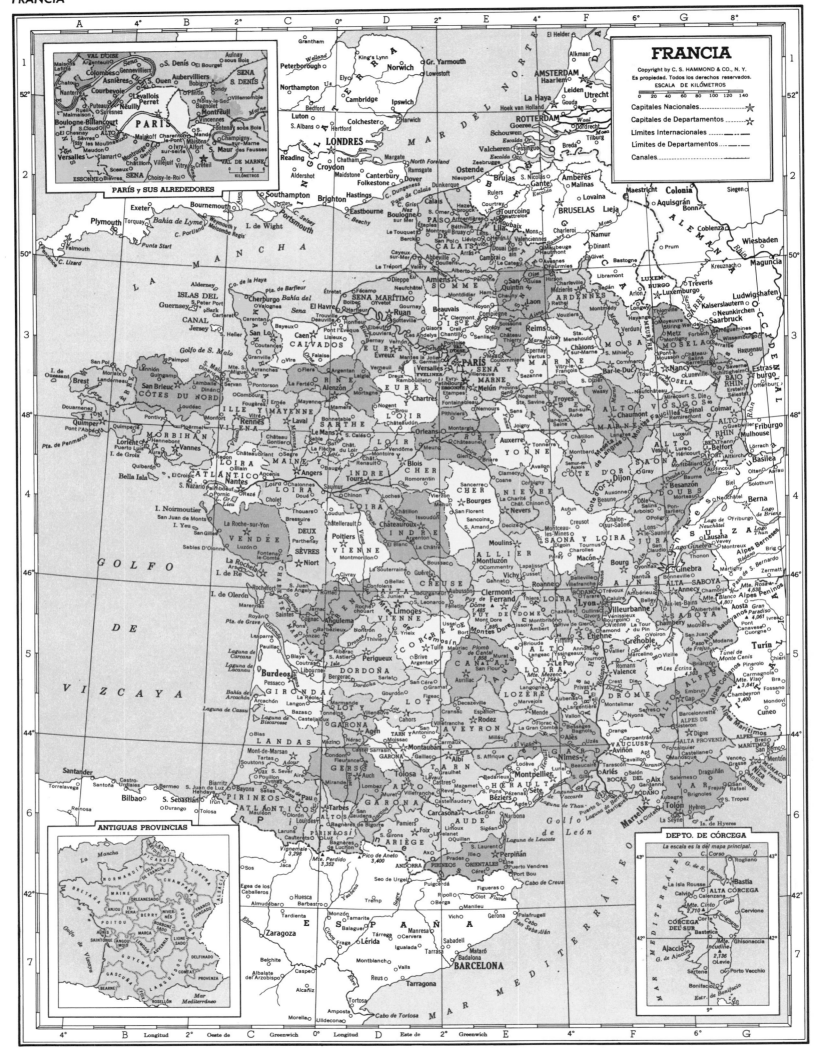

FRANCIA

Copyright by C. S. HAMMOND & CO., N. Y.
Es propiedad. Todos los derechos reservados.
ESCALA DE KILÓMETROS

Capitales Nacionales
Capitales de Departamentos
Límites Internacionales
Límites de Departamentos
Canales

PARÍS y SUS ALREDEDORES

ANTIGUAS PROVINCIAS

DEPTO. DE CÓRCEGA
La escala es la del mapa principal.

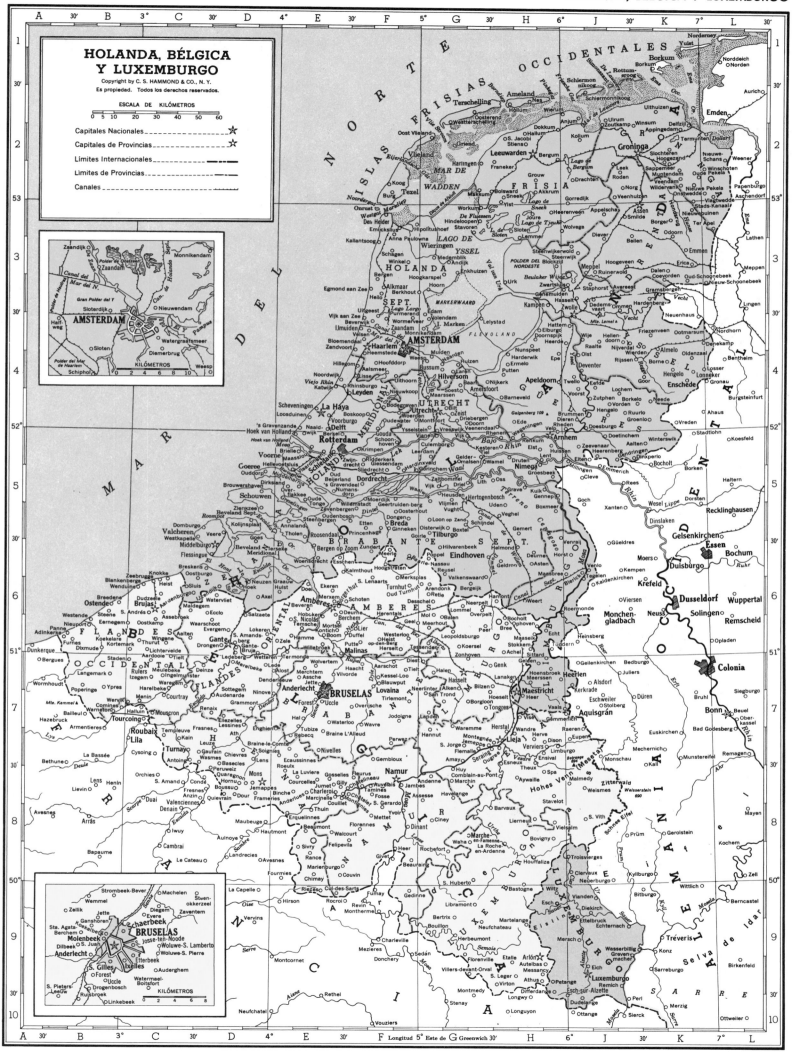

HOLANDA, BÉLGICA
Y LUXEMBURGO

Copyright by C. S. HAMMOND & CO., N.Y.
Es propiedad. Todos los derechos reservados.

ESCALA DE KILÓMETROS

0 5 10   20   30   40   50   60

Capitales Nacionales
Capitales de Provincias
Límites Internacionales
Límites de Provincias
Canales

AMSTERDAM

BRUSELAS

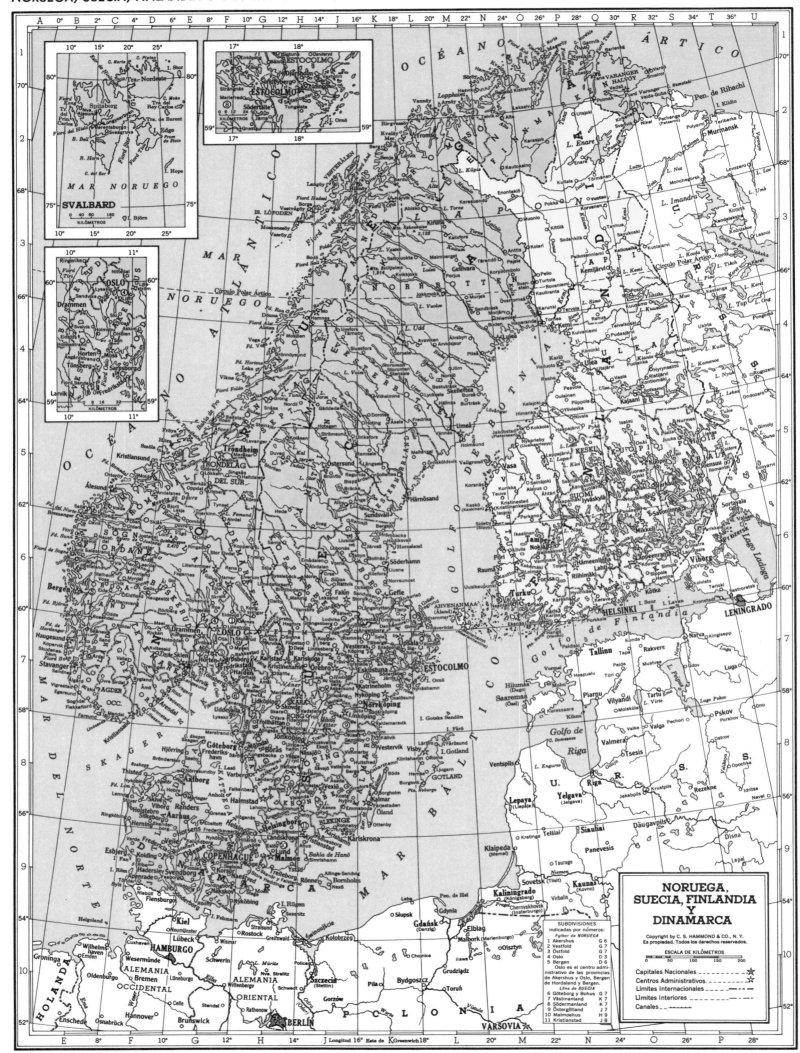

NORUEGA, SUECIA, FINLANDIA Y DINAMARCA

Copyright by C. S. Hammond & CO., N. Y.
Es propiedad. Todos los derechos reservados.

ESCALA DE KILÓMETROS

Capitales Nacionales ⎯ ⎯ ⎯ ⎯
Centros Administrativos ⎯ ⎯ ⎯
Límites Internacionales ⎯ ⎯ ⎯
Límites Interiores ⎯ · ⎯ · ⎯
Canales ⎯ ⎯ ⎯ ⎯

SUBDIVISIONES
indicadas por números:

Fylker de NORUEGA
1 Akershus   G 6
2 Vestfold   G 7
3 Ostfold   G 7
4 Oslo   D 3
5 Bergen   D 6
Oslo es el centro administrativo de las provincias de Akershus y Oslo, Bergen el de Hordaland y Bergen.

Läns de SUECIA
6 Göteborg y Bohus   G 7
7 Västmanland   K 7
8 Södermanland   K 7
9 Östergötland   J 7
10 Malmöhus   H 9
11 Kristianstad   J 8

SVALBARD

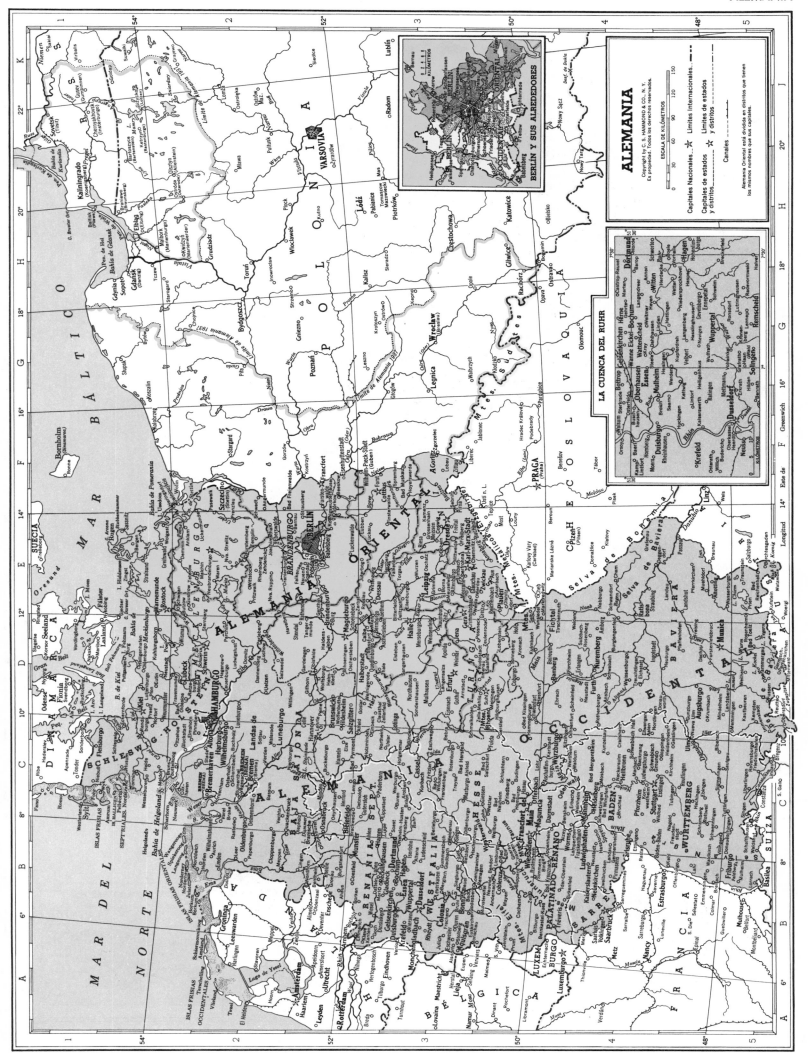

ALEMANIA

Copyright by C. S. HAMMOND & CO., N. Y.
Es propiedad. Todos los derechos reservados.

ESCALA DE KILÓMETROS

Capitales Nacionales . . . . ✪
Límites Internacionales . . . —·—·—
Capitales de estados y distritos . . . ✪
Límites de estados y distritos . . . ———
Canales . . . .

Alemania Oriental está dividida en distritos que tienen los mismos nombres que sus capitales.

BERLIN Y SUS ALREDEDORES

LA CUENCA DEL RUHR

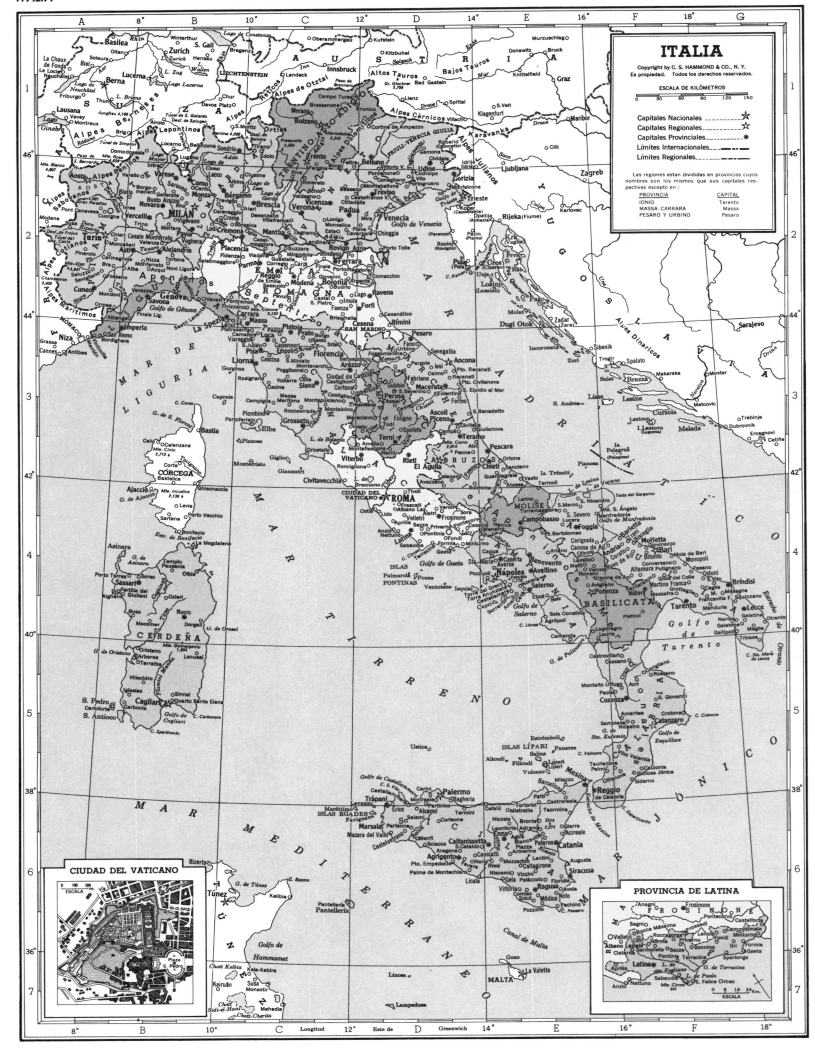

ITALIA

Copyright by C. S. Hammond & Co., N. Y.
Es propiedad.   Todos los derechos reservados.

ESCALA DE KILÓMETROS

Capitales Nacionales
Capitales Regionales
Capitales Provinciales
Límites Internacionales
Límites Regionales

Las regiones estan divididas en provincias cuyos
nombres son los mismos que sus capitales respectivas excepto en :

PROVINCIA	CAPITAL
IONIO	Tarento
MASSA-CARRARA	Massa
PESARO Y URBINO	Pesaro

CIUDAD DEL VATICANO

PROVINCIA DE LATINA

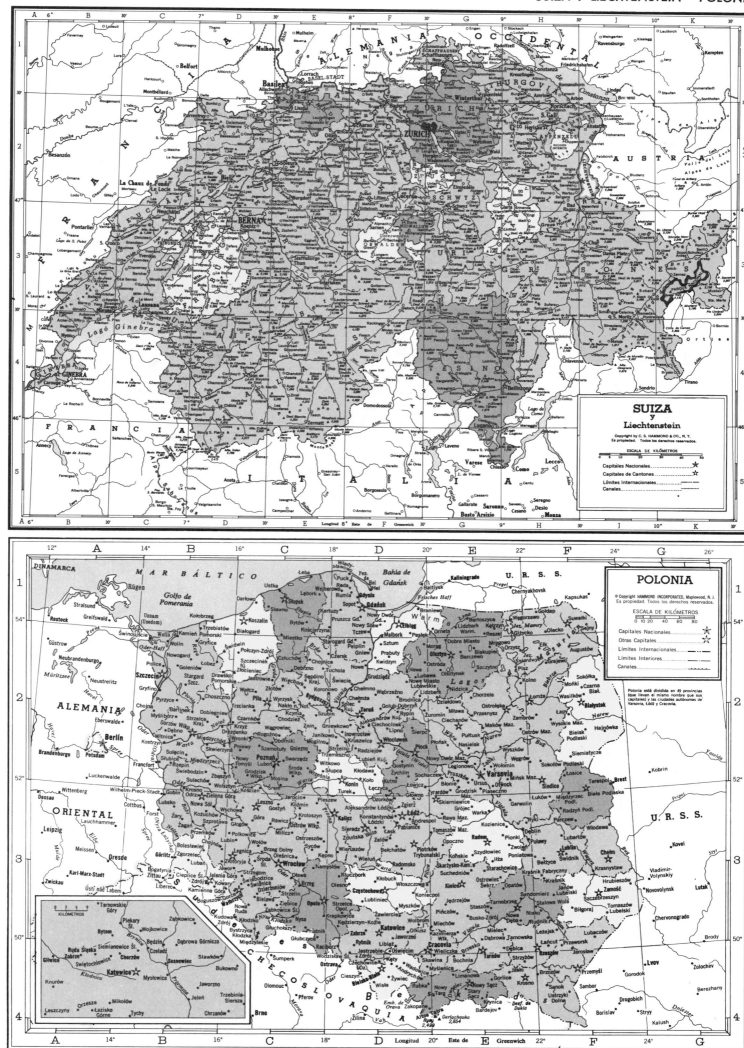

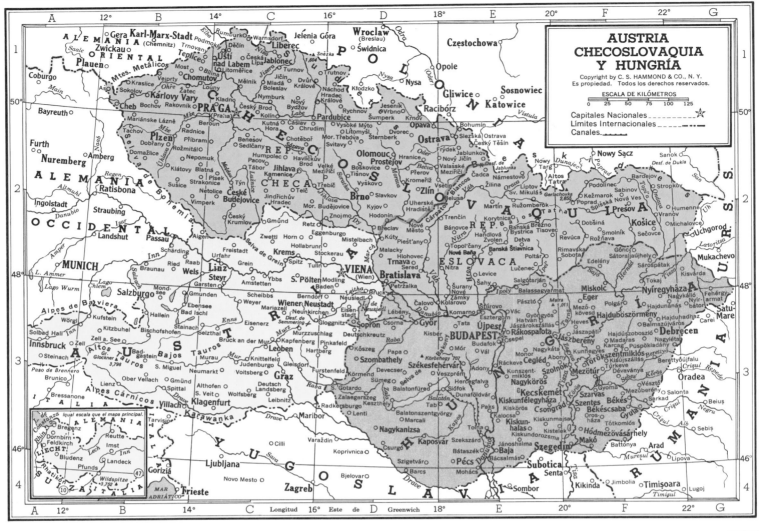

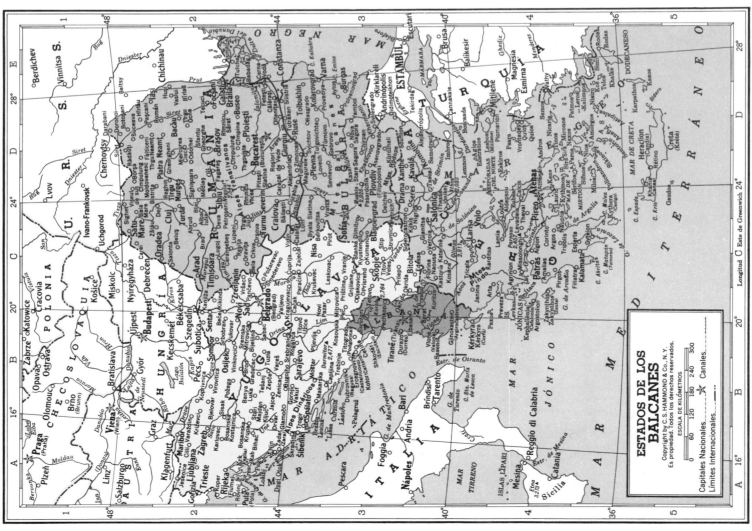

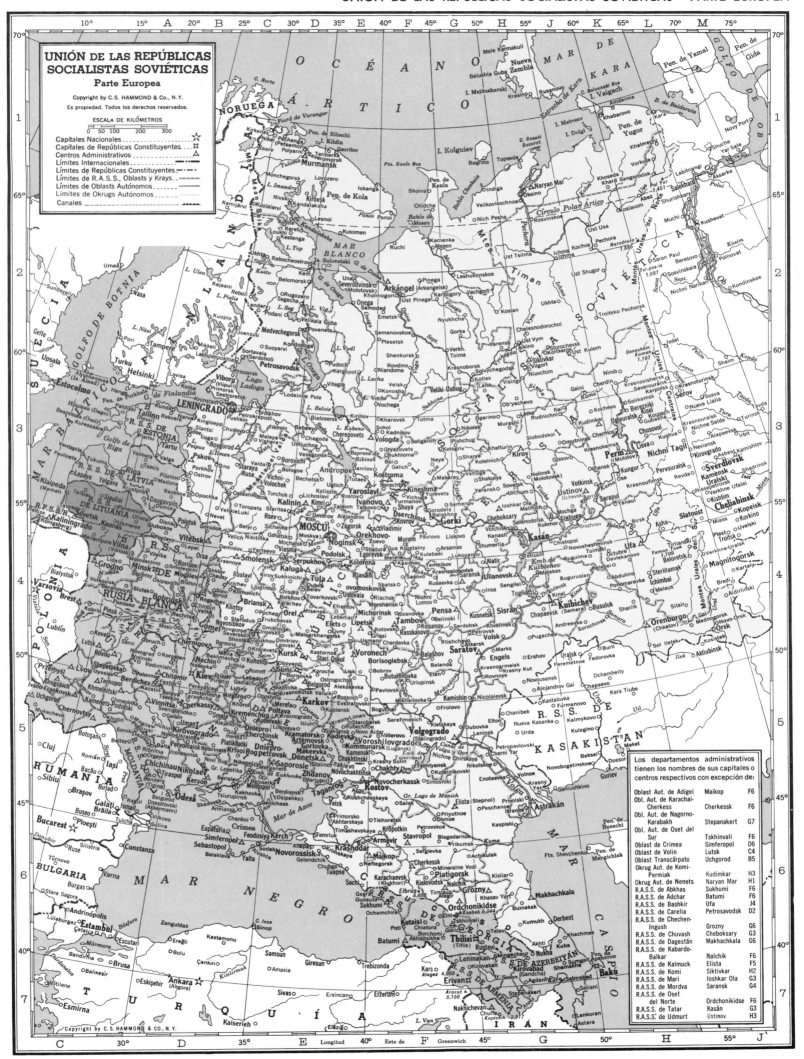

UNIÓN DE LAS REPÚBLICAS SOCIALISTAS SOVIÉTICAS

Parte Europea

ESCALA DE KILÓMETROS

0   50 100   200   300

Capitales Nacionales	☆
Capitales de Repúblicas Constituyentes	
Centros Administrativos	△
Límites Internacionales	
Límites de Repúblicas Constituyentes	
Límites de R.A.S.S., Oblasts y Krays	
Límites de Oblasts Autónomos	
Límites de Okrugs Autónomos	
Canales	

Los departamentos administrativos tienen los nombres de sus capitales o centros respectivos con excepción de:

Oblast Aut. de Adigei	Maikop	F6
Obl. Aut. de Karachai-Cherkess	Cherkessk	F6
Obl. Aut. de Nagorno-Karabakh	Stepanakert	G7
Obl. Aut. de Oset del Sur	Tskhinvali	F6
Oblast de Crimea	Simferopol	D6
Oblast de Volin	Lutsk	C4
Oblast Transcárpato	Uchgorod	B5
Okrug Aut. de Komi-Permiak	Kudimkar	H3
Okrug Aut. de Nenets	Naryan Mar	H1
R.A.S.S. de Abkhas	Sukhumi	F6
R.A.S.S. de Adchar	Batumi	F6
R.A.S.S. de Bashkir	Ufa	J4
R.A.S.S. de Carelia	Petrosavodsk	D2
R.A.S.S. de Chechen-Ingush	Grozny	G6
R.A.S.S. de Chuvash	Cheboksary	G3
R.A.S.S. de Dagestán	Makhachkala	G6
R.A.S.S. de Kabardo-Balkar	Nalchik	F6
R.A.S.S. de Kalmuck	Elista	F5
R.A.S.S. de Komi	Siktivkar	H2
R.A.S.S. de Mari	Ioshkar Ola	G3
R.A.S.S. de Mordva	Saransk	G4
R.A.S.S. de Oset del Norte	Ordchonikidse	F6
R.A.S.S. de Tatar	Kasán	G3
R.A.S.S. de Udmurt	Ustinov	H3

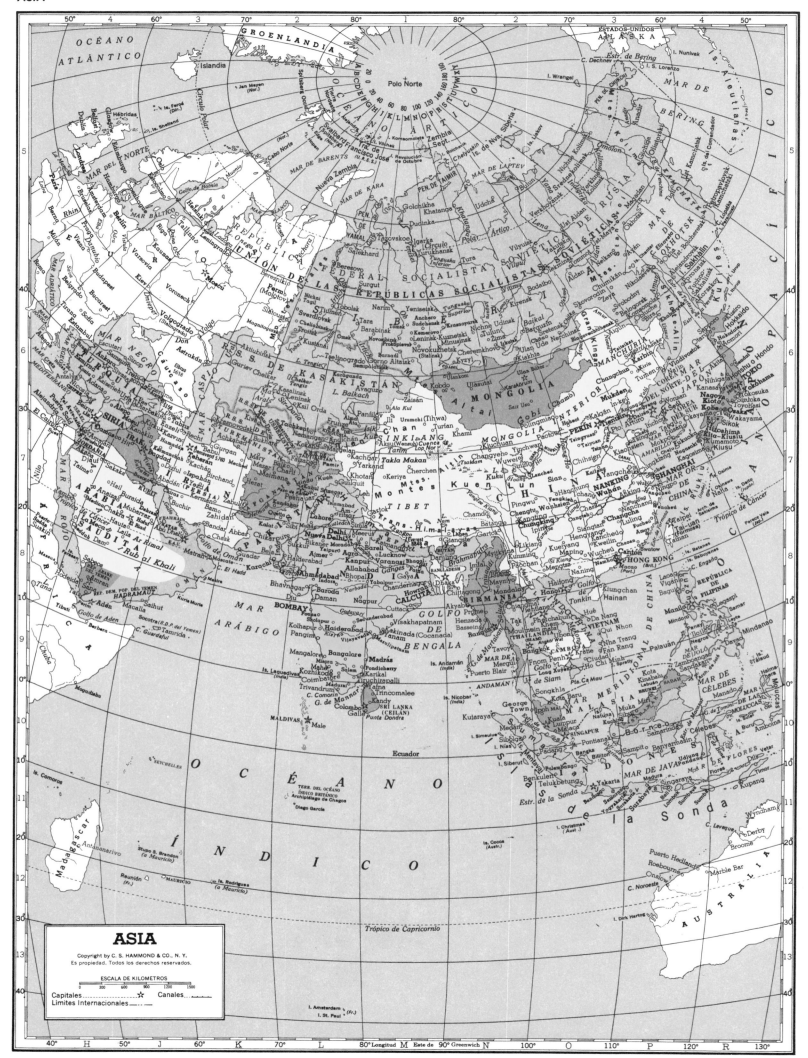

ASIA

Copyright by C. S. HAMMOND & CO., N. Y.

Es propiedad. Todos los derechos reservados.

ESCALA DE KILOMETROS

| 0 | 300 | 600 | 900 | 1200 | 1500 |

Capitales........................☆   Canales........

Límites Internacionales........

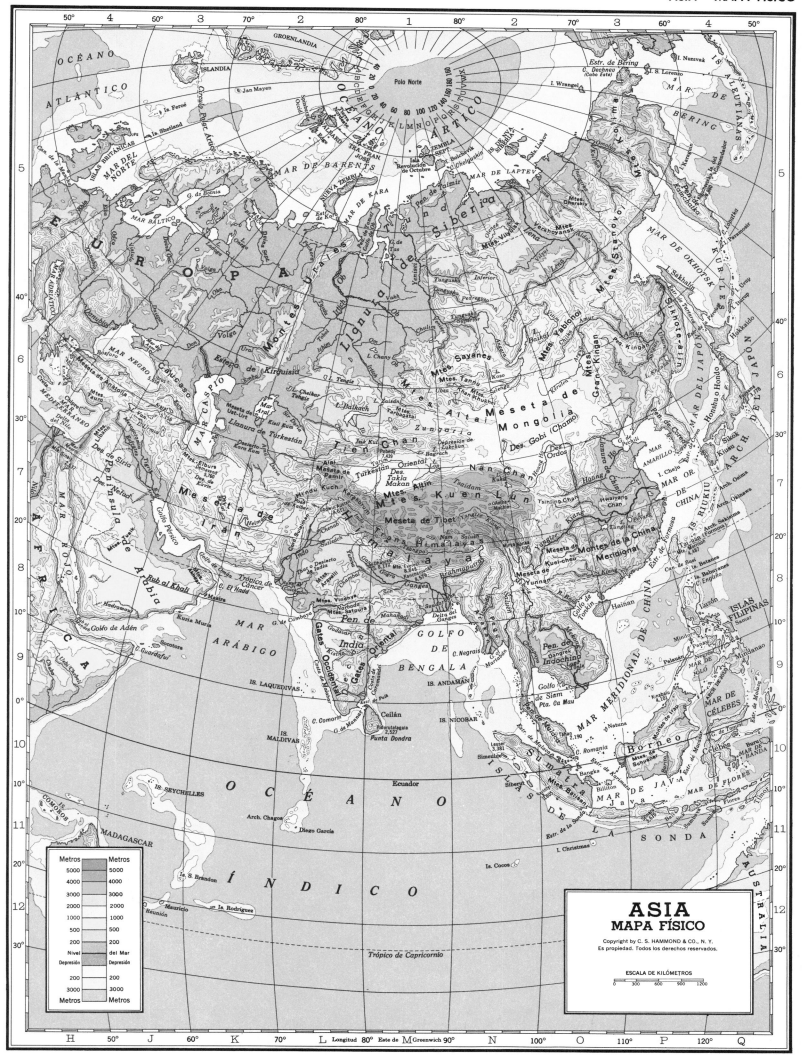

ASIA
MAPA FÍSICO

Copyright by C. S. HAMMOND & CO., N. Y.
Es propiedad. Todos los derechos reservados.

ESCALA DE KILÓMETROS

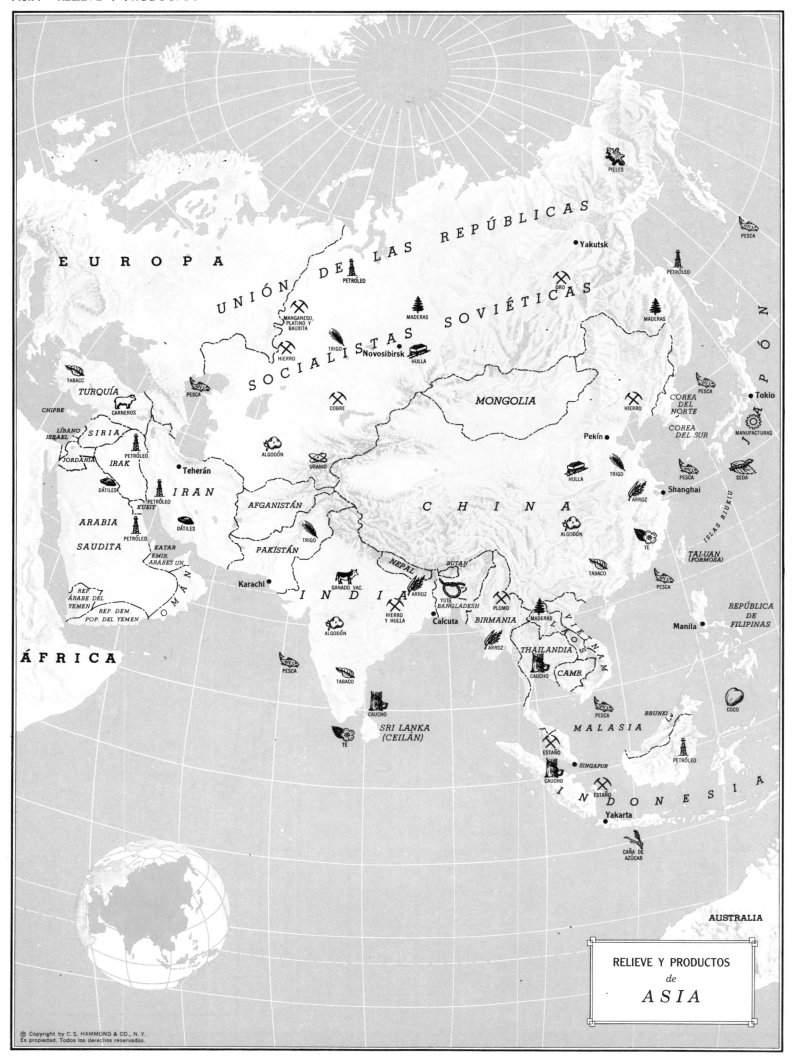

ASIA — RELIEVE Y PRODUCTOS

EUROPA

UNIÓN DE LAS REPÚBLICAS

SOCIALISTAS SOVIÉTICAS

PIELES
PESCA
•Yakutsk
PETRÓLEO
MADERAS
PETRÓLEO
MANGANESO,
PLATINO Y
BAUXITA
TRIGO
MADERAS
HIERRO
Novosibirsk•
HULLA
MONGOLIA
COBRE
PESCA
COREA
DEL NORTE
HIERRO
•Tokio
TABACO
PESCA
COREA
DEL SUR
TURQUÍA
CHIPRE
CARNEROS
MANUFACTURAS
LÍBANO
ISRAEL
SIRIA
PETRÓLEO
ALGODÓN
URANIO
Pekín •
HULLA
TRIGO
PESCA
SEDA
JORDANIA
IRAK
• Teherán
AFGANISTÁN
C H I N A
ARROZ
•Shanghai
DÁTILES
PETRÓLEO
IRAN
ALGODÓN
ISLAS RIUKIU
KUEIT
DÁTILES
PAKISTÁN
TRIGO
TE
TAI-UAN
(FORMOSA)
ARABIA
SAUDITA
KATAR
EMIR.
ÁRABES UN.
NEPAL
BUTAN
TABACO
PESCA
REP.
ÁRABE DEL
YEMEN
GANADO VAC.
I N D I A
ARROZ
YUTE
BANGLADESH
PLOMO
REPÚBLICA
DE
FILIPINAS
REP. DEM.
POP. DEL YEMEN
OMÁN
Karachi •
HIERRO
Y HULLA
•Calcuta
BIRMANIA
MADERAS
Manila •
ÁFRICA
ALGODÓN
ARROZ
THAILANDIA
CAMB.
PESCA
TABACO
CAUCHO
BRUNEI
COCO
PESCA
CAUCHO
SRI LANKA
(CEILÁN)
MALASIA
TE
ESTAÑO
PETRÓLEO
CAUCHO
• Singapur
ESTAÑO
I N D O N E S I A
Yakarta •
CAÑA DE
AZÚCAR
AUSTRALIA

RELIEVE Y PRODUCTOS
de
A S I A

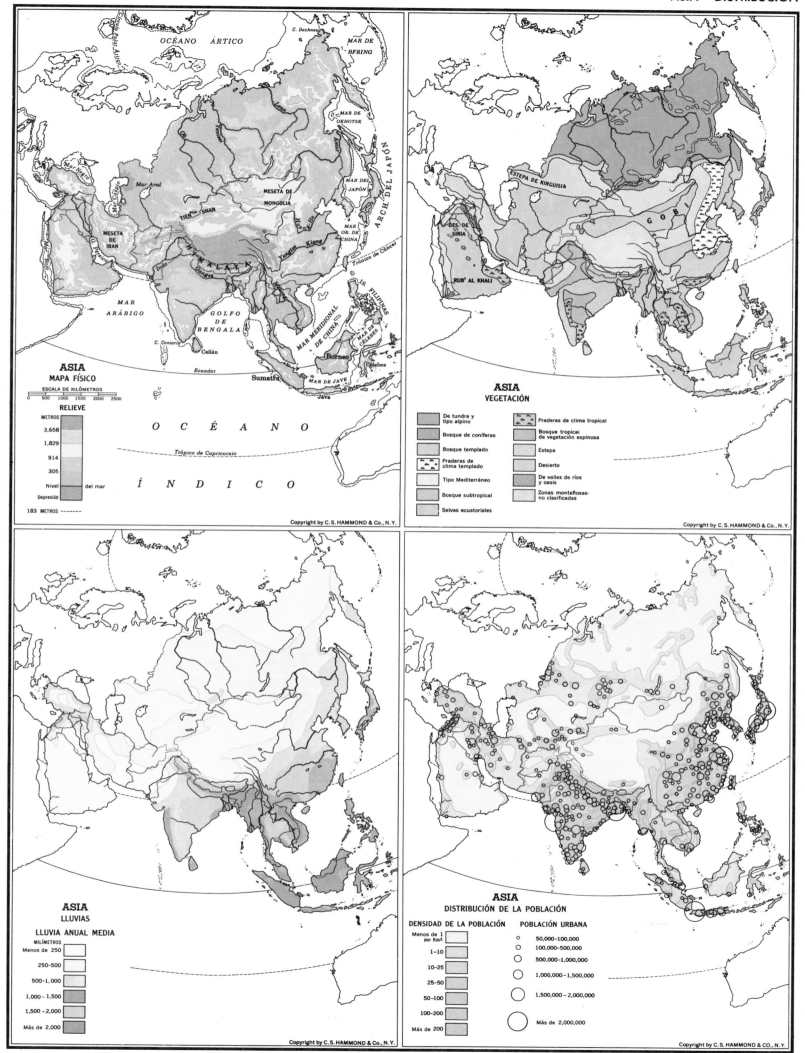

OCÉANO ÁRTICO

C. Dechnev

MAR DE BERING

MAR DE OKHOTSK

Amur

MESETA DE MONGOLIA

TIEN SHAN

MAR DEL JAPÓN

ARCH. DEL JAPÓN

MAR OR. DE CHINA

Mar Aral

Mar Negro

Éufrates

Tigris

MESETA DE IRAN

G. Pérsico

Indo

Ganges

HIMALAYA

Hoang Ho

Yang tsé Kiang

Trópico de Cáncer

MAR ARÁBIGO

GOLFO DE BENGALA

C. Comorín

Ceilán

IS. FILIPINAS

MAR MERIDIONAL DE CHINA

MAR DE CELEBES

Borneo

Célebes

Ecuador

Sumatra

MAR DE JAVE

Java

ASIA
MAPA FÍSICO

ESCALA DE KILÓMETROS

0   500   1000   1500   2000   2500

RELIEVE

METROS	
3,658	
1,829	
914	
305	
Nivel	del mar
Depresión	

183 METROS -------

OCÉANO

Trópico de Capricornio

ÍNDICO

ESTEPA DE KIRGUISIA

GOBI

DES. DE SIRIA

RUB' AL KHALI

ASIA
VEGETACIÓN

	De tundra y tipo alpino		Praderas de clima tropical
	Bosque de coníferas		Bosque tropical de vegetación espinosa
	Bosque templado		Estepa
	Praderas de clima templado		Desierto
	Tipo Mediterráneo		De valles de ríos y oasis
	Bosque subtropical		Zonas montañosas no clasificadas
	Selvas ecuatoriales		

ASIA
LLUVIAS

LLUVIA ANUAL MEDIA

MILÍMETROS

Menos de 250	
250-500	
500-1,000	
1,000-1,500	
1,500-2,000	
Más de 2,000	

ASIA
DISTRIBUCIÓN DE LA POBLACIÓN

DENSIDAD DE LA POBLACIÓN

Menos de 1 por Km²	
1-10	
10-25	
25-50	
50-100	
100-200	
Más de 200	

POBLACIÓN URBANA

○	50,000-100,000
○	100,000-500,000
○	500,000-1,000,000
○	1,000,000-1,500,000
○	1,500,000-2,000,000
○	Más de 2,000,000

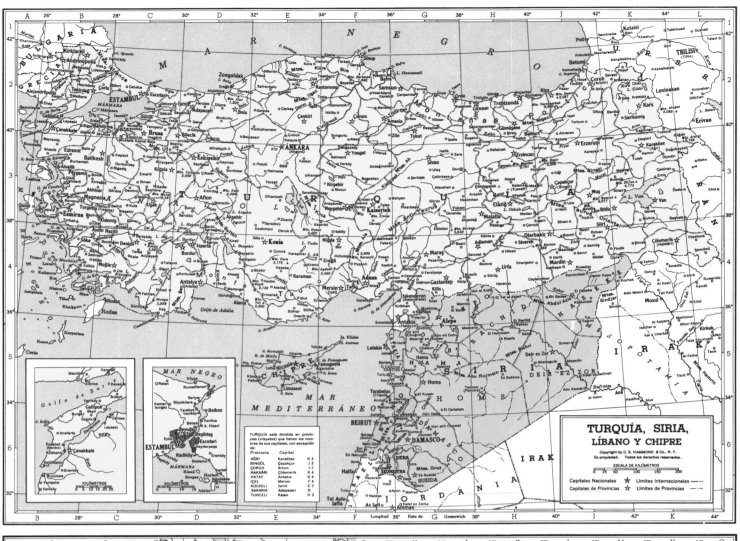

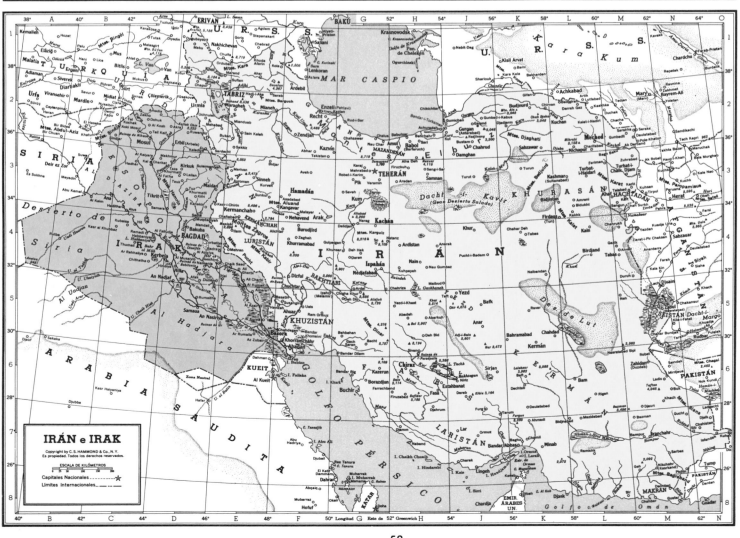

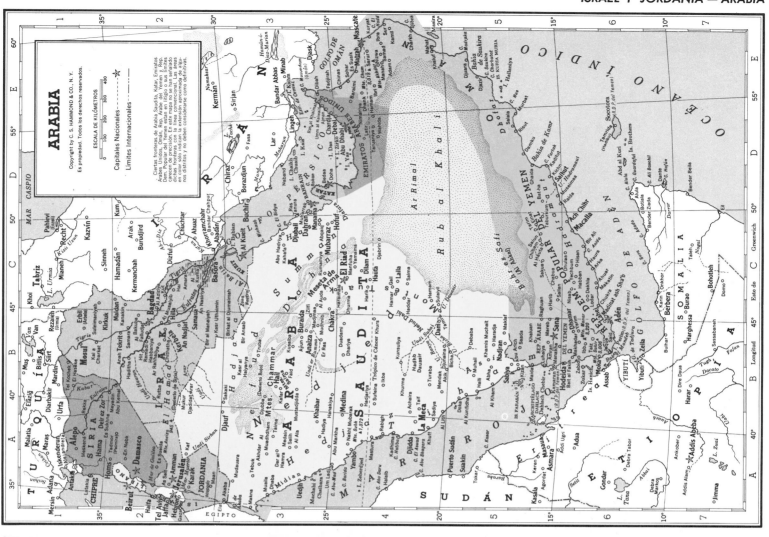

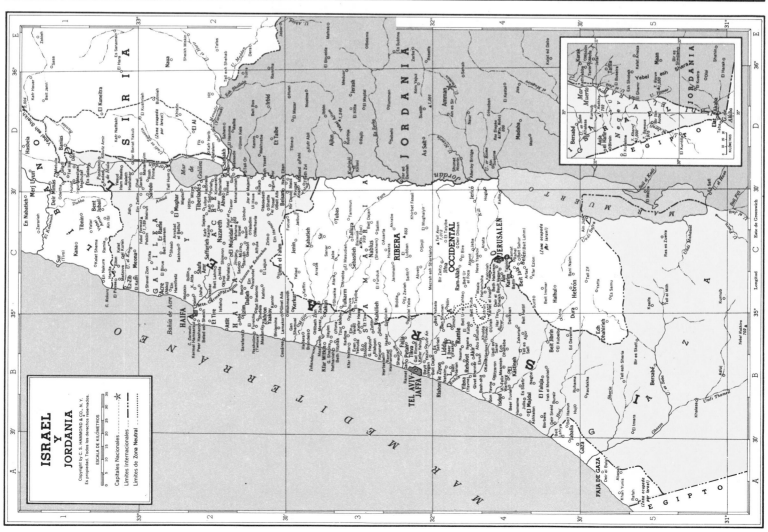

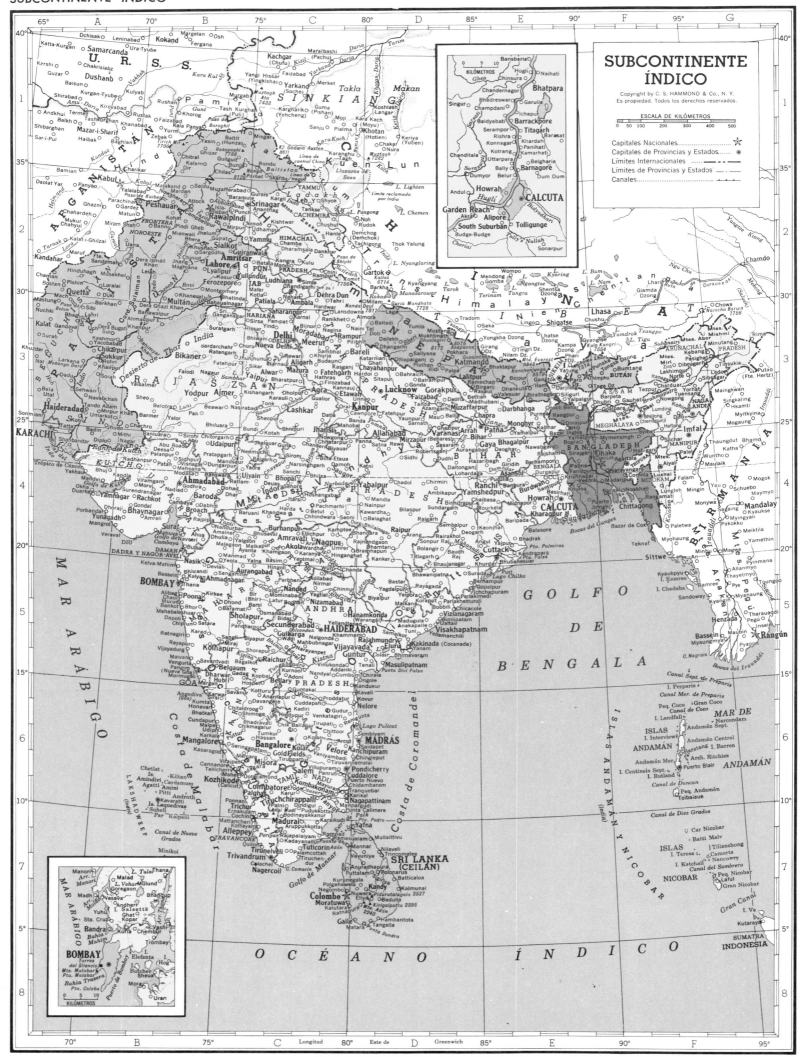

SUBCONTINENTE ÍNDICO

ESCALA DE KILÓMETROS

Capitales Nacionales..............
Capitales de Provincias y Estados......
Límites Internacionales...........
Límites de Provincias y Estados.......
Canales.........................

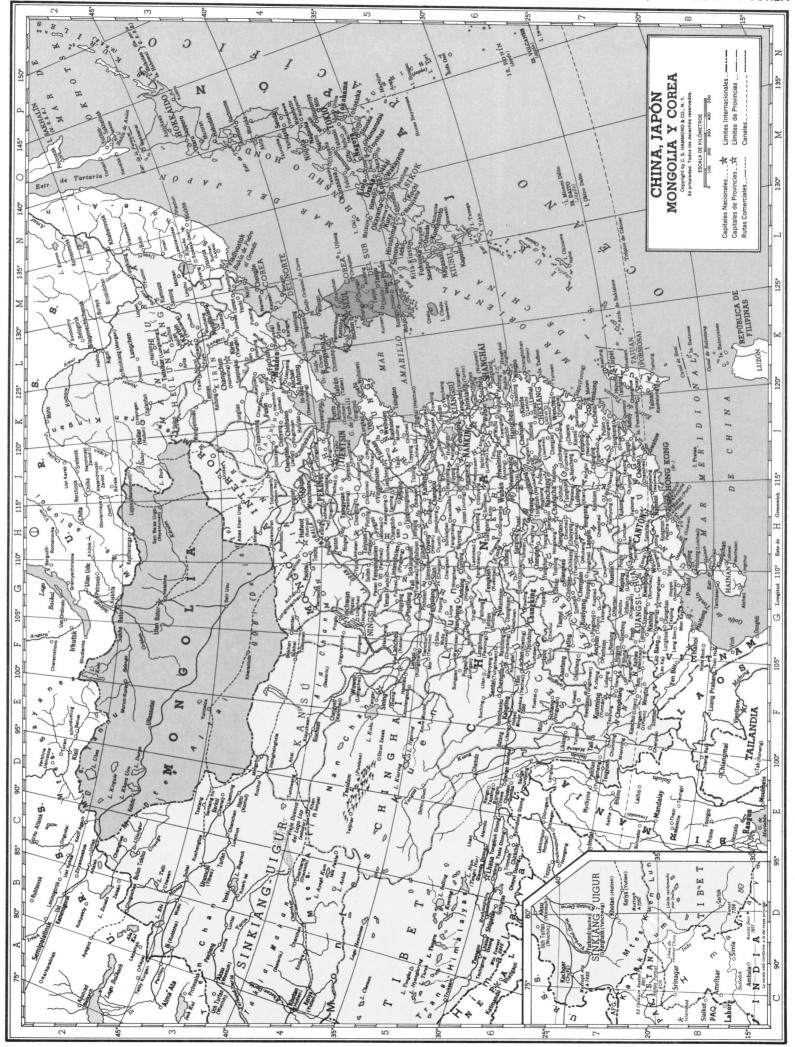

CHINA, JAPÓN MONGOLIA Y COREA

Es propiedad by C. S. HAMMOND & CO., N. Y.
Es propiedad. Todos los derechos reservados.

ESCALA DE KILÓMETROS
0   100   200   300   400   500

Capitales Nacionales...... ★
Capitales de Provincias.... ☆
Rutas Comerciales.........

Límites Internacionales....
Límites de Provincias......
Canales...................

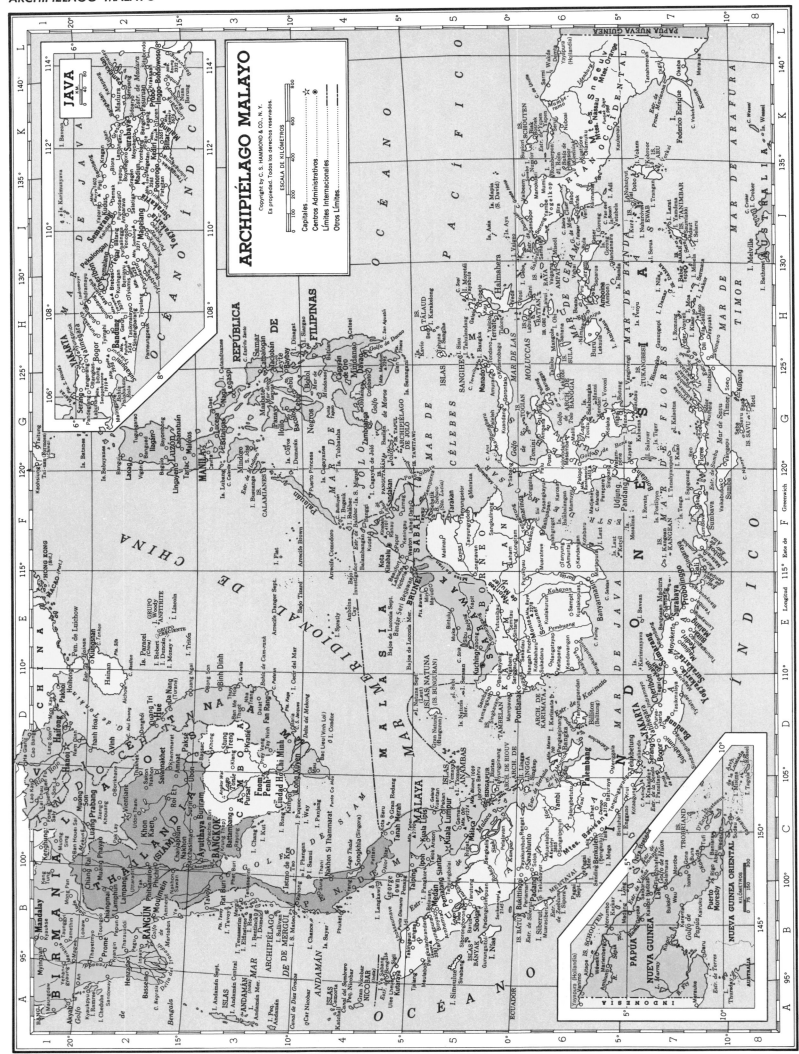

JAVA

ARCHIPIÉLAGO MALAYO

ESCALA DE KILÓMETROS

Capitales .... ☆
Centros Administrativos .... ◉
Límites Internacionales ....
Otros Límites ....

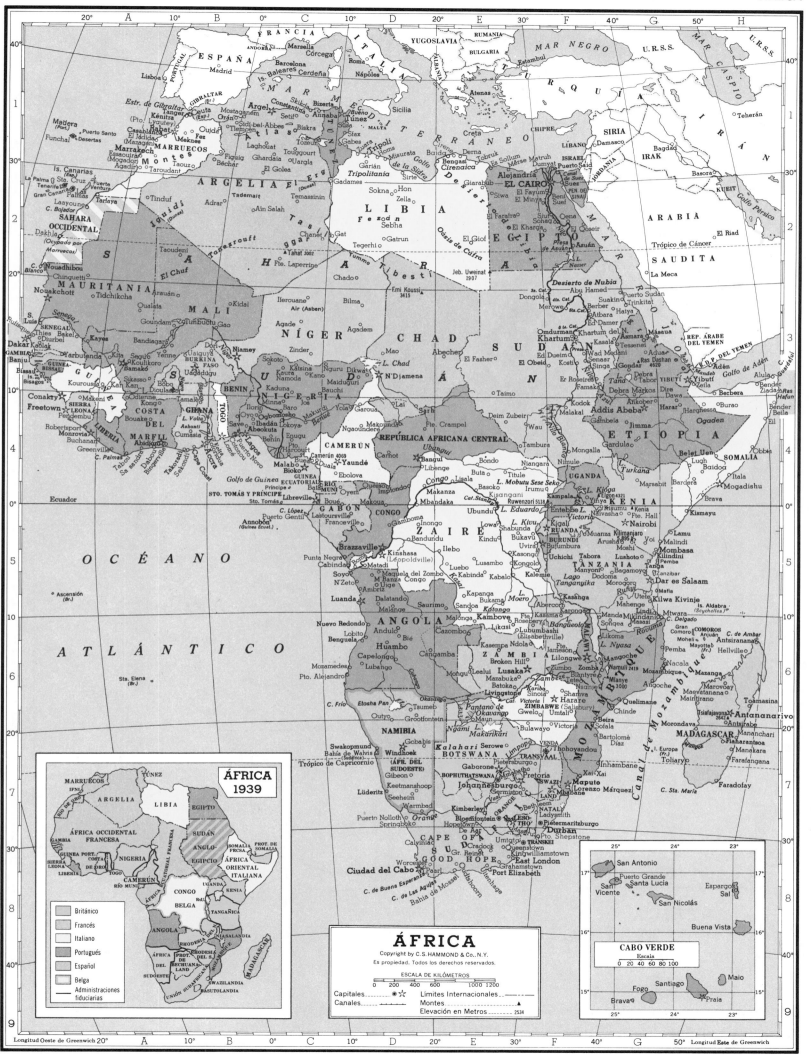

ÁFRICA
1939

Británico
Francés
Italiano
Portugués
Español
Belga
Administraciones
fiduciarias

ÁFRICA
Copyright by C.S. HAMMOND & Co., N.Y.
Es propiedad. Todos los derechos reservados.
ESCALA DE KILÓMETROS
0 200 400 600 1000 1200
Capitales ⊚ ☆   Límites Internacionales
Canales   Montes ▲
Elevación en Metros 2534

CABO VERDE
Escala
0 20 40 60 80 100

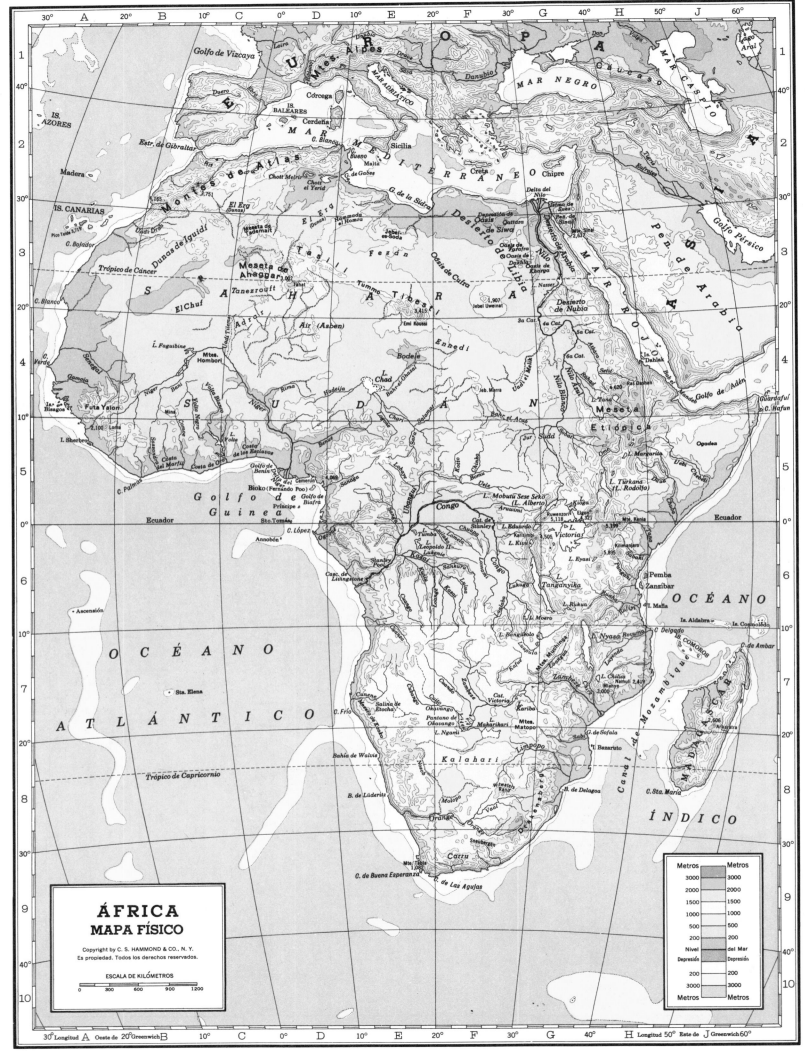

ÁFRICA
MAPA FÍSICO

Copyright by C. S. HAMMOND & CO., N. Y.
Es propiedad. Todos los derechos reservados.

ESCALA DE KILÓMETROS

Metros	Metros
3000	3000
2000	2000
1500	1500
1000	1000
500	500
200	200
Nivel	del Mar
Depresión	Depresión
200	200
3000	3000
Metros	Metros

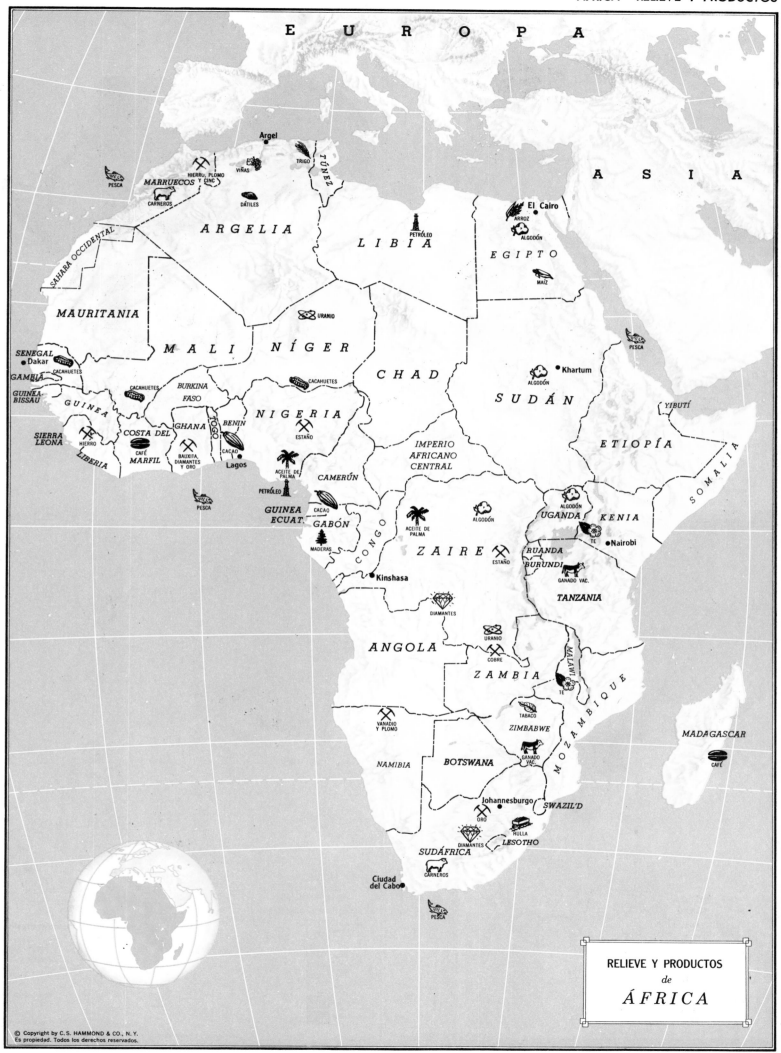

RELIEVE Y PRODUCTOS
de
ÁFRICA

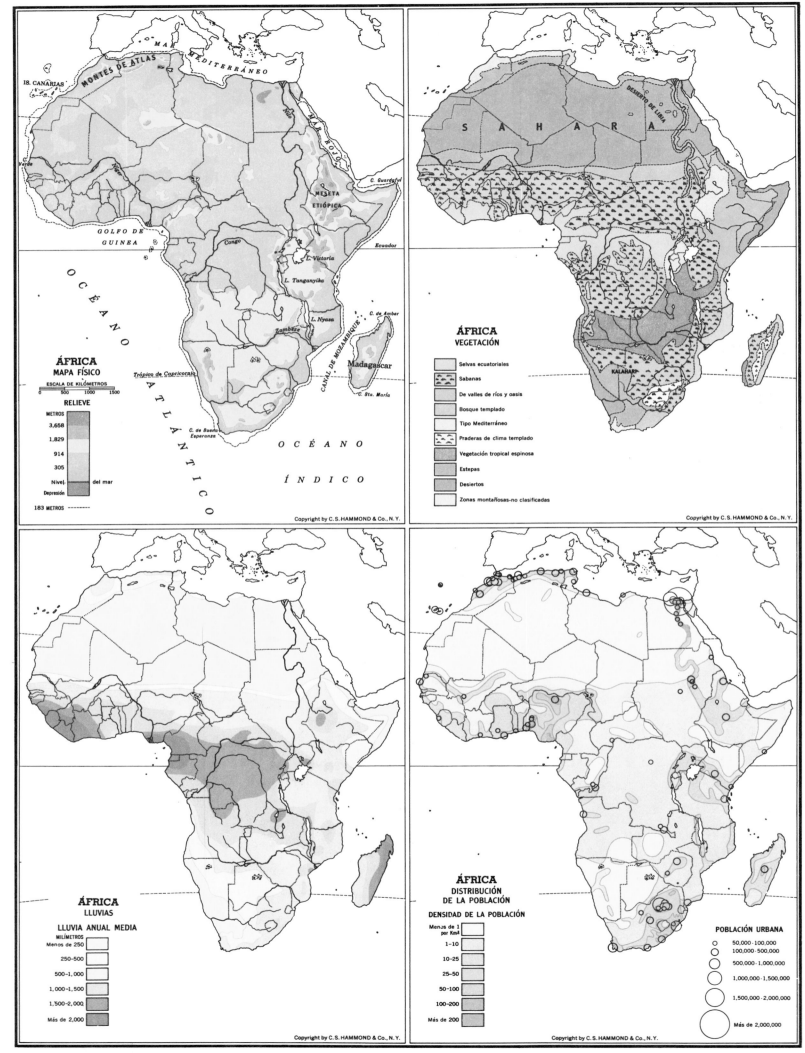

ÁFRICA
MAPA FÍSICO
ESCALA DE KILÓMETROS
0   500   1000   1500

RELIEVE

METROS
3,658
1,829
914
305
Nivel   del mar
Depresión

183 METROS - - - - - -

Copyright by C.S. HAMMOND & Co., N.Y.

ÁFRICA
VEGETACIÓN

Selvas ecuatoriales
Sabanas
De valles de ríos y oasis
Bosque templado
Tipo Mediterráneo
Praderas de clima templado
Vegetación tropical espinosa
Estepas
Desiertos
Zonas montañosas-no clasificadas

Copyright by C.S. HAMMOND & Co., N.Y.

ÁFRICA
LLUVIAS

LLUVIA ANUAL MEDIA
MILÍMETROS
Menos de 250
250–500
500–1,000
1,000–1,500
1,500–2,000
Más de 2,000

Copyright by C.S. HAMMOND & Co., N.Y.

ÁFRICA
DISTRIBUCIÓN
DE LA POBLACIÓN

DENSIDAD DE LA POBLACIÓN

Menos de 1 por Km²
1–10
10–25
25–50
50–100
100–200
Más de 200

POBLACIÓN URBANA
50,000·100,000
100,000·500,000
500,000·1,000,000
1,000,000·1,500,000
1,500,000·2,000,000
Más de 2,000,000

Copyright by C.S. HAMMOND & Co., N.Y.

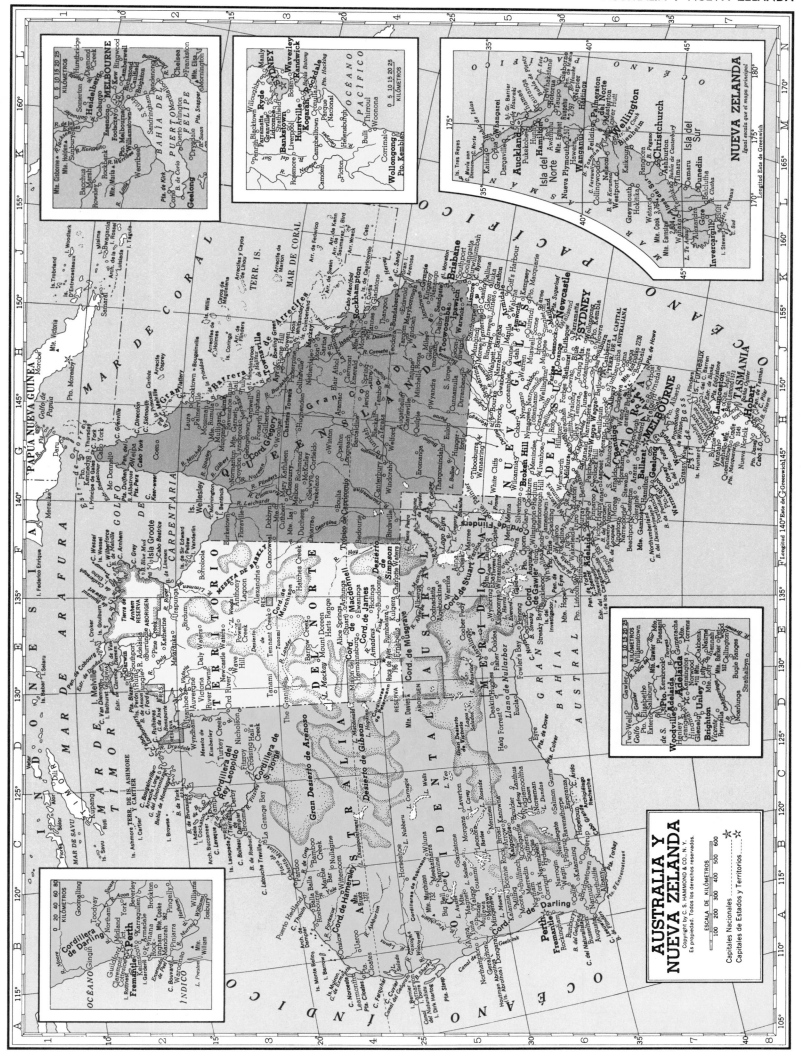

NUEVA ZELANDA

Igual escala que el mapa principal

MELBOURNE

SYDNEY

PERTH

ADELAIDA

AUSTRALIA Y
NUEVA ZELANDA

Copyright by C. S. HAMMOND & CO., N. Y.
Es propiedad. Todos los derechos reservados.

ESCALA DE KILÓMETROS

100 200 300 400 500 600

Capitales Nacionales
Capitales de Estados y Territorios

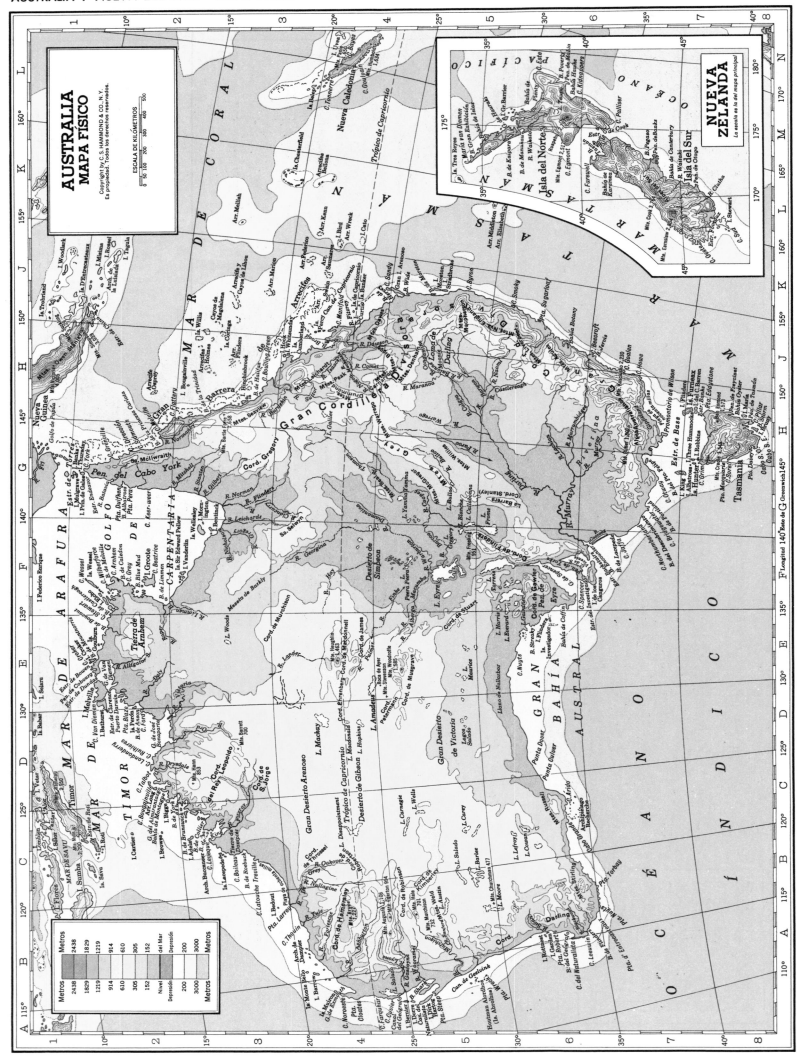

AUSTRALIA
MAPA FÍSICO

Copyright by C. S. HAMMOND & CO. N. Y.
Es propiedad. Todos los derechos reservados.

ESCALA DE KILÓMETROS
0 50 100 200 300 400 500

NUEVA
ZELANDA

La escala es la del mapa principal

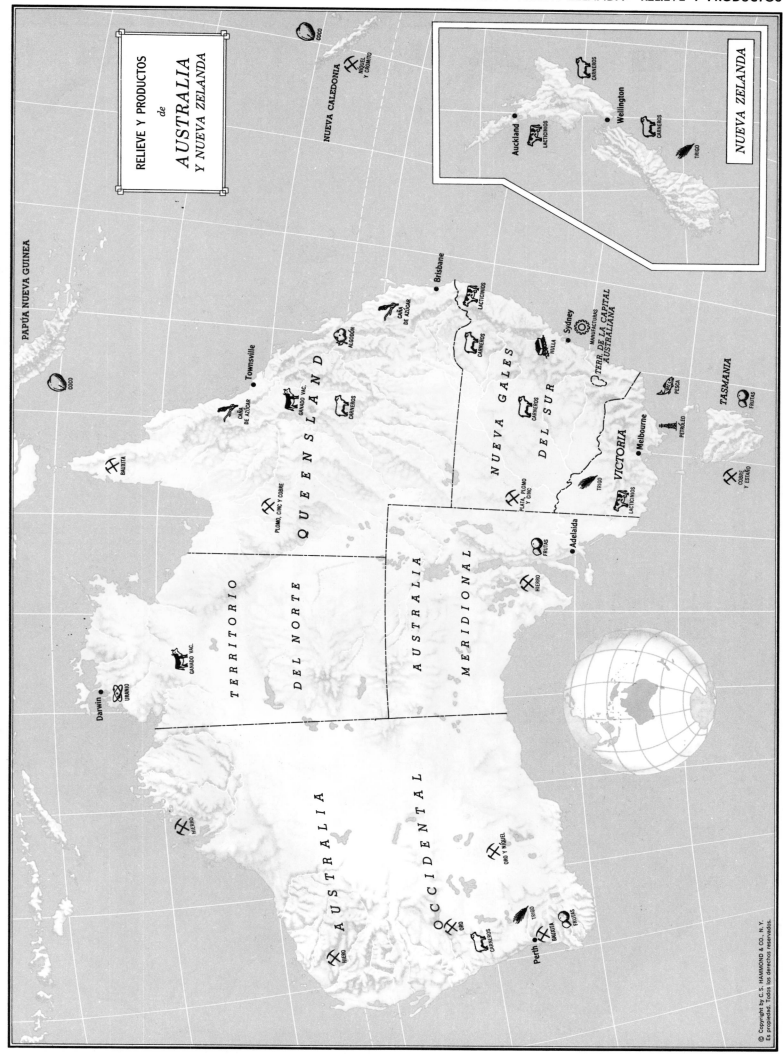

RELIEVE Y PRODUCTOS
de
AUSTRALIA
Y NUEVA ZELANDA

NUEVA ZELANDA

CARNEROS

CARNEROS

Auckland

LACTICINIOS

Wellington

TRIGO

NUEVA CALEDONIA

COCO

NÍQUEL
Y CROMITO

PAPÚA NUEVA GUINEA

COCO

Brisbane

CAÑA DE AZÚCAR

ALGODÓN

LACTICINIOS

Townsville

CAÑA
DE AZÚCAR

GANADO VAC.

CARNEROS

CARNEROS

HULLA

Sydney

MANUFACTURAS

TERR. DE LA CAPITAL
AUSTRALIANA

TASMANIA

FRUTAS

PESCA

Melbourne

PETRÓLEO

COBRE
Y ESTAÑO

BAUXITA

PLOMO, CINC Y COBRE

Q U E E N S L A N D

PLATA, PLOMO
Y CINC

TRIGO

LACTICINIOS

VICTORIA

N U E V A   G A L E S

D E L   S U R

Adelaida

FRUTAS

HIERRO

T E R R I T O R I O

D E L   N O R T E

GANADO VAC.

URANIO

Darwin

A U S T R A L I A

M E R I D I O N A L

HIERRO

A U S T R A L I A

O C C I D E N T A L

ORO Y NÍQUEL

TRIGO

FRUTAS

BAUXITA

ORO

CARNEROS

HIERRO

Perth

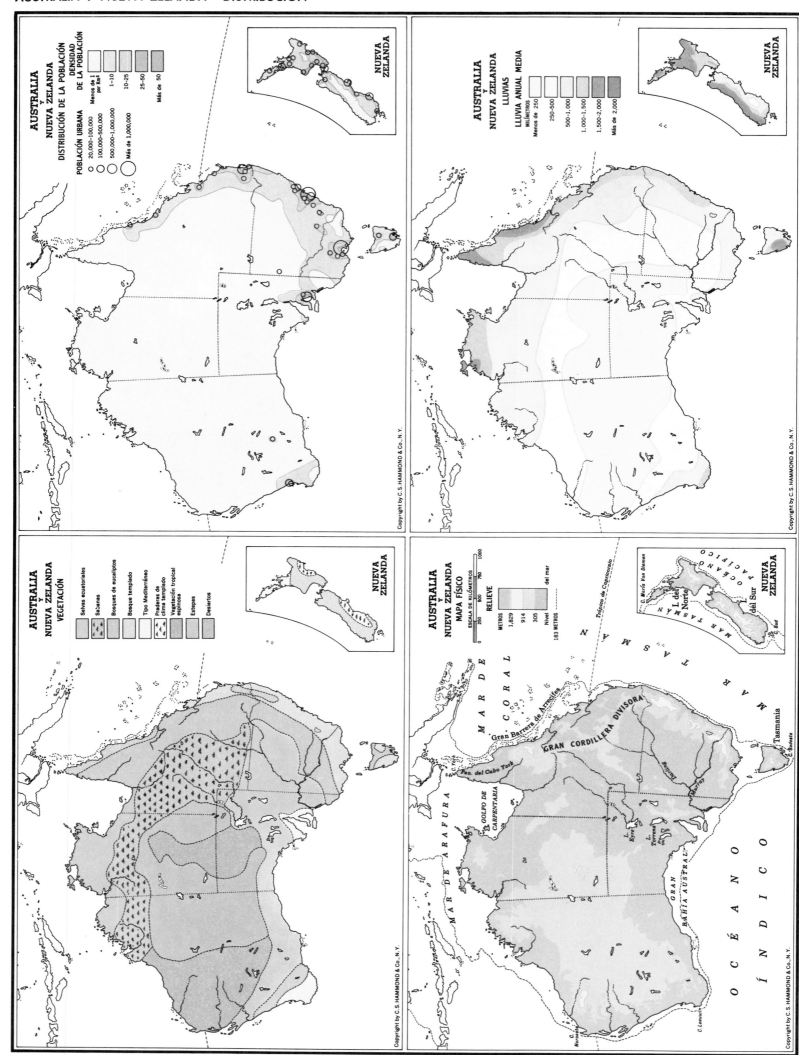

AUSTRALIA Y NUEVA ZELANDA
DISTRIBUCIÓN DE LA POBLACIÓN

DENSIDAD DE LA POBLACIÓN
- Menos de 1 por km²
- 1–10
- 10–25
- 25–50
- Más de 50

POBLACIÓN URBANA
- 20.000–100.000
- 100.000–500.000
- 500.000–1.000.000
- Más de 1.000.000

NUEVA ZELANDA

Copyright by C. S. HAMMOND & Co., N. Y.

AUSTRALIA Y NUEVA ZELANDA
LLUVIAS

LLUVIA ANUAL MEDIA
MILÍMETROS
- Menos de 250
- 250–500
- 500–1.000
- 1.000–1.500
- 1.500–2.000
- Más de 2.000

NUEVA ZELANDA

Copyright by C. S. HAMMOND & Co., N. Y.

AUSTRALIA Y NUEVA ZELANDA
VEGETACIÓN

- Selvas ecuatoriales
- Sabanas
- Bosques de eucaliptos
- Bosque templado
- Tipo Mediterráneo
- Praderas de clima templado
- Vegetación tropical espinosa
- Estepas
- Desiertos

NUEVA ZELANDA

Copyright by C. S. HAMMOND & Co., N. Y.

AUSTRALIA Y NUEVA ZELANDA
MAPA FÍSICO

ESCALA DE KILÓMETROS
250 500 750 1000

RELIEVE
METROS
- 1.829
- 914
- 305
- Nivel del mar
- 183 METROS del mar

MAR DE ARAFURA
GOLFO DE CARPENTARIA
Pen. del Cabo York
MAR DE CORAL
Gran Barrera de Arrecifes
GRAN CORDILLERA DIVISORA
Trópico de Capricornio
MAR DE TASMAN
C. María Van Diemen
C. Maria
L. Eyre
L. Torrens
GRAN BAHÍA AUSTRAL
Tasmania
C. Sudeste
OCÉANO PACÍFICO
NUEVA ZELANDA
L. del Norte
L. del Sur
C. Sur
OCÉANO ÍNDICO
C. Leeuwin
C. Noroeste

Copyright by C. S. HAMMOND & Co., N. Y.

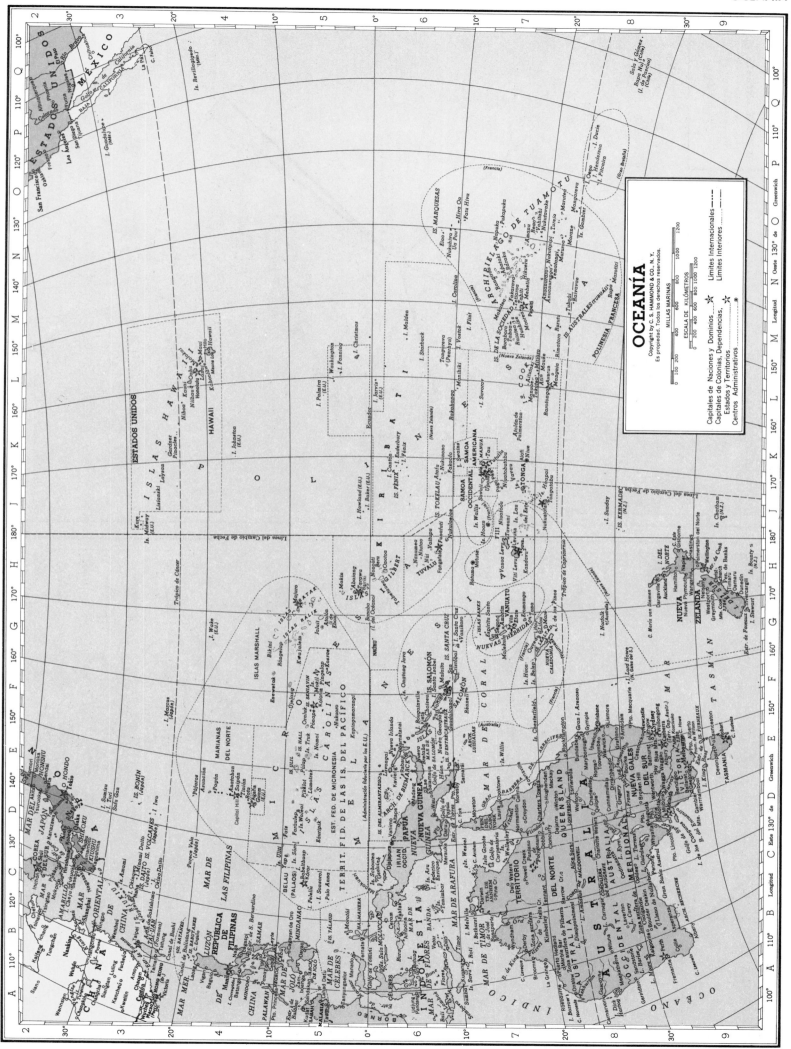

OCEANÍA

Copyright by C. S. HAMMOND & CO., N. Y.
Es propiedad. Todos los derechos reservados.

MILLAS MARINAS

ESCALA DE KILÓMETROS

Capitales de Naciones y Dominios
Capitales de Colonias, Dependencias,
Estados y Territorios
Centros Administrativos

Límites Internacionales
Límites Interiores

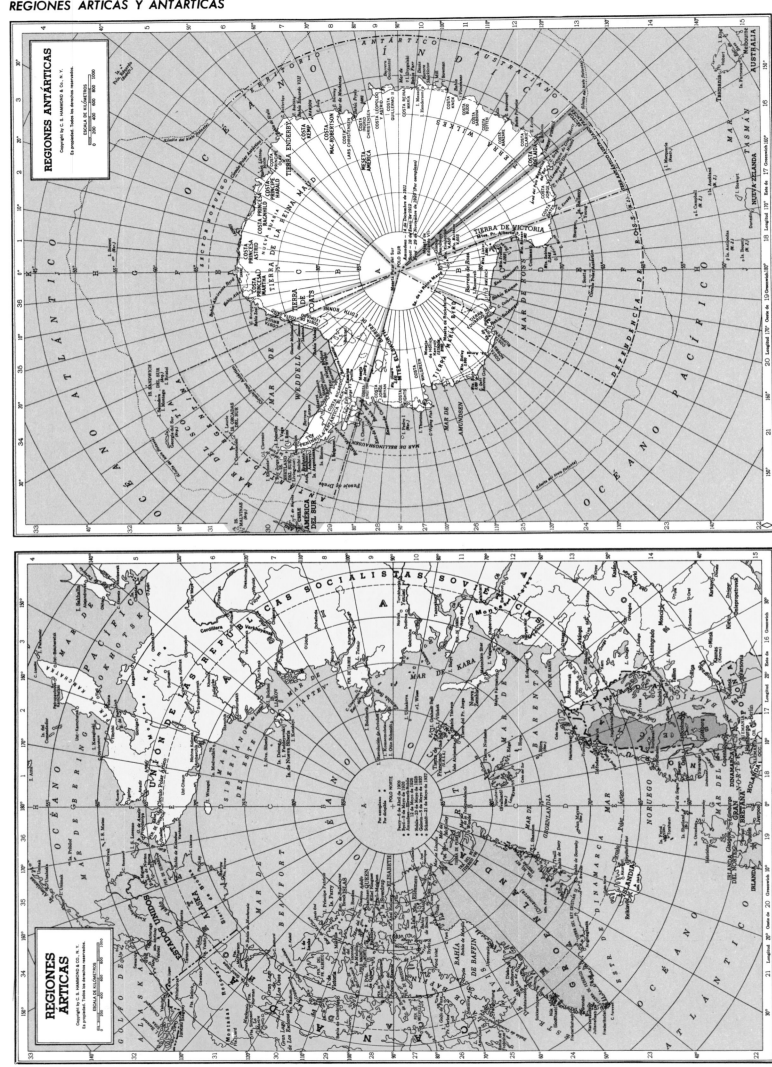

NIEVE Y HIELO • En las regiones polares y en las cumbres de las grandes montañas, parte de la nieve no se derrite durante el verano sino que se congela y año tras año se acumula formando depósitos de hielo. De ahí surgen los ríos helados o glaciares. Groenlandia y la Antártica están casi completamente cubiertas por capas de hielo de varios centenares de metros de espesor; restos del casquete que en la Edad de Hielo llegó hasta la ciudad de Nueva York en los Estados Unidos de América. En la actualidad aproximadamente una décima parte de la superficie de la tierra esta cubierta por el hielo.

• La fotografía muestra el Monte Crillon (3880 m.) en Alaska, Estados Unidos de América. La nieve se acumula en profundas concavidades en las montañas y después se convierte en glaciares. En un primer plano se observa que el mar penetró el lecho de un río helado, formando un fiordo. En una época el hielo llegaba hasta la boca del fiordo, habiéndose retirado después.

Foto de Bradford Washburn

TUNDRA • Cuando los veranos son demasiado breves, el subsuelo helado no se derrite y las aguas del deshielo no penetran lo suficiente en la tierra. Como consecuencia en el terreno fangoso solo crecen musgos, líquenes y plantas florescentes achaparradas. Renos, caribús y bueyes almizcleros pastan en la tundra acosados por millones de mosquitos. La tundra cubre cerca de un 6% de la superficie del globo, gran parte de la cual es yerma o pedregosa. La tundra no la habitan más que cazadores y criadores de renos. Las praderas alpinas o puna de las grandes altitudes tienen las características de la tundra.

• La fotografía presenta una parte del abandonado oleoducto de Canol que conducía petróleo desde Norman Wells en el río Mackenzie en el Canadá, a lo largo de 650 kilómetros de tundra pedregosa hasta la vía ferrea en Whitehorse en la Carretera de Alaska.

Foto de Collier, Standard Oil Co.

SELVA BOREAL • La parte norte de Europa, el Asia y la América (aproximadamente un 9% de la superficie terrestre) está cubierta de bosques de coníferas, abedules, etc. . . . Los inviernos son muy fríos y los veranos calurosos, pero demasiado cortos para que sobrevivan la mayor parte de los árboles de hojas anchas. El suelo no se presta para la agricultura y sus escasos habitantes viven de la explotación de los bosques, la minería o industrias madereras.

• La vista muestra a Córdoba en Alaska, pueblo de pescadores y mineros y terminal del ya abandonado Ferrocarril del Río Copper. Observen como la selva boreal se va convirtiendo en tundra al llegar a cierta elevación y termina en páramos nevados en la cumbre de las sierras.

Foto de Bradford Washburn

BOSQUES DE LA ZONA TEMPLADA • En las regiones donde soplan los vientos del poniente; en la zona de veranos cálidos e inviernos fríos donde la precipitación es suficiente, surgen bosques de árboles deciduos, combinados con pinares y otros de follaje perenne. Esta zona ocupa solamente el 7% de la superficie del planeta y, sin embargo, es aquí donde vive (según Stanley Dodge) un 53% de todos los habitantes del mundo. Una gran parte de esta población está dedicada a labores industriales. La gente vive en esta zona más bien por el clima saludable que por la fertilidad de la tierra o su riqueza mineral.

• La foto muestra el Abra del Río Delaware, situada entre los estados de Nueva Jersey y Pensilvania en los Estados Unidos, observándose bosques en las cuestas y henares, arboledas y labrantíos en las planicies. La parte oriental de los Estados Unidos de América, la mayor parte de Europa, la China y el Japón pertenecen a la region de los bosques de la zona templada.

Foto de la American Airlines

PRADERAS, PAMPAS Y ESTEPAS ● En los lugares en los cuales la precipitación no es lo suficiente para producir bosques de zonas templadas, crecen hierbas resistentes, capaces de sobrevivir las heladas del invierno y la sequía del verano. Es en estas tierras donde se encuentran los mayores trigales del mundo y donde, en sus partes más secas, el ganado vacuno y el ganado lanar pastan en amplias llanuras. Si se plantan árboles es posible que sobrevivan sin regadío, una vez que echan raíces. Las praderas de los Estados Unidos de América, las estepas rusas y las pampas argentinas son las más notables. En estas tierras se originó el uso del caballo y ya se sabe como afectó el curso de la historia la actividad constante del jinete de los llanos.
● Vista de las llanuras del estado de Kansas, Estados Unidos de América, en la que se observa el ganado pastando a kilómetros de distancia de la casa de vivienda, que puede verse a lo lejos.

Foto de Edward A. Ackerman

SOTO MEDITERRANEO ● La faja de copiosas lluvias donde soplan los vientos de poniente se desplaza hacia el sur en el invierno, mientras que la zona árida del planeta se traslada hacia el norte en el verano. En el medio queda la región del Mediterráneo que tiene inviernos húmedos y fríos y veranos secos y cálidos. Se ha desarrollado mejor en la porción occidental de las masas continentales, especialmente en California, el centro de Chile, Sudáfrica y, mas típicamente aún, en torno al Mar Mediterráneo. El área de este tipo es pequeña, pero populosa. Se cosechan naranjas, uvas, aceitunas y otras frutas. Las civilizaciones griega, romana y arábiga se desenvolvieron en esta zona.
● La fotografía muestra a Cannes en la Riviera francesa con sus típicos magueyes, laureles, palmas y arbustos de follaje perenne. Casi todas las tierras mediterráneas son escarpadas, lo que las hace más atractivas.

DESIERTOS Y ERIALES ● Una quinta parte del globo terrestre es tan árida que no puede cultivarse. La mayor parte de los desiertos se encuentran en una faja entre los 25° y 30° grados de latitud. Los más notables están situados al oeste de los continentes, tales como los desiertos de Sahara, de Kalahari, de Australia y de América. La región central del Asia es árida porque las enormes montañas que la rodean impiden el paso a nubes productoras de lluvia. Sus pocos habitantes son pastores nómadas o vecinos de los oasis o de las llanuras irrigadas. Algunas de estas tierras irrigadas son muy fértiles, como ocurre en Egipto, en Mesopotamia, en el estado de Utah en los Estados Unidos de América y en el Turkestán. La capacidad técnica y la organización social indispensables para establecer sistemas de regadío dió lugar a las más antiguas civilizaciones.
● El retrato presenta un minúsculo oasis en el Africa del Norte con raquíticos rastrojos en el cerro y dátiles y olivares alrededor del pozo.

Foto del Servicio de Prensa e Información de Francia

SABANAS ● La faja árida de los trópicos oscila al sur en el invierno y la zona de lluvias ecuatoriales se traslada al norte en el verano. Entre una y otra queda la región de las sabanas en la cual hay sequía en el invierno y lluvias en el verano. Casi toda el área es de praderas con algunos árboles dispersos, incluso palmeras. En las márgenes de los ríos crece una frondosa vegetación. Las sabanas son propicias a la colonización, aunque la incertidumbre de la lluvia resulta perjudicial. En el Sudán, los nativos almacenan alimentos para protegerse de ciclos adversos. Sin embargo, mejorando sus comunicaciones y sanidad, las sabanas podrían sostener grandes poblaciones. Sus productos típicos son el azúcar, la piña, el sisal o henequén, los plátanos y los aceites vegetales, aunque su principal riqueza está en la cría de ganado para carne. Las sabanas más extensas están en sur y centro del Africa, en el Sudán, el Brasil y Venezuela.
● La foto muestra sembrados de tabaco, caña de azúcar y piñas, destacándose las palmas reales entre las hierbas y arbustos en la parte occidental de Cuba.

Foto de Erwin Raisz

SELVA TROPICAL • El aire caliente, al elevarse en la zona ecuatorial, provoca lluvias torrenciales que hacen que la región del Amazonas, el Congo y el Asia sur-oriental se recubran de una espesa selva de más de treinta metros de profundidad. Los arboles son muy variados. Sus productos más importantes son la goma, la teca, la caoba, el bambú, la balsa, el chicle, el café, el cacao, el casabe, el sagú, el abacá, el miraguano y el cáñamo o sisal. La selva tropical esta prácticamente deshabitada; las grandes lluvias empobrecen los suelos y la rápida descomposición de la vegetación impide la formación del humus. Ahora bien se estima que con el mejoramiento de la sanidad, la construcción de nuevos caminos y el servicio aéreo pueda obtenerse un mejor aprovechamiento de la selva tropical.

• La fotografía muestra un afluente del río Amazonas. Observen la densidad y altura de los árboles en comparación con el bohío. Los ríos son las vías principales de comunicación de las selvas tropicales.

Foto de Hamilton Rice

TIERRAS DESGASTADAS • Todos los tipos de terrenos descriptos anteriormente estaban caracterizados por el clima y la vegetación. Este tipo y los que siguen están determinados por su relieve. Las tierras desgastadas no son muy altas pero casi toda su topografía es escarpada. Enormes extensiones con este tipo de terreno existen en la China, el Asia central, el Brasil, México, etc. La vegetación es variada, pero las tierras agotadas mas típicas son las que se encuentran en las regiones de escasas lluvias, ya que la selva tiene a retardar la erosión. Sus pocos habitantes viven en los valles ribereños, a merced de las inundaciones que se producen por el rápido drenaje de las lomas. Carneros y ganado pastan en las pendientes. El excesivo apacentamiento es muy perjudicial en estas zonas porque provoca la erosión de los suelos y el anegamiento de los valles.

• El retrato presenta una zona devastada del norte de China. Poco puede hacerse en esta serranía.

Foto de Baily Willis, Servicio Boreal de E.U.A.

LAS MONTAÑAS • Una porción considerable de la superficie de la tierra es montañosa, presentando los paisajes más pintorescos y complejos. El clima y la vegetación pueden variar notablemente, comenzando por sabanas o selvas tropicales al pie de las montañas, pasando a tundra boreal (puna) y bosques templados y terminando con nieves y hielos perpetuos en la cumbre. Las montañas con hielos perpetuos tienen generalmente picachos de agudas aristas rocosas y anchos valles intramontaños (lechos de glaciares en la Edad de Hielo). En las sierras sin hielos, los valles son estrechos, tipo gargantas. Las ocupaciones de sus pobladores pueden ser tan diversas como el clima. Los habitantes de las cumbre son a veces atrasados y retraidos, mientras que los de los centros turísticos son prósperos y progresistas.

• Vista del Matterhorn elevándose sobre Zermatt en Suiza. Fíjense en el contraste entre los magníficos hoteles y la choza de un pastor en la esquina inferior de la izquierda.

Foto de E. Gyger, de los Ferrocarriles Federales Suizos

REGIONES VOLCANICAS • Las regiones volcánicas tienen las mismas características que las otras regiones montañosas pero tienen una cualidad esencial que las distingue. Las cenizas volcánicas, con su alto contenido de minerales solubles, fecundan la tierra. A eso se debe que, a pesar del peligro constante de erupciones, algunas zonas volcánicas se cuenten entre las más densamente pobladas del mundo, tales como Java, el Hawaii y el Japón. Grandes mesetas de lava como las del sur del Brasil, la de Decán en la India y la de los estados de Oregón y Wáshington en los Estados Unidos, son también propicias a la formación de una buena capa vegetal.

• Vista de sembrados de arroz al pie de un volcán en Java, donde es posible recoger varias cosechas de arroz al año.

Foto del Servicio de Información de Holanda

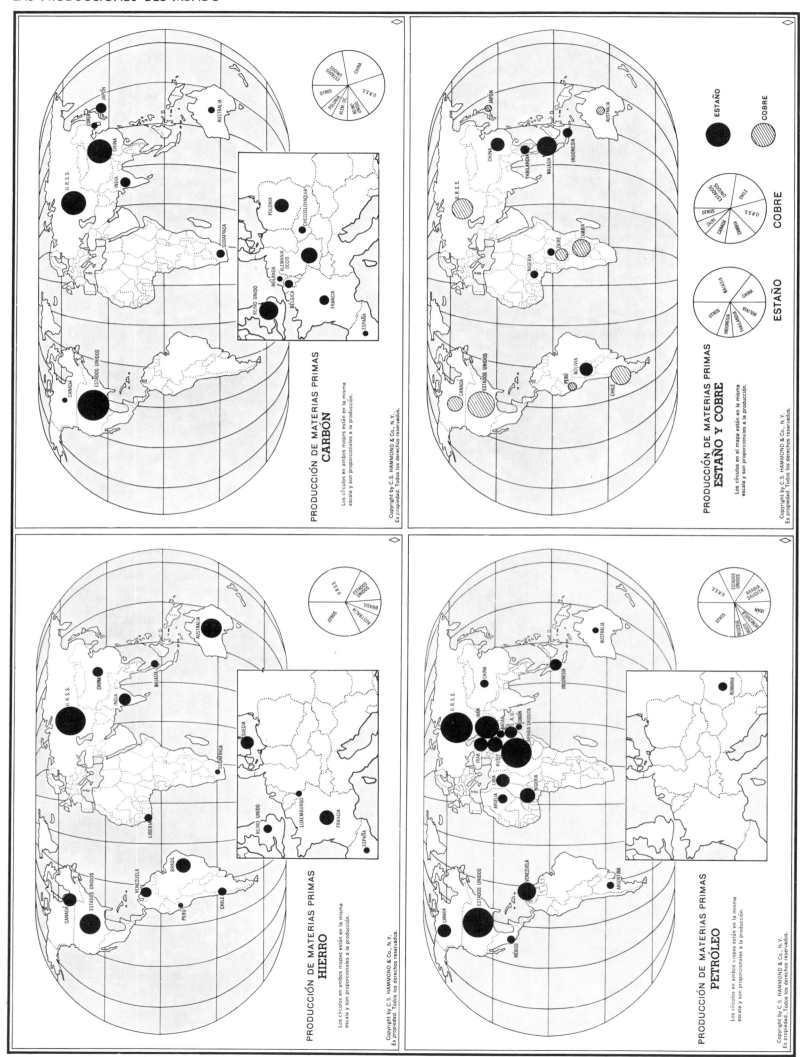

PRODUCCIÓN DE MATERIAS PRIMAS
CARBÓN

Los círculos en ambos maps están en la misma escala y son proporcionales a la producción.

Copyright by C.S. HAMMOND & Co., N.Y.
Es propiedad. Todos los derechos reservados.

ESTAÑO

COBRE

PRODUCCIÓN DE MATERIAS PRIMAS
ESTAÑO Y COBRE

Los círculos en el mapa están en la misma escala y son proporcionales a la producción.

Copyright by C.S. HAMMOND & Co., N.Y.
Es propiedad. Todos los derechos reservados.

PRODUCCIÓN DE MATERIAS PRIMAS
HIERRO

Los círculos en ambos mapas están en la misma escala y son proporcionales a la producción.

Copyright by C.S. HAMMOND & Co., N.Y.
Es propiedad. Todos los derechos reservados.

PRODUCCIÓN DE MATERIAS PRIMAS
PETRÓLEO

Los círculos en ambos mapas están en la misma escala y son proporcionales a la producción.

Copyright by C.S. HAMMOND & Co., N.Y.
Es propiedad. Todos los derechos reservados.

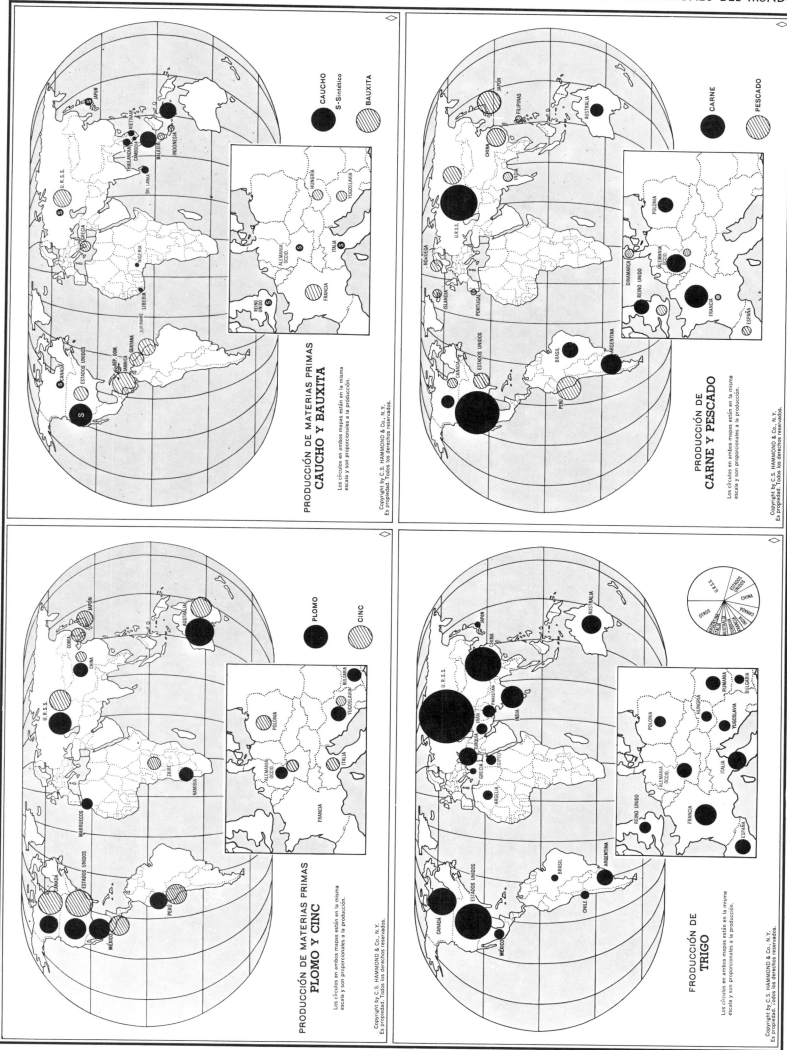

PRODUCCIÓN DE MATERIAS PRIMAS
CAUCHO Y BAUXITA

Los círculos en ambos mapas están en la misma
escala y son proporcionales a la producción.

Copyright by C.S. HAMMOND & Co., N.Y.
Es propiedad. Todos los derechos reservados.

PRODUCCIÓN DE
CARNE Y PESCADO

Los círculos en ambos mapas están en la misma
escala y son proporcionales a la producción.

Copyright by C.S. HAMMOND & Co., N.Y.
Es propiedad. Todos los derechos reservados.

PRODUCCIÓN DE MATERIAS PRIMAS
PLOMO Y CINC

Los círculos en ambos mapas están en la misma
escala y son proporcionales a la producción.

Copyright by C.S. HAMMOND & Co., N.Y.
Es propiedad. Todos los derechos reservados.

PRODUCCIÓN DE
TRIGO

Los círculos en ambos mapas están en la misma
escala y son proporcionales a la producción.

Copyright by C.S. HAMMOND & Co., N.Y.
Es propiedad. Todos los derechos reservados.

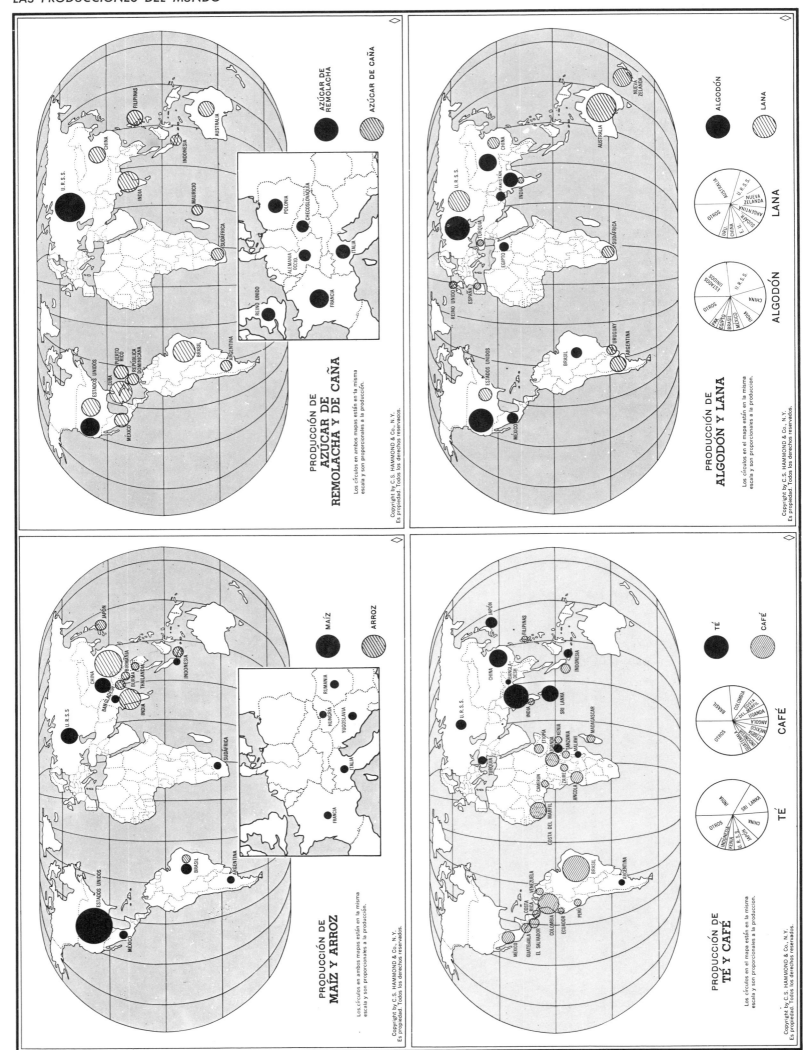

PRODUCCIÓN DE
**AZÚCAR DE
REMOLACHA Y DE CAÑA**

Los círculos en ambos mapas están en la misma
escala y son proporcionales a la producción.

Copyright by C.S. HAMMOND & Co., N.Y.
Es propiedad. Todos los derechos reservados.

PRODUCCIÓN DE
ALGODÓN Y LANA

Los círculos en el mapa están en la misma
escala y son proporcionales a la producción.

Copyright by C.S. HAMMOND & Co., N.Y.
Es propiedad. Todos los derechos reservados.

PRODUCCIÓN DE
MAÍZ Y ARROZ

Los círculos en ambos mapas están en la misma
escala y son proporcionales a la producción.

Copyright by C.S. HAMMOND & Co., N.Y.
Es propiedad. Todos los derechos reservados.

PRODUCCIÓN DE
TÉ Y CAFÉ

Los círculos en el mapa están en la misma
escala y son proporcionales a la producción.

Copyright by C.S. HAMMOND & Co., N.Y.
Es propiedad. Todos los derechos reservados.

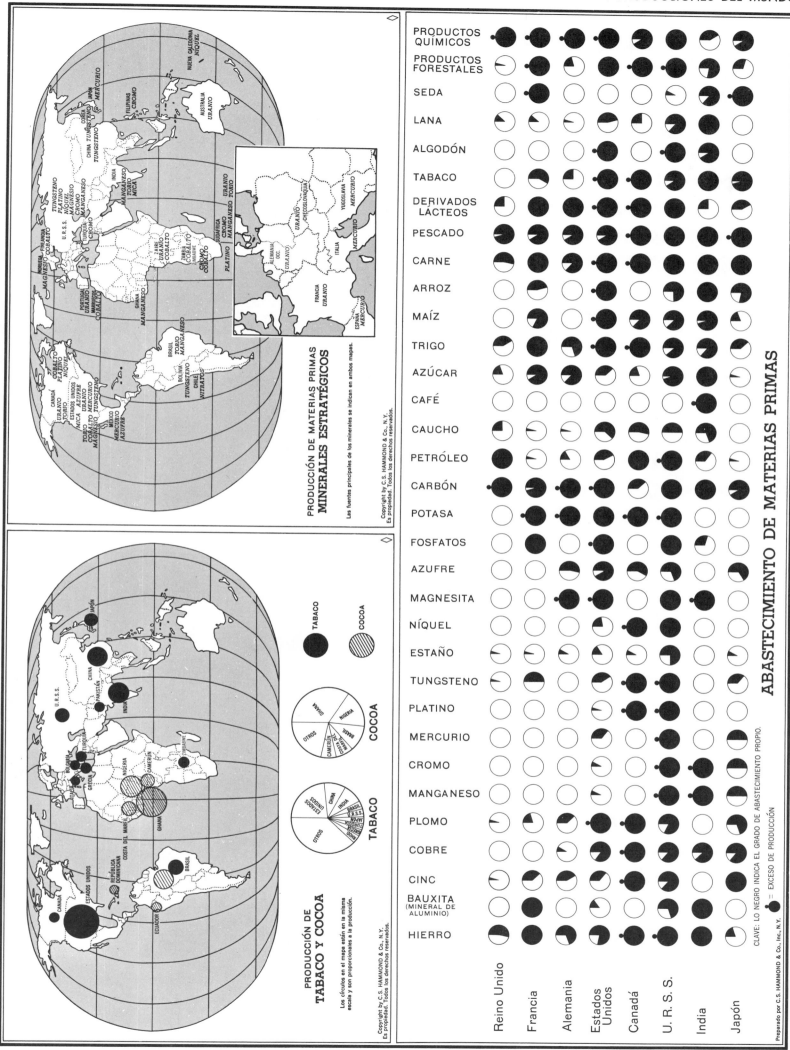

PRODUCCIÓN DE MATERIAS PRIMAS
MINERALES ESTRATÉGICOS

Las fuentes principales de los minerales se indican en ambos mapas.

PRODUCCIÓN DE
TABACO Y COCOA

Los círculos en el mapa están en la misma
escala y son proporcionales a la producción.

TABACO

COCOA

COCOA
NIGERIA · BRASIL · COSTA DEL MARFIL · CAMERÚN · OTROS · GHANA

TABACO
CHINA · INDIA · BRASIL · U.R.S.S. · JAPÓN · ITALIA · BULGARIA · GRECIA · TURQUÍA · ESTADOS UNIDOS · OTROS

ABASTECIMIENTO DE MATERIAS PRIMAS

	Reino Unido	Francia	Alemania	Estados Unidos	Canadá	U.R.S.S.	India	Japón
PRODUCTOS QUÍMICOS								
PRODUCTOS FORESTALES								
SEDA								
LANA								
ALGODÓN								
TABACO								
DERIVADOS LÁCTEOS								
PESCADO								
CARNE								
ARROZ								
MAÍZ								
TRIGO								
AZÚCAR								
CAFÉ								
CAUCHO								
PETRÓLEO								
CARBÓN								
POTASA								
FOSFATOS								
AZUFRE								
MAGNESITA								
NÍQUEL								
ESTAÑO								
TUNGSTENO								
PLATINO								
MERCURIO								
CROMO								
MANGANESO								
PLOMO								
COBRE								
CINC								
BAUXITA (MINERAL DE ALUMINIO)								
HIERRO								

CLAVE: LO NEGRO INDICA EL GRADO DE ABASTECIMIENTO PROPIO.
◗ = EXCESO DE PRODUCCIÓN

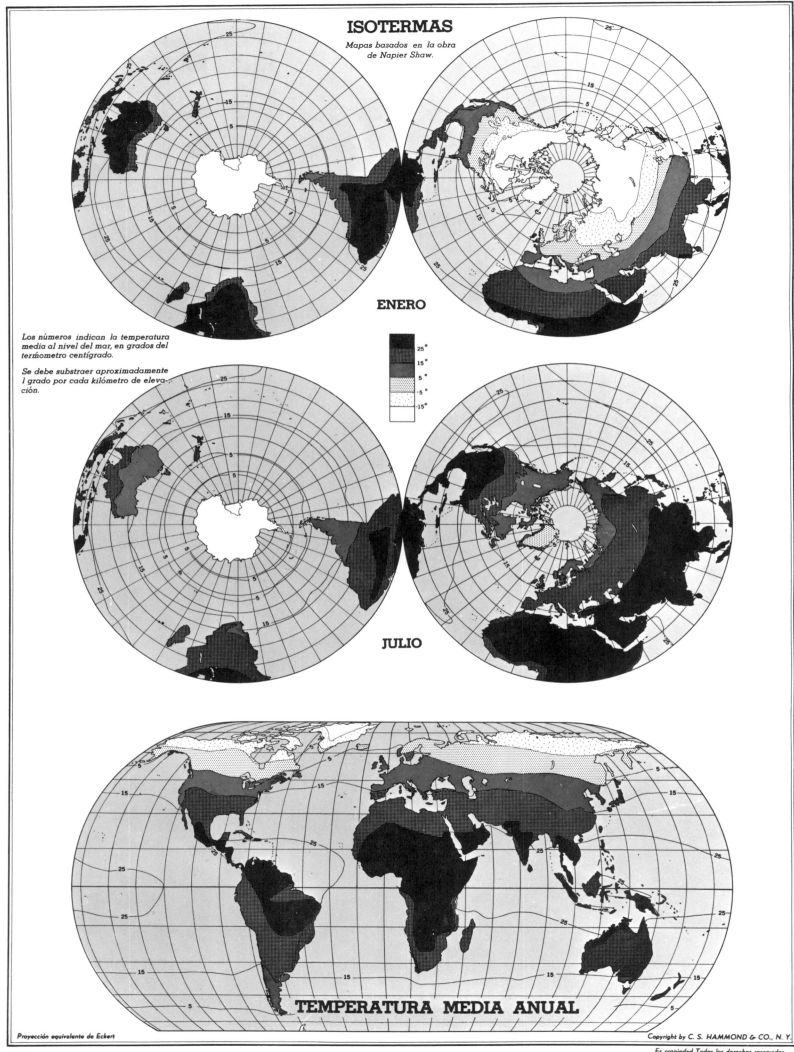

ISOTERMAS

Mapas basados en la obra
de Napier Shaw.

ENERO

Los números indican la temperatura
media al nível del mar, en grados del
termómetro centígrado.

Se debe substraer aproximadamente
1 grado por cada kilómetro de elevación.

25°
15°
5°
-5°
-15°

JULIO

TEMPERATURA MEDIA ANUAL

Proyección equivalente de Eckert

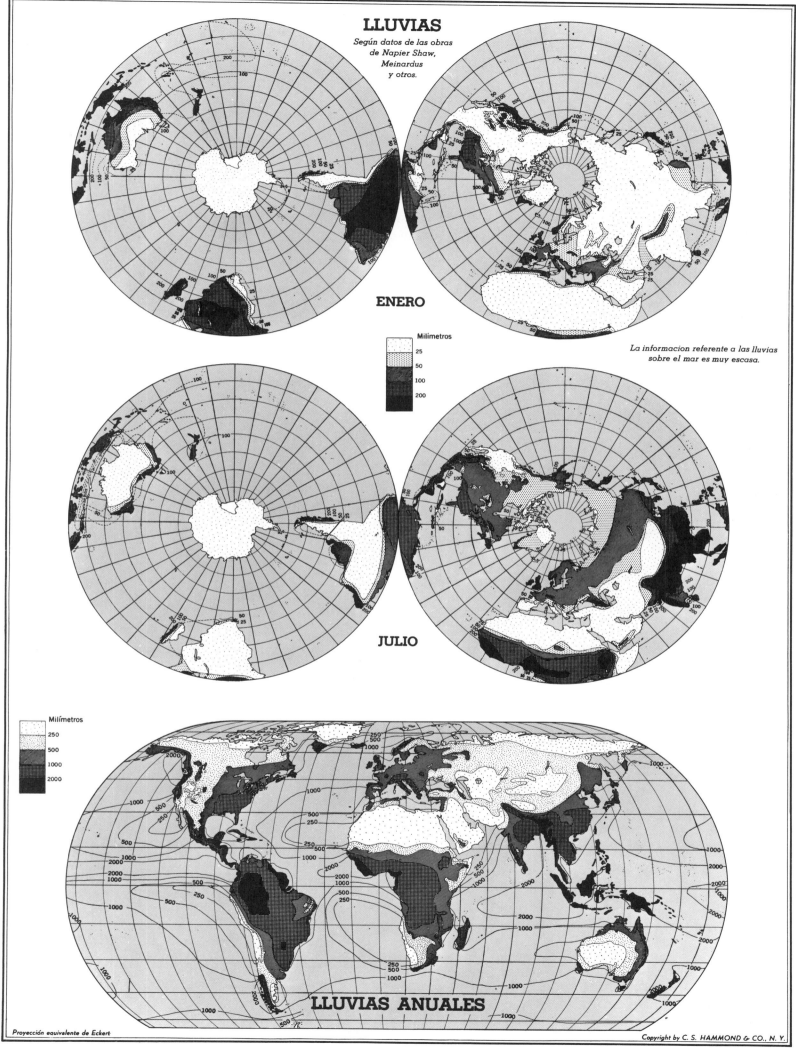

LLUVIAS

*Según datos de las obras
de Napier Shaw,
Meinardus
y otros.*

ENERO

Milímetros
25
50
100
200

*La informacion referente a las lluvias
sobre el mar es muy escasa.*

JULIO

Milímetros
250
500
1000
2000

LLUVIAS ANUALES

Proyección equivalente de Eckert

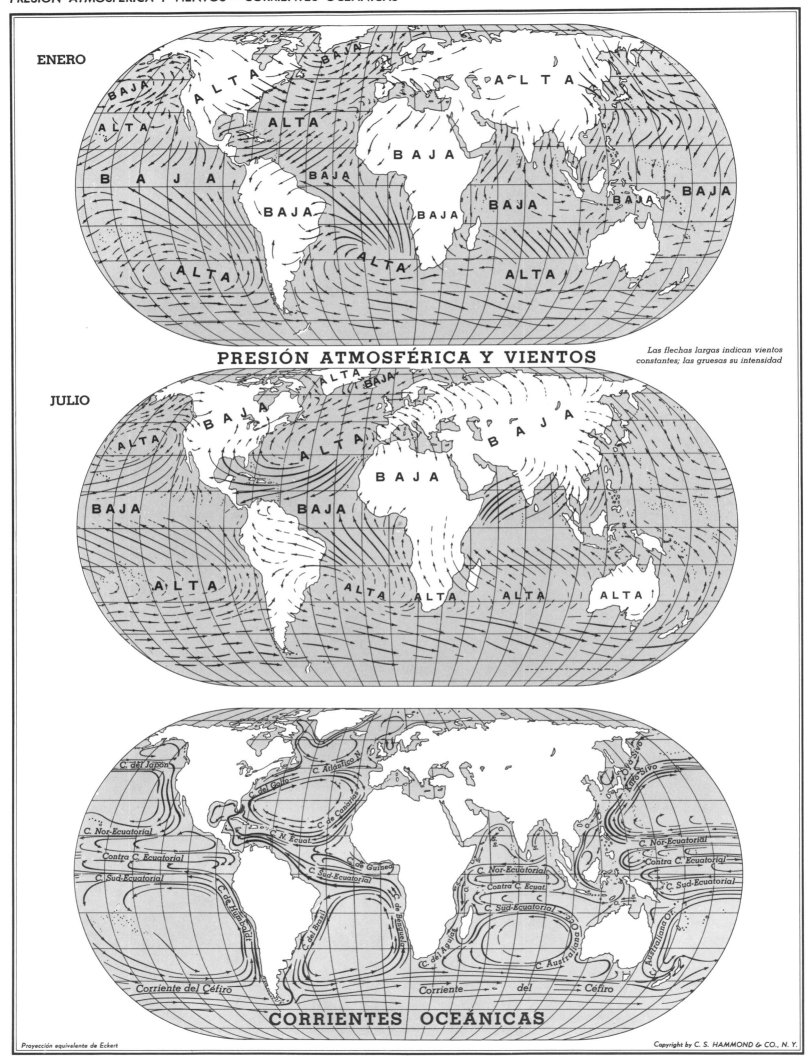

ENERO

BAJA
ALTA
ALTA
BAJA
BAJA
BAJA
BAJA
BAJA
BAJA
ALTA
ALTA
ALTA

PRESIÓN ATMOSFÉRICA Y VIENTOS

Las flechas largas indican vientos constantes; las gruesas su intensidad

JULIO

ALTA
BAJA
BAJA
ALTA
BAJA
BAJA
BAJA
BAJA
ALTA
ALTA
ALTA
ALTA
ALTA

C. del Japón
C. Atlántico N.
C. del Golfo
Oya Sivo
Kivo Sivo
C. Nor-Ecuatorial
C. de Canarias
Contra C. Ecuatorial
C. N. Ecuat.
C. Nor-Ecuatorial
C. Sud-Ecuatorial
C. de Guinea
Contra C. Ecuatorial
C. de Hímbal
C. Sud-Ecuatorial
O. S. S.
C. Sud-Ecuatorial
C. del Brasil
C. Nor-Ecuatorial
C. de Benguela
Contra C. Ecuat.
C. Sud-Ecuatorial
C. Australiana Or.
C. del Agujas
C. Australiana
Corriente del Céfiro
Corriente del Céfiro

CORRIENTES OCEÁNICAS

Proyección equivalente de Eckert

LA TIERRA Y EL SISTEMA SOLAR
Elementos del Sistema Solar

PLANETA	DISTANCIA AL SOL EN KILÓMETROS MAXIMUM	MINIMUM	PERIODO DE REVOLUCION ALREDEDOR DEL SOL EN DIAS	DIAMETRO EN KILÓMETROS	DENSIDAD (LA TIERRA=1)
El Sol	......	......	......	1,390,435	27.95
Mercurio . . .	69,852,227	46,025,801	88	4,847	0.38
Venus	109,001,276	107,527,111	225	12,118	0.88
La Tierra . . .	152,180,136	147,168,620	365	12,755	1.00
Marte	249,346,252	206,762,851	687	6,759	0.39
Júpiter	816,405,552	741,049,348	4,329	142,859	2.65
Saturno . . .	1,507,376,757	1,348,080,074	10,749	119,389	1.17
Urano	3,007,762,496	2,737,093,966	30,664	51,819	1.05
Neptuno . . .	4,539,348,704	4,463,548,319	60,148	49,566	1.23
Pluto	7,378,869,750	4,430,540,550	90,410	5,995	0.70

Dimensiones de la Tierra

Área superficial	40,075	km²
Circunferencia ecuatorial	40,007	kilómetros
Circunferencia meridiana	39,929	"
Diámetro ecuatorial	12,755	"
Diámetro polar	12,713	"
Radio ecuatorial	6,378	"
Radio polar	6,357	"
Volumen de la Tierra	1,083,680,000,000	kilómetros cúbicos
Peso	5,342,230,000,000,000,000,000	toneladas métricas
Distancia media del Sol	149,664,900	kilómetros
Superficie de la tierra firme	135,381,890	km²
América del Sur	17,855,460	"
América del Norte	23,631,160	"
Europa	10,696,462	"
Asia	42,735,000	"
África	30,691,500	"
Australia	7,704,165	"
Superficie de las aguas	361,149,600	"
Océano Atlántico	82,439,700	"
Océano Pacífico	165,244,590	"
Océano Indico	73,442,040	"
Océano Ártico	14,089,600	"

La Luna, el único satélite natural de la Tierra, a la cual su distancia media es de 384,393 kilómetros, efectúa su revolución alrededor de la Tierra, en un período medio de 29 días de la Tierra, 12 horas, 44 minutos y 5 segundos; su diámetro es de 3,476 kilómetros y su densidad media 0.2 (La Tierra=1).

PRINCIPALES LAGOS Y MARES INTERIORES

	AREA (km²)		AREA (km²)
Mar Caspio	370,100	Lago Turkana	6,380
Lago Superior	84,130	Isik Kul	6,280
Lago Victoria	69,215	Lago Véner	5,585
Lago Aral	66,500	Lago Winnipegosis	5,375
Lago Huron	61,800	Lago Mobutu Sese Seko	5,375
Lago Míchigan	58,016	Lago Urmia	4,700
Lago Tanganyika	32,765	Lago Peipus	3,626
Lago Baikal	31,500	Lago Tana	3,157
Gran Lago de Los Osos	31,330	Gran Lago Salado	2,850
Lago Nyasa	29,927	Lago Iliamna	2,590
Gran Lago de Los Esclavos . .	29,187	Mar Muerto	1,035
Lago Erie	25,612	Lago Balatón	590
Lago Winnipeg	24,390	Lago Ginebra	580
Lago Ontario	18,940	Lago de Constanza	540
Lago Ladoga	18,400	Lago Neagh	396
Lago Balkach	18,200	Lago de Garda	370
Lago Chad	13,725	Lago de Neuchâtel	215
Lago Onega	9,610	Lago Mayor	212
Lago Titicaca	8,288	Lago Corrib	184
Lago de Nicaragua	8,030	Lago de Como	145
Lago Athabasca	7,935	Lago Lucerna	115
Lago Caribú	6,650	Lago Zurich	88

OCEANOS Y MARES DEL MUNDO

	AREA (km²)	PROFUNDIDAD MAXIMA (METROS)	VOLUMEN (KILOMETROS CUBICOS)
Océano Pacífico .	166,242,000	11,033	678,910,379
Océano Atlántico .	82,523,000	8,648	314,855,773
Océano Indico . .	73,427,000	7,725	288,558,566
Océano Ártico . .	14,056,000	5,450	167,961,651
Mar de las Antillas o Mar Caribe .	2,512,000	7,535	9,580,659
Mar Mediterraneo .	2,510,000	5,150	4,249,271
Mar de Bering . .	2,266,000	4,816	3,286,786
Mar de Okhotsk .	1,528,000	3,374	1,895,373
Mar Oriental de China .	1,248,000	2,896	219,675
Mar del Japón .	1,008,000	3,743	1,597,332
Bahía de Hudson .	822,000	258	156,690
Mar del Norte . .	575,000	671	53,731
Mar Negro . . .	479,000	2,245	....
Mar Rojo . . .	438,000	2,195	223,843
Mar Báltico . . .	422,000	459	22,343

GRANDES CANALES DEL MUNDO

	LONGITUD (KILOMETROS)	PROFUNDIDAD (METROS)
Volga-Báltico, U.R.S.S.	362	------
Mar Báltico-Mar Blanco, U.R.S.S.	225	------
Suez, Egipto	162	13
Alberto, Bélgica	129	5
Moscú-Volga, U.R.S.S.	129	5
Göta, Suecia	87	3
Kiel, Alemania Occ.	86	12
Panamá, Panamá	82	13
Houston, E.U.A.	80	11
Amsterdam-Rhin, Holanda . . .	72	12
Beaumont-Pto. Arturo, E.U.A. . .	64	10
Manchester, Inglaterra	57	9
Chicago, E.U.A.	54	6
Welland, Canadá	44	8
Juliana, Holanda	34	4
Corinto, Grecia	6	8
Sault Ste. Marie, E.U.A. . . .	3	8
Sault Ste. Marie, Canadá . . .	2	8

PRINCIPALES ISLAS DEL MUNDO

	AREA (km²)		AREA (km²)		AREA (km²)
Groenlandia	2,175,600	Timor	29,855	Oahu	1,575
Nueva Guinea	789,950	Sicilia	25,708	Guadalupe	1,513
Borneo	751,100	Somerset	24,786	Ahvenanmaa (Åland) . .	1,505
Madagascar	586,376	Cerdeña	24,090	Kauai	1,432
Tierra de Baffin . . .	507,454	Islas Fiji	18,272	Islas Shetland	1,430
Sumatra	424,760	Sikok	17,767	Rodas	1,405
Islas de las Filipinas . .	300,000	Nueva Caledonia . . .	16,913	Islas Feroé	1,399
Nueva Zelanda (Islas del Norte y del Sur) . .	268,676	Kuriles	15,605	Islas Marquesas	1,275
		Nuevas Hébridas . . .	14,763	Islas Carolinas	1,200
Gran Bretaña (Inglaterra, Escocia y Gales) . . .	229,900	Islas Bahamas	13,940	Martinica	1,100
		Islas Malvinas . . .	11,960	Tahití	1,040
Honshu	227,920	Jamaica	10,960	Pemba	984
Tierra de Victoria . . .	217,290	Islas Hawaii	10,458	Islas Órcadas	963
Tierra de Ellesmere . . .	196,237	Cabo Bretón	10,310	Islas Maderas	795
Célebes	189,035	Chipre	9,251	Dominica	750
Java	126,500	Puerto Rico	8,897	Islas Tonga	700
Terranova	108,860	Córcega	8,720	Molokai	675
Cuba	105,006	Nueva Irlanda	8,650	Santa Lucía	616
Luzón	104,688	Creta	8,335	Kérkyra (Corfú)	593
Islandia	103,000	Islas Galápagos . . .	7,965	Bornholm	588
Mindanao	94,630	Wrangel	7,300	Isla de Man	588
Moluccas	83,675	Hébridas	7,283	Singapur	585
Nueva Zembla	82,620	Islas Canarias	7,273	Guam	550
Irlanda	82,215	Kerguelén	6,993	Isla Real, E.U.A. . . .	508
Sakhalín	76,405	Príncipe Eduardo . . .	5,620	Islas Vírgenes (E.U.A. y Brit.)	498
Santo Domingo	76,143	Islas Baleares	5,015		
Hokkaido	75,065	Trinidad	4,827	Curaçao	471
Tierra de Banks	70,028	Islas Riukiu	4,577	Barbados	430
Tasmania	68,332	Madura	4,538	Isla de Wight	375
Ceilán	65,610	Islas del Cabo Verde . .	4,033	Lanai	363
Svalbard (Spitsberg) . .	62,050	Islas Georgias del Sur . .	3,755	San Vicente	340
Devon	55,247	Long, E.U.A.	3,629	Malta	315
Arch. de Bismarck . . .	49,148	Socotora	3,625	Granada	310
Tierra del Fuego	46,360	Samoa	3,131	Tobago	301
Melville	42,150	Gotland	2,985	Martha's Vineyard . . .	240
Southampton	41,215	Reunión	2,510	Islas Seychelles . . .	220
Islas Salomón	40,404	Azores	2,335	Islas del Canal . . .	192
Nueva Bretaña	36,520	Bioko	2,200	Santa Elena	122
Taiwan (Formosa) . . .	35,835	Isla de la Juventud, Cuba .	2,018	Nantucket	120
Kiusu	35,665	Tenerife	1,930	Ascensión	88
Hainan	33,670	Maui	1,888	Hong Kong	78
Príncipe de Gales . . .	33,338	Mauricio	1,865	Manhattan, E.U.A. . . .	57
Vancouver	31,285	Zanzibar	1,660	Islas Bermudas	54

LOS RIOS MAS LARGOS DEL MUNDO

	LONGITUD (KILOMETROS)
Nilo, África	6,670
Amazonas, América del Sur	6,300
Misisipi-Misuri, E.U.A.	5,970
Yangtze Kiang, China	5,526
Ob-Irtich, U.R.S.S.	5,410
Yenisei-Angara, U.R.S.S.	4,990
Hoang Ho, China	4,672
Amur, Asia	4,416
Lena, U.R.S.S.	4,400
Congo, África	4,374
Mackenzie, Canadá	4,241
Mekong, Asia	4,185
Níger, África	4,160
Paraná, América del Sur	3,943
Murray-Darling, Australia	3,718
Volga, U.R.S.S.	3,531
Madeira, Brasil	3,240
Purus, América del Sur	3,210
Yukón, América del Norte	3,185
San Lorenzo, América del Norte	3,058
Bravo (Grande del Norte), América del Norte	3,034
Sir-Daria, U.R.S.S.	2,992
São Francisco, Brasil	2,915
Indo, Asia	2,897
Danubio, Europa	2,857
Saluén, Asia	2,849
Eufrates, Asia	2,736

	LONGITUD (KILOMETROS)
Brahmaputra, Asia	2,736
Tocantins, Brasil	2,699
Si Kiang, China	2,655
Amu-Daria, Asia	2,600
Orinoco, América del Sur	2,575
Zambeze, África	2,575
Nelson, Canadá	2,575
Paraguay, América del Sur	2,549
Kolima, U.R.S.S.	2,514
Ganges, India	2,495
Japurá-Caquetá, América del Sur	2,494
Ural, U.R.S.S.	2,428
Colorado (al golfo de California), E.U.A.	2,334
Arkansas, E.U.A.	2,334
Olenek, U.R.S.S.	2,270
Río Negro, América del Sur	2,253
Dnieper, U.R.S.S.	2,202
Irauaddi, Birmania	2,132
Ohío-Allegheny, E.U.A.	2,102
Rojo (al golfo de México), E.U.A.	2,044
Kama, U.R.S.S.	2,031
Orange, África	2,030
Columbia, América del Norte	2,000
Don, U.R.S.S.	1,967
Brazos, E.U.A.	1,947

	LONGITUD (KILOMETROS)
Saskatchewan, Canadá	1,940
Río de la Paz, Canadá	1,923
Tigris, Asia	1,900
Sungari, Asia	1,819
Pechora, U.R.S.S.	1,809
Snake, E.U.A.	1,670
Churchill, Canadá	1,610
Pilcomayo, América del Sur	1,610
Uruguay, América del Sur	1,610
Magdalena, Colombia	1,610
Platte, E.U.A.	1,593
Oka, U.R.S.S.	1,477
Canadian, E.U.A.	1,458
Tennessee E.U.A.	1,448
Colorado (al golfo de México), E.U.A.	1,439
Dniester, U.R.S.S.	1,410
Saskatchewan del Sur, Canadá	1,392
Fraser, Canadá	1,368
Rhin, Europa	1,320
Dvina Septentrional, U.R.S.S.	1,302
Tisza, Europa	1,287
Canadian del Norte, E.U.A.	1,262
Athabasca, Canadá	1,231
Saskatchewan del Norte, Canadá	1,223

FAMOSAS MONTANAS DEL MUNDO

	ELEVACION (METROS)
Everest, Asia	8,848
K2 (Godwin-Austen), Yammu y Cachemira	8,611
Kanchenjunga, Asia	8,598
Lhotse, Asia	8,511
Makalu, Asia	8,481
Dhaulagiri, Nepal	8,172
Nanga Parbat, Yammu y Cachemira	8,126
Anapurna, Nepal	8,078
Nanda Devi, India	7,817
Kamet, India	7,756
Tirich Mir, Pakistán	7,690
Minya Konka, China	7,590
Muztagh Ata, China	7,546
Comunismo, U.R.S.S.	7,498
Pico Pobeda, U.R.S.S.	7,439
Chomo Lhari, Asia	7,314
Muztagh, China	7,282
Aconcagua, Argentina	6,959
Ojos del Salado, Amér. del Sur	6,880
Tupungato, América del Sur	6,800
Mercedario, Argentina	6,770
Huascarán, Perú	6,768
Vol. Llullaillaco, América del Sur	6,723
Ancohuma, Bolivia	6,550
Illampu, Bolivia	6,485

	ELEVACION (METROS)
Chimborazo, Ecuador	6,267
McKinley, E.U.A.	6,194
Logan, Canadá	6,050
Cotopaxi, Ecuador	5,897
Kilimanjaro, Tanzania	5,895
El Misti, Perú	5,822
Nevado del Huila, Colombia	5,750
Citlaltépetl, México	5,747
Elbrus, U.R.S.S.	5,642
Demavend, Irán	5,601
San Elías, América del Norte	5,489
Popocatépetl, México	5,452
Dikh-Tau, U.R.S.S.	5,203
Kenia, Kenia	5,199
Ararat, Turquía	5,165
Margarita (Ruwenzori), África	5,119
Kasbek, U.R.S.S.	5,033
Djaja, Indonesia	5,030
Pico Bolívar, Venezuela	5,002
Blanco, Europa	4,807
Klyuchevskaya, U.R.S.S.	4,750
Rosa, Europa	4,634
Ras Dashan, Etiopía	4,620
Matterhorn, Suiza	4,477
Whitney, E.U.A.	4,418

	ELEVACION (METROS)
Elbert, E.U.A.	4,399
Rainier, E.U.A.	4,392
Shasta, E.U.A.	4,317
Pico Pikes, E.U.A.	4,301
Finsteraarhorn, Suiza	4,274
Mauna Kea, E.U.A.	4,205
Mauna Loa, E.U.A.	4,170
Toubkal, Marruecos	4,165
Jungfrau, Suiza	4,158
Kinabalu, Malasia	4,101
Alagez, U.R.S.S.	4,095
Camerún, Camerún	4,069
Gran Paradiso, Italia	4,061
Robson, Canadá	3,954
Gross Glockner, Austria	3,798
Fujiyama, Japón	3,776
Cook, Nueva Zelanda	3,764
Pico de Teide, España	3,710
Semeru, Indonesia	3,676
Mulhacén, España	3,478
Leuser, Indonesia	3,381
Etna, Italia	3,369
Irazú, Costa Rica	3,208
Pico de Lassen, E.U.A.	3,187
Pico Duarte, Rep. Dominicana	3,175
Kosciusko, Australia	2,230
Mitchell, E.U.A.	2,037

PROYECCIONES CARTOGRÁFICAS

por Erwin Raisz

Nuestra Tierra gira alrededor de su *eje* una vez cada día. Los dos puntos extremos de su eje son los *polos;* el círculo que rodea a la Tierra, a igual distancia de los polos, es el *Ecuador.* El arco desde cualquiera de los polos hasta el Ecuador, se divide en 90 *grados.* La distancia, expresada en grados, desde el Ecuador a cualquier punto del arco es la *latitud* de ese punto, y los círculos de igual latitud son los *paralelos.* En los mapas es costumbre señalar los paralelos a distancias uniformes, que pueden ser de cinco o de diez grados.

El Ecuador se divide en 360 grados. Los círculos que rodean la Tierra de polo a polo y pasan por el Ecuador, cortándolo perpendicularmente, sobre cada uno de los puntos que marcan los grados, se llaman *meridianos.* Todos tienen la misma longitud, pero por un convenio internacional se ha elegido como *primer meridiano,* el que pasa por el Observatorio de Greenwich, en Londres. La distancia, expresada en grados, a cualquier punto situado al Este o al Oeste del primer meridiano, es la *longitud* de ese punto. Mientras los círculos que describen los meridianos tienen todos la misma dimensión, los círculos de los paralelos van siendo cada vez menores a medida que se acercan a los polos. En tanto que un grado de latitud representa en todas partes, del Ecuador a los polos, aproximadamente 111 kilómetros, un grado de longitud varía desde 111 kilómetros, en el Ecuador, hasta cero en los polos.

Cada grado se divide en 60 minutos y cada minuto en 60 segundos. Un minuto de latitud es igual a una milla náutica (1853 metros).

El mapa es plano, pero la Tierra es casi esférica. Una pelota de caucho, o una parte cualquiera de ella, no puede aplanarse sin estirarla o romperla, a menos que la parte aplastada sea muy pequeña. Presentar en un mapa la superficie curva de la Tierra no es difícil, si la superficie de que se trata es de pequeñas dimensiones; pero para hacer los mapas de países, de continentes o de la Tierra entera, se necesita lo que se conoce con el nombre de *proyección.* Una red de paralelos y meridianos sobre los cuales pueda dibujarse un mapa, representa una proyección cartográfica, para trazar la cual se emplean varios métodos.

En cualquier proyección, sólo los paralelos o los meridianos, o algún otro grupo de líneas, pueden ser verdaderos o exactos, o sea, que representen la misma dimensión que tienen sobre el globo de la escala correspondiente; todas las demás líneas son demasiado largas o demasiado cortas. Sólo sobre una esfera es posible que los paralelos y los meridianos sean todos verdaderos. La escala dada en un mapa no puede ser exacta para todas las partes de ese mapa. La construcción de las diversas proyecciones suele empezar con el trazado de los paralelos o de los meridianos que representan las dimensiones exactas.

PROYECCIÓN RECTANGULAR. Ésta consiste en una red de meridianos y de paralelos horizontales, igualmente espaciados. El paralelo *central* y todos los meridianos son exactos. Pero todos los demás paralelos son más largos o más cortos de lo que debieran ser. Esta proyección se usa para mapas sencillos de regiones poco extensas, como planos de ciudades, etc.

PROYECCIÓN DE MERCATOR. En esta proyección los meridianos son líneas verticales uniformemente espaciadas. Los paralelos son horizontales y espaciados de tal modo que su longitud guarda la

misma relación con los meridianos que la que tienen en una esfera. Como en el globo los meridianos convergen en las latitudes más altas, lo que no sucede en el mapa, se marcan los paralelos cada vez a mayor distancia, a medida que se alejan del Ecuador, para mantener así relación correcta. Cuando cada una de las superficies pequeñas, que integran el mapa, conserva la misma forma que tiene en el globo, se dice que la proyección es *proporcionada.* La cualidad más interesante de esta proyección, es que todas las *direcciones de la brújula* aparecen como líneas rectas. Por esta razón, se usa, generalmente, para el trazado de cartas marinas. Se emplea también, con frecuencia, para el de planisferios, a pesar de que en esta proyección se exagera mucho el tamaño de las latitudes altas. Sólo el Ecuador está a escala exacta; todos los demás paralelos y los meridianos son demasiado largos. La proyección de Mercator *no* tuvo su origen en el desarrollo de la superficie de un globo en un cilindro.

PROYECCIÓN SINUSOIDAL. Los paralelos son líneas horizontales exactamente espaciadas. Están divididos exactamente y las curvas que los atraviesan son los meri-

dianos. Esta proyección no permite trazar planisferios aceptables porque las regiones exteriores quedan deformadas, pero la porción central es buena, por lo que esta parte de la proyección se usa a menudo en los mapas de África y de la América del Sur. Cada parte del mapa tiene la misma superficie que la que le corresponde en el globo. Es una proyección de *áreas iguales.*

PROYECCIÓN DE MOLLWEIDE. Los meridianos son elipses trazadas a distancias uniformes; los paralelos son líneas horizontales espaciadas de modo que cada faja de latitud tenga la misma superficie que en el globo. Esta proyección es muy usada para el trazado de planisferios, especialmente en los atlas europeos.

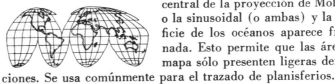

PROYECCIONES DISCONTINUAS DE GOODE. Sólo se usa la parte central de la proyección de Mollweide o la sinusoidal (o ambas) y la superficie de los océanos aparece fraccionada. Esto permite que las áreas del mapa sólo presenten ligeras deformaciones. Se usa comúnmente para el trazado de planisferios.

PROYECCIONES DE ECKERT. Son análogas a la sinusoidal o la de Mollweide, pero los polos se indican como líneas cuya longitud es la mitad de la del Ecuador. Hay diversas variantes; los meridianos son curvas sinusóideas o elipses; los paralelos son horizontales y espaciados uniformemente o de tal modo que se obtenga una proyección de áreas iguales. Su uso en el trazado de planisferios va en aumento. La figura muestra la variante elíptica de áreas iguales.

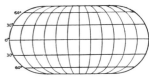

PROYECCIÓN CÓNICA. La idea original de la proyección cónica es la de poner sobre el globo un cono en el cual se proyectan los paralelos y los meridianos desde el centro del globo. Luego se abre el cono y se extiende sobre un plano. El cono puede hacerse tangente a cualquier *paralelo central* que se elija.

La proyección cónica realmente usada, es una modificación de esta idea. El radio del paralelo central se obtiene como se indica

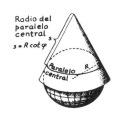

en el dibujo. Los meridianos son líneas rectas radiales, exactamente espaciadas, que cortan el paralelo central. Los paralelos son círculos concéntricos espaciados a distancias exactas. Todos los paralelos son demasiado largos, excepto el central. La proyección se usa para el trazado de mapas de países en latitudes medias, pues presenta la configuración y los accidentes geográficos con pequeños errores de escala.

Hay diversas variantes. El uso de *dos paralelos centrales*, uno cerca de la parte superior del mapa, el otro cerca de la parte inferior, permite reducir el error de escala. En la *proyección de Albers* los paralelos están espaciados desigualmente, para hacer que la proyección sea de áreas iguales. Ésta es una proyección

adecuada para los mapas de los Estados Unidos. En la *proyección cónica proporcionada, de Lambert*, los paralelos están espaciados de tal manera que cualquier pequeño rectángulo de la red, tenga la misma forma que en el globo. Ésta es la mejor proyección para las cartas de navegación aérea, pues tiene acimutes relativamente rectos.

Un *acimut* es una dirección de círculo máximo medida en el sentido en que giran las agujas del reloj, partiendo del Norte. Una *dirección de círculo máximo* apunta a un lugar a lo largo de la línea más corta sobre la superficie de la Tierra. Esta dirección no es las misma que la de la brújula. El centro de un círculo máximo es el centro del globo.

PROYECCIÓN DE BONNE. Los paralelos se trazan exactamente como en la proyección cónica. Todos los paralelos están divididos exactamente y las curvas que los atraviesan son los meridianos. Es una proyección de áreas iguales. Se emplea para los mapas de los continentes septentrionales: Asia, Europa y América del Norte.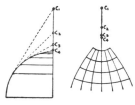

PROYECCIÓN POLICÓNICA. El meridiano central se divide exactamente. Los paralelos son círculos no concéntricos, cuyos radios se obtienen trazando tangentes al globo, tal como si éste estuviera  cubierto por varios conos en lugar de uno solo. Cada paralelo se divide con exactitud y las curvas que los atraviesan son los meridianos. Todos los meridianos, salvo el central, son demasiado largos. Esta proyección se usa para el trazado de cartas topográficas a gran escala, y, con menos frecuencia, para el de los países o continentes.

LAS PROYECCIONES ACIMUTALES. En este grupo se proyecta una parte del globo desde un *punto de vista* sobre un plano. El *punto de vista* puede estar a diferentes distancias, obteniéndose así diferentes proyecciones. El plano de proyección puede ser tangente al Ecuador, a un polo o a cualquier otro punto sobre el que se desee enfocar la atención. La cualidad más importante de todas las proyecciones acimutales, es la de que muestran cada punto en su verdadera dirección (*acimut*), desde el punto que sirve de centro (*punto céntrico*), y todos los puntos igualmente distantes del punto céntrico también estarán igualmente distantes en el mapa.

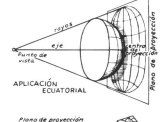

En la **PROYECCIÓN GNOMÓNICA** el punto de vista es el centro del globo. Sólo la parte central es buena; las regiones exteriores

están bastante deformadas. No obstante, la proyección tiene una cualidad importante: todos los círculos máximos aparecen como líneas rectas. Por esta razón se usa para trazar las rutas de los vuelos a larga distancia o para la navegación transoceánica.

La **PROYECCIÓN ORTOGRÁFICA** tiene el punto de vista a una  distancia infinita, y los rayos de proyección son paralelos. La aplicación polar o la ecuatorial son raras, pero la oblicua se ha popularizado debido a su visualidad. Tiene la apariencia de una esfera terráquea. Aunque la deformación en la periferia es extremada, no nos damos cuenta de ella porque el ojo percibe la proyección no como un mapa, sino como la representación de un globo en sus tres dimensiones. Es evidente que sólo puede representarse un hemisferio (la mitad del globo).

Algunas proyecciones acimutales no tienen su origen en el punto de vista sino que se obtienen por otros procedimientos.

PROYECCIÓN ACIMUTAL EQUIDISTANTE. Ésta es la única proyección en la que cada punto se muestra tanto en la verdadera dirección del gran círculo como a la distancia exacta del punto céntrico, pero todas las demás direcciones y distancias están deformadas. El principio de esta proyección puede comprenderse mejor estudiando su aplicación polar. En la 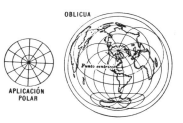 mayor parte de los mapas polares se emplea esta proyección. La aplicación oblicua se usa para determinar la posición por radio, en las investigaciones sismológicas y en los vuelos a larga distancia. Hay que hacer un mapa separado para cada punto central elegido.

PROYECCIÓN ACIMUTAL DE ÁREAS IGUALES, DE LAMBERT. El trazado de esta proyección puede comprenderse mejor estudiando su aplicación polar, una de las tres que se usan con gran frecuencia.  Permite obtener un buen mapa polar y, a menudo, se extiende hasta incluir los continentes del hemisferio Sur. Es la proyección que se emplea más comúnmente para el trazado de los mapas del hemisferio oriental y el occidental, y es, también, muy útil para el de los continentes, porque presenta áreas proporcionadas que, relativamente, tienen poca deformación. El trazado de la mayor parte de los mapas de continentes, en este atlas, corresponde a esta proyección.

EN ESTE ATLAS, se han marcado en casi todos los mapas, los paralelos y los meridianos, porque son útiles para los fines siguientes:

a) Señalan las direcciones de Norte a Sur y de Este a Oeste, que, en muchos mapas, aparecen en ángulos oblicuos, especialmente cerca de los extremos.

b) Con la ayuda de paralelos y meridianos puede localizarse exactamente cada lugar. Por ejemplo, la ciudad de Nueva York está en los 41° N y 74° O, en cualquier mapa.

c) Ayudan a medir las distancias, incluso en las partes deformadas del mapa. La escala indicada en cada mapa es exacta solamente a lo largo de ciertas líneas, tal como se ha explicado ya en la reseña de las proyecciones. Un grado de latitud equivale casi a 111 kilómetros (69 millas terrestres de 1609 metros, o 60 millas náuticas de 1853 metros). La dimensión de un grado de longitud es variable, como ya se ha explicado. (Un grado de longitud es igual a un grado de latitud multiplicado por el coseno de la latitud.)

TABLA DE DISTANCIAS AÉREAS

Entre los principales lugares del mundo

Distancias en kilómetros

DESDE / A	Azores	Bagdad	Berlín	Bombay	Buenos Aires	Callao	Cairo	Ciudad del Cabo	Chicago	Istambul	Guam	Honolulú	Juneau	Londres	Los Ángeles	Melbourne	México	Montreal	Nueva Orleans	Nueva York	Panamá	París	Río de Janeiro	San Francisco	Santiago	Seattle	Shanghai	Singapur	Tokio	Wellington
Azores	....	6286	3457	9543	8666	7765	5351	9125	5319	4635	14460	11943	7588	2514	8101	19618	7377	4101	5984	4191	6305	2602	6940	8230	9202	7596	11787	13419	11861	18467
Bagdad	6286	....	3283	3254	13221	13869	1263	7923	10445	1746	10268	13591	9946	4133	12384	13116	13124	9357	11607	9762	12564	3838	11285	12104	14285	11021	7191	7150	8436	15742
Berlín	3457	3283	....	6352	11927	11164	2934	9574	7174	1719	11520	11883	7464	925	9413	16081	9848	6077	8340	6479	9498	869	10052	9244	12621	8241	8567	10020	9049	18321
Bombay	9543	3254	6352	....	15096	16946	4342	8261	13107	4897	7775	13152	11253	7284	14178	9881	15801	12202	14407	12674	15823	7067	13580	13716	16298	12601	5180	3903	6835	12476
Buenos Aires	8666	13221	11927	15096	....	3190	11954	6972	9009	12292	16924	12316	12817	11135	9894	11806	7417	9043	7889	8523	5341	11090	1980	10440	1176	11195	19787	15997	18670	10205
Callao	7765	13869	11164	16946	3190	....	12666	9970	6059	12337	15707	9645	9344	10261	6687	13190	4215	6363	4812	5847	2334	10388	3862	7242	2491	7989	17317	18829	15675	10776
Cairo	5351	1263	2934	4342	11954	12666	....	7203	10628	1255	11547	14363	10223	3570	12352	14034	12564	8855	11043	9175	11636	3251	10046	12157	13036	11129	8513	8291	9664	16673
Ciudad del Cabo	9125	7923	9574	8261	6972	9970	7203	....	13762	8385	14352	18757	16708	9616	16359	10477	13873	12835	13502	12625	11410	9225	6196	16641	8175	16584	13163	9696	14861	11505
Chicago	5319	10445	7174	13107	9009	6059	10028	13762	....	8900	12086	6944	3718	6462	2802	15831	2720	1207	1331	1170	3734	6790	8562	3017	8570	2821	11515	15249	10316	13623
Istambul	4635	1746	1719	4897	12292	12337	1255	8385	8900	....	11290	13197	9117	2478	11096	14788	11523	7765	10010	8143	10939	2237	10332	10895	13245	9856	8182	8755	9091	17365
Guam	14460	10268	11520	7775	16924	15707	11547	14352	12086	11290	....	6270	8409	12239	10066	5628	12376	12617	12706	13060	1484	12352	18845	9579	16007	9310	3130	4812	2569	6769
Honolulú	11943	13591	11883	13152	12316	9645	14363	18757	6944	13197	6270	....	4546	11780	4216	8982	6190	8034	6928	8129	8605	12110	13519	3874	11161	4357	8061	11063	6341	7525
Juneau	7588	9946	7464	11253	12817	9344	10223	16708	3718	9117	8409	4546	....	7236	2953	13136	5166	4260	4603	4625	7171	7564	12249	2462	11780	1400	7995	11869	6626	12072
Londres	2514	4133	925	7284	11135	10261	3570	9616	6462	2478	12239	11780	7236	....	8845	17043	9020	5424	7493	5633	8546	338	9249	8755	11708	7805	9400	10973	9737	18974
Los Ángeles	8101	12384	9413	14178	9894	6687	12352	16359	2802	11096	10066	4216	2953	8845	....	13033	2326	3972	2728	3969	4868	9191	10187	555	9004	1547	10618	14412	9012	10953
Melbourne	19618	13116	16081	9881	11806	13190	14034	10477	15831	14788	5628	8982	13136	17043	13033	....	13839	16983	15216	16964	14824	16898	13422	12827	11475	13406	7994	6064	8324	2663
México	7377	13124	9848	15801	7417	4215	12564	13873	2720	11523	12376	6190	5166	9020	2326	13839	....	3616	1513	3396	2466	9334	7741	3009	6634	4357	13068	16890	11571	11270
Montreal	4101	9357	6077	12202	9043	6363	8855	12835	1207	7765	12617	8034	4260	5424	3972	16983	3616	....	2237	547	4096	5617	8224	4115	8789	3716	11492	14935	10535	14816
Nueva Orleans	5984	11607	8340	14407	7889	4812	11043	13502	1331	10010	12706	6928	4603	7493	2728	15216	1513	2237	....	1868	2575	7799	7722	3154	7327	3439	12601	16504	11254	12794
Nueva York	4191	9762	6479	12674	8523	5847	9175	12625	1170	8143	13060	8129	4625	5633	3969	16964	3396	547	1868	....	3558	5794	7741	4194	8262	3927	12006	15477	11018	14592
Panamá	6305	12564	9498	15823	5341	2334	11636	11410	3734	10939	1484	8605	7171	8546	4868	14824	2466	4096	2575	3558	....	8755	5329	5390	4828	5922	15176	18990	13776	12199
París	2602	3838	869	7067	11090	10388	3251	9225	6790	2237	12352	12110	7564	338	9191	16898	9334	5617	7799	5794	8755	....	9189	9141	11748	8175	9423	10831	9869	19095
Río de Janeiro	6940	11285	10052	13580	1980	3862	10046	6196	8562	10332	18845	13519	12249	9249	10187	13422	7741	8224	7722	7741	5329	9189	....	10710	2981	11177	18524	15892	18668	12086
San Francisco	8230	12104	9244	13716	10440	7242	12157	16641	3017	10895	9579	3874	2462	8755	555	12827	3009	4115	3154	4194	5390	9141	10710	....	9592	1114	10050	13583	8449	10944
Santiago	9202	14285	12621	16298	1176	2491	13036	8175	8570	13245	16007	11161	11780	11708	9004	11475	6634	8789	7327	8262	4828	11748	2981	9592	....	10406	19071	16528	17461	9535
Seattle	7596	11021	8241	12601	11195	7989	11129	16584	2821	9856	9310	4357	1400	7805	1547	13406	3764	3716	3439	3927	5922	8175	11177	1114	10406	....	9302	13197	7826	11764
Shanghai	11787	7191	8567	5180	19787	17317	8513	13163	11515	8182	3130	8061	7995	9400	10618	7994	13068	11492	12601	12006	15176	9423	18524	10050	19071	9302	....	3854	1762	9785
Singapur	13419	7150	10020	3903	15997	18829	8291	9696	15249	8755	4812	11063	11869	10973	14412	6064	16890	14935	16504	15477	18990	10831	15892	13583	16528	13197	3854	....	5391	8626
Tokio	11861	8436	9049	6835	18670	15675	9664	14861	10316	9091	2569	6341	6626	9737	9012	8324	11571	10535	11254	11018	13776	9869	18668	8449	17461	7826	1762	5391	....	9222
Wellington	18467	15742	18321	12476	10205	10776	16673	11505	13623	17365	6769	7525	12072	18974	10953	2663	11270	14816	12794	14592	12199	19095	12086	10944	9535	11764	9785	8626	9222	....

TABLA DE DISTANCIAS AÉREAS

Entre las principales ciudades de Europa

Distancias en kilómetros

DESDE / A	Amsterdam	Atenas	Bakú	Barcelona	Belgrado	Berlín	Bruselas	Bucarest	Budapest	Colonia	Copenhague	Istambul	Dresde	Dublín	Francfort	Hamburgo	Leningrado	Lisboa	Londres	Lyón	Madrid	Marsella	Milán	Moscú	Munich	Oslo	París	Riga	Roma	Sofía	Estocolmo	Tolosa	Varsovia	Viena	Zurich
Amsterdam	....	2157	3570	1239	1408	587	169	1770	1143	206	613	2188	620	753	367	373	1754	1835	354	737	1468	1009	832	2132	668	914	414	1320	1300	1727	1118	1006	1083	933	604
Atenas	2157	....	2245	1867	805	1790	2079	740	1123	1931	2124	563	1645	2841	1791	2012	2470	2849	2375	1770	2354	1650	1448	2234	1489	2591	2092	2108	1046	539	2406	1955	1593	1279	1609
Bakú	3570	2245	....	3906	2393	3005	3605	1963	2514	3423	3187	1722	2956	4007	3307	3251	2527	4909	3919	3602	4413	3602	3264	1891	3077	3409	3758	2559	3058	2189	2997	3903	2503	2736	3299
Barcelona	1239	1867	3906	....	1606	1489	1059	1947	1487	1114	1746	2221	1384	1479	1070	1465	2800	982	1138	526	509	340	724	2981	1043	2140	834	2317	853	1725	2269	251	1851	1336	826
Belgrado	1408	805	2393	1606	....	995	1368	475	330	1207	1352	808	853	2136	1049	1223	1875	2503	1674	1210	1988	1207	869	1867	764	1790	1432	1376	708	372	1612	1497	821	483	950
Berlín	587	1790	3005	1489	995	....	645	1284	684	483	362	1719	153	1312	431	266	1312	227	925	967	1849	1175	917	1601	499	837	869	837	1175	1304	810	1312	515	518	660
Bruselas	169	2079	3605	1059	1368	645	....	1786	1127	177	764	2165	655	772	319	484	1891	1606	325	566	1299	838	700	2240	599	1081	274	1448	1175	1521	1276	829	1159	914	502
Bucarest	1770	740	1963	1947	475	1284	1786	....	475	1580	1561	438	1167	2511	1432	1529	1738	2964	2068	1650	2443	1642	1318	1481	1167	2004	1854	1400	1127	312	1738	1947	933	837	1376
Budapest	1143	1123	2514	1487	330	684	1127	475	....	950	1012	1046	555	1893	811	921	1553	2438	1448	1094	1954	1156	766	1553	563	1481	1239	1102	805	636	1320	1421	550	206	801
Colonia	206	1931	3423	1114	1207	483	177	1580	950	....	644	1996	470	941	150	367	1754	1812	496	595	1408	850	628	2068	454	1022	402	1296	1086	1521	1162	1408	969	740	417
Copenhague	613	2124	3187	1746	1352	362	764	1561	1012	644	....	1996	507	1236	663	290	1139	2446	950	1223	2047	1458	1159	1561	837	488	1020	729	1526	1625	531	1548	668	866	958
Istambul	2188	563	1722	2221	808	1719	2165	438	1046	1996	1996	....	1601	2945	1851	1967	2079	3227	2478	1992	2720	1939	1658	1899	1569	2422	2237	1794	1352	507	2157	2253	1371	1271	1754
Dresde	620	1645	2956	1384	853	153	655	1167	555	470	507	1601	....	1371	380	383	1424	2220	953	869	1770	1054	700	1931	365	998	842	941	1014	1175	962	1226	523	378	550
Dublín	753	2841	4007	1479	2136	1312	772	2511	1893	941	1236	2945	1371	....	1080	1075	2317	1633	483	1158	1452	1408	1416	2781	1376	1265	772	1947	1891	2454	1625	1225	1819	1624	1236
Francfort	367	1791	3307	1070	1049	431	319	1432	811	150	663	1851	380	1030	....	402	1730	1867	631	563	1429	792	520	1996	311	1086	475	1255	1123	1384	1175	901	885	595	311
Hamburgo	373	2012	3251	1465	1223	266	484	1529	921	367	290	1967	383	1075	402	....	1416	2094	721	933	1767	1175	917	1770	608	716	739	966	1304	1535	808	1255	744	740	695
Leningrado	1754	2470	2527	2800	1875	1312	1891	1738	1553	1754	1139	2079	1424	2317	1730	1416	....	3597	2092	2285	3187	2478	2116	629	1770	1078	2148	483	2317	1960	700	2631	1030	1569	1971
Lisboa	1835	2849	4909	982	2503	227	1606	2964	2438	1812	2446	3227	2220	1633	1867	2094	3597	....	1569	1368	504	1304	2173	692	1944	2720	1432	3122	1851	2712	2974	1030	2736	2277	1703
Londres	354	2375	3919	1138	1674	925	325	2068	1448	496	950	2478	953	483	631	721	2092	1569	....	732	1250	998	958	2478	847	1159	338	1666	1432	1988	1424	885	1432	1226	772
Lyón	737	1770	3602	526	1210	967	566	1650	1094	595	1223	1992	869	1158	563	933	2285	1368	732	....	929	274	338	2511	566	1617	399	1806	744	1493	1738	367	1368	904	332
Madrid	1468	2354	4413	509	1988	1849	1299	2443	1954	1408	2047	2720	1770	1452	1429	1767	3187	504	1250	929	....	634	1172	3412	1465	2372	1038	2688	1352	2229	2572	554	2269	1786	1231
Marsella	1009	1650	3602	340	1207	1175	838	1642	1156	850	1458	1939	1054	1408	792	1175	2478	1304	998	274	634	....	383	2643	716	1875	660	1992	599	1440	1971	315	1529	998	512
Milán	832	1448	3264	724	869	917	700	1318	766	628	1159	1658	700	1416	520	917	2116	2173	958	338	1172	383	....	2266	346	1609	644	1625	475	1151	1642	644	1135	620	220
Moscú	2132	2234	1891	2981	1867	1601	2240	1481	1553	2068	1561	1899	1931	2781	1996	1770	629	692	2478	2511	3412	2643	2266	....	1963	1658	2475	837	2353	1770	1239	2849	1143	1654	2173
Munich	668	1489	3077	1043	764	499	599	1167	563	454	837	1569	365	1376	311	608	1770	1944	847	566	1465	716	346	1963	....	1304	684	1287	692	1081	1305	917	805	357	254
Oslo	914	2591	3409	2140	1790	837	1081	2004	1481	1022	488	2422	998	1265	1086	716	1078	2720	1159	1617	2372	1875	1609	1658	1304	....	1336	855	1999	2084	430	1835	1051	1344	1399
París	414	2092	3758	834	1432	869	274	1854	1239	402	1020	2237	842	772	475	739	2148	1432	338	399	1038	660	644	2475	684	1336	....	1690	1110	1738	1529	694	1360	1239	456
Riga	1320	2108	2559	2317	1376	837	1448	1400	1102	1296	729	1794	941	1947	1255	966	483	3122	1666	1806	2688	1992	1625	837	1287	855	1690	....	1859	1585	444	2148	563	1102	1497
Roma	1300	1046	3058	853	708	1175	1175	1127	805	1086	1526	1352	1014	1891	1123	1304	2317	1851	1432	744	1352	599	475	2353	692	1999	1110	1859	....	877	1963	916	1304	756	678
Sofía	1727	539	2189	1725	372	1304	1521	312	636	1521	1625	507	1175	2454	1384	1535	1960	2712	1988	1493	2229	1440	1151	1770	1081	2084	1738	1585	877	....	1883	1738	1065	805	1255
Estocolmo	1118	2406	2997	2269	1612	810	1276	1738	1320	1162	531	2157	962	1625	1175	808	700	2974	1424	1738	2572	1971	1642	1239	1305	430	1529	444	1963	1883	....	2062	805	1239	1461
Tolosa	1006	1955	3903	251	1497	1312	829	1947	1421	1408	1548	2253	1226	1225	901	1255	2631	1030	885	367	554	315	644	2849	917	1835	694	2148	916	1738	2062	....	1709	1167	684
Varsovia	1083	1593	2503	1851	821	515	1159	933	550	969	668	1371	523	1819	885	744	1030	2736	1432	1368	2269	1529	1135	1143	805	1051	1360	563	1304	1065	805	1709	....	555	1030
Viena	933	1279	2736	1336	483	518	914	837	206	740	866	1271	378	1674	595	740	1569	2277	1226	904	1786	998	620	1654	357	1344	1239	1102	756	805	1239	1167	555	....	587
Zurich	604	1609	3299	826	950	660	502	1376	801	417	958	1754	550	1236	311	695	1971	1703	772	332	1231	512	220	2173	254	1399	456	1497	678	1255	1461	684	1030	587	....

Sede de las Naciones Unidas en Nueva York

GEOGRAFIA UNIVERSAL ILUSTRADA

LOS EXTRAORDINARIOS ACONTECIMIENTOS de los últimos setenta y cinco años han hecho que nos preocupemos activamente por todo lo que sucede en el resto del mundo. Aunque esta frase se ha repetido tanto que ha perdido efectividad, la misma refleja una de las grandes verdades de nuestro tiempo. Esta preocupación general por el mundo exterior y sus problemas es una de las señales que auguran un futuro mejor para la humanidad. Sin embargo, por muy noble que sea nuestra preocupación por el estado de las relaciones internacionales, de nada nos valdría si no se basara en una apreciación inteligente de la diversidad de instituciones sociales, económicas y políticas que existen en todo el orbe.

En el presente texto, la empresa editora ofrece un vasto caudal de información sobre todas las naciones del mundo, sus recursos, habitantes y gobiernos. Los datos más importantes sobre los distintos países del planeta se han organizado mediante índices tabulados que facilitan su consulta. Este sistema de índices simplifica el estudio comparativo de las diferentes organizaciones políticas. Una serie de fotografías llamativas contribuye a acercar al lector a los países y continentes, los cuales se describen en el texto del modo más atrayente posible. En la geografía y nomenclátor se destacan los mapas que permiten abarcar en una sola mirada los principales rasgos del relieve y los recursos de todos los continentes.

Moore-McCormack

El bellísimo Parque Nacional de Nahuel Huapi, situado en la región de los lagos de los Andes argentinos, es visitado por turistas de todos los rincones del mundo.

LA AMÉRICA DEL SUR — Los Andes constituyen la cordillera más larga del mundo. Se extienden a lo largo de la costa de la América del Sur desde el litoral del mar Caribe hasta el cabo de Hornos. Se elevan a grandes alturas desde la orilla del Pacífico, formando sierras de picos nevados y vastas altiplanicies. El pico del Aconcagua es la cima más alta del hemisferio occidental, y está cerca de la frontera de Chile y Argentina. Está situado en una sección de la cordillera en la cual las montañas alcanzan gran altura, creando una barrera casi infranqueable, en cuyos picachos aun se observan restos de los glaciares de la Edad de Hielo. Los Andes son montañas geológicamente recientes que no han sido muy afectadas por la erosión. Sus pendientes son ásperas y cortadas a pico. En ocasiones los terremotos las estremecen y en la cordillera se encuentran por lo menos treinta y seis volcanes en erupción, entre los cuales se destaca el Cotopaxi, el volcán en actividad más alto del mundo.

Además de su gran elevación, esta cordillera se caracteriza por su estrechez, ya que raras veces sobrepasa los trescientos cuarenta kilómetros de anchura. En el centro de la América del Sur, sin embargo, su ancho se duplica debido al Altiplano, una amplia meseta que se extiende desde el Lago Titicaca en la frontera entre Perú y Bolivia hasta el límite con la Argentina. Los conquistadores españoles se establecieron primero en esta comarca debido a la numerosa población indígena y a sus riquezas minerales, las cuales aún subsisten. La cordillera se estracha al suroeste, donde la costa está bordeada por una hilera de islas peñascosas que baten con furia los vientos del noroeste. Al sureste los Andes descienden más gradualmente, formando las estri-

baciones de la árida comarca de la Patagonia dedicada a la cría de ovejas.

En una región llana de los Andes que se extiende a lo largo de mil kilómetros de la costa norte de Chile se encuentra el desierto de Atacama. Este desierto, que es donde se extrae el famoso nitrato de sodio chileno, es uno de los pocos lugares del mundo donde nunca ha llovido. Los vientos alisios del levante cubren de vapor de agua la cálida cuenca del Amazonas y la humedad que de la misma se desprende es absorbida por la vertiente oriental de los Andes. La corriente de Humboldt que proviene de la Antártica, refresca la costa chilena e impide la formación de nubes portadoras de lluvia.

Al nordeste de la América del Sur se encuentran las serranías del Brasil y de las Guayanas que geológicamente son más antiguas que los Andes. El viento y la lluvia las han desgastado y pulido sus asperezas, dejándolas convertidas en antiquísimos mogotes. Entre estas montañas y las de los Andes, se extienden vastísimos llanos.

Las tierras de pastos tropicales son regiones donde predomina la hierba, encontrándose árboles salteados. Y en las cuales se sienten los efectos de los cambios de estaciones, la seca y la lluvia. Los llanos del Orinoco en Venezuela y Colombia proporcionan pastos abundantes al ganado durante el período intermedio entre la seca y la lluvia, pero durante el transcurso de esas temporadas extremas, la región se ve afectada de modo singular. Durante la época de las lluvias, gran parte de la superficie queda bajo las aguas, las que se evaporan debido al calor. Cuando desaparecen las aguas las condiciones que prevalecen son casi las de un desierto. En los campos del Brasil las diferencias en las estaciones

no son tan marcadas, aunque sí existen en esta vasta extensión de sabanas interrumpida por árboles salteados y algunos trechos de monte, en los cuales se cría ganado.

Los matorrales tropicales son característicos de los llanos de la América del Sur. El Gran Chaco es una selva que comparten la Argentina, Paraguay, Bolivia y el Brasil. Esta región está situada en la zona limítrofe de los trópicos y está llena de árboles espinosos que pierden el follaje en la estación de la seca. Aunque el clima del Chaco es aceptable, su población es escasa porque carece de medios de comunicación con el resto del mundo. Tiene bosques de maderas de construcción y yacimientos petrolíferos inexplotados. Las catingas en el Brasil es otra comarca de matorrales. En sus montes se hallan plantas y árboles valiosos.

Hay pampas, o sea tierra de pastos y clima templado, en Bolivia y en la región oriental del Perú, pero cuando se habla sólo de las pampas se está uno refiriendo a los extensos llanos centrales de la Argentina. En su mayor parte es una región uniformemente llana, cubierta de hierba excepto en algunos lugares pantanosos. El clima es posiblemente el más estimulante de la América del Sur. Esta región está bastante poblada y posee los mejores pastos y tierras de cultivo del continente.

En la cuenca del Amazonas se encuentra la selva tropical más extensa del mundo. Se prolonga desde las marismas pantanosas del Atlántico hasta el reborde arbolado de los Andes y contiene la vegetación más exhuberante del planeta. Como está situada en el mismísimo ecuador no tiene estaciones y sus árboles no pierden todo el follaje a la vez. No tiene muchas malezas porque las copas del los árboles se entrelazan, formando un cobertizo por el que no penetra el sol. Las primeras ramas se encuentran a varios metros del suelo. Entre los millones de insectos que la pueblan se encuentra el escarabajo más grande que se conoce, que tiene un largo de quince centímetros. Se ven numerosos pájaros de brillantes plumajes pero no existen grandes mamíferos como el león o el elefante africanos.

El río Amazonas desciende menos de 60 metros de nivel en su recorrido de 6,300 kilómetros desde el pie de la cordillera de los Andes hasta el Atlántico, donde se convierte en un delta fangoso de 340 kilómetros de ancho. El río es el más ancho del mundo y su longitud es superada sólo por la del Nilo. Los vapores navegan el Amazonas río arriba unos 4,000 kilómetros, más de lo que es posible en ningún otro río. En sus aguas se encuentran grandes variedades de peces, entre ellos la carnívora piraña.

De los trece países de la América del Sur sólo Paraguay y Bolivia no tienen acceso a sus 25,000 kilómetros de costas. En el Pacífico las únicas bahías naturales se encuentran a lo largo de la quebrada costa meridional de Chile, así como al golfo de Guayaquil en el Ecuador. Por el contrario, la costa del Atlántico posee varios de los mejores puertos del mundo. La bahía de Guanabara en Río de Janeiro es una rada estupenda, circundada por el bello lomerío de las sierras costaneras del Brasil. Buenos Aires, que es la metrópolis del hemisferio sur, está situada en la ribera meridional del estuario del río de La Plata, a 300 kilómetros del Atlántico. Su puerto es uno de los más importantes del mundo, aunque artificial. El canal de entrada tiene que dragarse continuamente para despejar el limo que deposita en el estuario la corriente del río Paraná.

Aunque el continente suramericano es esencialmente agrícola, en varios países se han desarrollado rápidamente las industrias, principalmente las extractivas entre las que se destacan la explotación de minas de cobre, hierro y los yacimientos de petróleo. Se realizan intensos esfuerzos para erradicar la dependencia en el monocultivo o en un solo producto, estimulándose la diversificación de la agricultura y la indutrialización. La mayor parte de los artículos de exportación son materias primas; las importaciones son principalmente productos manufacturados.

Desde los comienzos de la dominación española, la América del Sur ha suministrado grandes cantidades de metales preciosos. Los Andes atesoran grandes riquezas en minerales y las serranías orientales son ricas en hierro, oro y diamantes. En el Brasil, Chile y Colombia hay yacimientos de carbón, aunque no en grandes cantidades. La fuerza hidráulica y el petróleo se emplean para suplir esta deficiencia.

ARGENTINA

ARGENTINA — El corazón de la República Argentina está en las Pampas que ocupan la región central del país. El famoso vaquero de la Argentina, el gaucho, pastorea inmensos rebaños de reses y ovejas en las Pampas, de los cuales sale la carne, los cueros, la lana y los derivados lácteos que la Argentina exporta. Ésta es también la principal zona agrícola de la nación, dedicada mayormente a la producción de cereales que se embarcan por Bahía Blanca, la ciudad más importante al sur de Buenos Aires.

Buenos Aires, la ciudad más grande de la América del Sur y capital de la Argentina, ocupa una extensión superficial de 199.5 kilómetros cuadrados en las márgenes del Río de la Plata, un vastísimo estuario donde desembocan los ríos Paraná y el Uruguay. Aunque queda a cerca de trescientos kilómetros del océano Atlántico, Buenos Aires es una moderna ciudad porteña. En la catedral de la Plaza de Mayo descansan los restos de José de San Martín, el héroe nacional de la Argentina, quien acaudilló la lucha por la libertad de su patria y, además, ayudó a obtener la independencia de Chile y la de Perú. El teatro Colón de Buenos Aires es uno de los más grandes del mundo.

A corta distancia de la ciudad se encuentra Luján, donde se levanta la basílica de la Virgen, Santa Patrona de la Argentina. Al sur de Buenos Aires, a orillas del Atlántico, se encuentra Mar del Plata, famoso centro de veraneo, que tiene el casino de juego más grande del hemisferio occidental y que es mayor también que los de Europa.

Varias de las grandes ciudades argentinas bordean las Pampas. Rosario, en las márgenes del río Paraná, es la segunda ciudad del país y un centro industrial importante. Es el principal puerto de embarque de la producción de las provincias centrales y septentrionales. La Plata, situada a unos sesenta kilómetros al sur de Buenos Aires, es un puerto importante y eje de la industria de la carne, la refinación de petróleo y la manufactura de los molinos de viento que se usan para sacar agua de las Pampas. En Santa Fe, una de las ciudades más antiguas de la Argentina, se juró la Constitución de 1853.

En el nordeste, entre los ríos Paraná y Uruguay, está la región de la Mesopotamia argentina, dedicada principalmente a la cría de ganado en grandes estancias. El sector de la Argentina que se extiende al sur y al este de Paraguay es una comarca de densos bosques donde se obtiene la yerba mate, productos forestales y frutos cítricos. Es aquí que se encuentran las espectaculares cataratas del Iguazú, que se comparten con el Brasil y que consisten en doscientas setenta y cinco cascadas diferentes.

Al oeste del río Paraná queda el Gran Chaco, un gran llano parte del cual se dedica a distintos cultivos (caña de azúcar y algodón, así como cereales) y parte a pastos. La industria del quebracho se asienta en las selvas y aserríos de esta región. Más al poniente, el terreno se va elevando según se acerca a los Andes. En la fértil cuenca que se conoce como el altiplano, que queda al norte de San Miguel de Tucumán, es donde se encuentran las colonias azucareras en las cuales se cosecha la caña que se muele en los ingenios de la zona. San Miguel de Tucumán, que es la ciudad mayor y de más movimiento del norte, ha sido siempre una importante encrucijada del tráfico entre el norte y el sur.

Al sur de San Miguel de Tucumán se encuentra Córdoba, enclavada en una comarca de bellas colinas que hacen de la región un centro de recreo el año entero. Córdoba, la tercera ciudad de la Argentina, es célebre por su aire europeo, por sus enrejados y sus balcones.

Al oeste de las Pampas, al pie de la cordillera de los Andes, se halla el "jardín de los Andes," una comarca frutera. Los viñedos producen para las principales bodegas o vinateras de la ciudad de Mendoza, desde donde se determinan las variedades de uvas que se cosecharán y las fechas para la vendimia.

Mendoza está en la extremidad oriental del Paso de Uspallata, por donde pasa la vía más directa al centro de Chile, la cual llega hasta más de tres mil metros de altura al atravesar los Andes. El pico del Aconcagua, la montaña más alta del hemisferio occidental es claramente visible cuando uno se acerca al pueblo de Puente del Inca. No mucho más allá del pueblo, que se encuentra a unos ciento setenta kilómetros al oeste de Mendoza, se ve un puente natural que cruza el río Mendoza. En la frontera se levanta el Cristo de los Andes, una enorme estatua que

En el norte de Chile se hallan minas de cobre como la que muestra la foto.

Fotografía del Coordinador de Asuntos Inter-Americanos

Panagra

Vista de Viña del Mar, centro turístico a orillas del mar en Chile.

simboliza la paz perpetua entre la Argentina y Chile.

La frontera occidental de la Argentina sigue la línea divisoria de las aguas desde La Quiaca en la frontera con Bolivia hasta la extremidad meridional del continente. La región de los lagos andinos en el extremo occidental de la Patagonia goza de paisajes que pueden considerarse entre los más bellos del mundo. San Carlos de Bariloche es el centro turístico de la región y la puerta de entrada al Parque Nacional de Nahuel Huapi, uno de los tantos que se encuentran en esta zona.

Al sur, el país se extiende por una sucesión de mesetas interrumpidas por verdes valles en los cuales se apacientan ovejas. Aquí no existe el verano pero los inviernos no son crudos con frecuencia. Los yacimientos petrolíferos de Comodoro Rivadavia, la población más importante de la región, son los más productivos de la Argentina.

Ushuaia, ubicado en Tierra del Fuego, es el pueblo mas meridional del planeta. La isla está compuesta de mesetas limitadas por los Andes, los cuales terminan por su extremidad sur formando fiordos.

Al este de la Argentina se hallan las islas Malvinas, un archipiélago que consiste de dos islas mayores y como de doscientas pequeñísimas. Las islas están compuestas de colinas peladas y poseen un clima frígido el año entero. Se dedican mayormente a la cría de ovejas. También la Argentina posee parte de la Antártica, un territorio cuneiforme comprendido entre los setenta y cuatro y veinticinco grados de longitud oeste y el polo sur.

CHILE — La República de Chile, tierra de grandes contrastes, es larga y estrecha. Su anchura máxima es de poco más de trescien-

tos cuarenta kilómetros y, sin embargo, tiene un largo de cerca de cinco mil kilómetros, extendiéndose desde los trópicos hasta regiones semi-polares. Al este, su frontera con Bolivia y Argentina está formada por los majestuosos Andes, pero en el extremo sur, el límite se extiende hacia el este, incluyendo al estrecho de Magallanes y a la mitad occidental de la Tierra del Fuego. Al oeste, la corriente fría de Humboldt del océano Pacífico fluye en dirección norte a lo largo de la costa chilena, refrescando la temperatura. Al sur, las aguas pluviales alcanzan un promedio máximo anual de más de 2,800 milímetros, pero según nos dirigimos mas al norte, la lluvia se va haciendo mas escasa hasta llegar a parajes en la región desértica del norte, al oeste de los Andes, en donde nunca se ha registrado precipitación.

En esta faja árida del desierto de Atacama, de unos mil kilómetros de superficie, yacen grandes riquezas tales como nitratos, yodo, cobre, sal y bórax. Los alimentos, el agua y los materiales de construcción tienen que ser transportados grandes distancias hasta los cotos mineros y las ciudades. Antofagasta, la ciudad principal del norte de Chile, es uno de los muchos puertos de esta región. Más al sur, en Huasco y La Serena, se encuentran ricos depósitos de mineral de hierro.

La mayor parte de la población de Chile radica en los llanos centrales, una de las regiones mas fértiles del mundo, donde se cosecha la mayor parte de la producción agrícola del país. En esta zona, donde se disfruta de un clima estimulante parecido al del Mediterráneo, se cultiva trigo, legumbres y frutas, entre éstas las uvas que producen el afamado vino chileno.

En esta región se encuentran también las principales ciudades del país: Santiago de

Chile, la capital y ciudad más importante situado en el valle del río Mapacho, el principal puerto y centro comercial; y Concepción y Valdivia, donde radica la floreciente industria siderúrgica. En esta zona también se encuentran importantes fábricas de productos alimenticios y de textiles, así como minas de cobre, hierro, carbón y metales preciosos.

En esta región se producen frecuentes terremotos, muchos de los cuales son de gran violencia y ocasionan daños incalculables. Uno de los mas recientes y desastrosos fue el de 1960. Afectó considerablemente a Valdivia, setecientos kilómetros al sur de Valparaíso.

En el sur se encuentra la región de los lagos donde se hallan muchos de los paisajes mas bellos del mundo: altas montañas con sus picachos cubiertos de nieve, refulgentes lagos y torrentes glaciales, así como bosques de tierras vírgenes. La naturaleza glacial de esta región se manifiesta también en los fiordos y en los miles de islas que caracterizan sus costas.

URUGUAY — La República Oriental del Uruguay, uno de los países más progresistas de la América del Sur, es el más pequeño en extensión territorial. El Uruguay fué de los primeros en ocuparse de la legislación social y en extender la educación gratuita al nivel universitario.

El Uruguay, enclavado en la costa sureste de la América del Sur, está limitado al norte por el Brasil y al sur y al oeste por el estuario del río de la Plata. Disfruta de un clima excelente, agua abundante y un relieve ondulante compuesto mayormente de fértiles llanuras. Las condiciones son ideales para la cría de ganado vacuno y lanar que son las industrias que emplean a más personas. La lana y la carne son sus artículos de exportación mas valiosos pero el área de tierra cultivada aumenta constantemente y ya existen grandes viñedos y arboledas de frutales cítricos.

Hay también grandes canteras de donde se extraen cantidades considerables de mármol, granito, ágata, ópalo y ónice, así como piedra caliza y talco.

La fuerza industrial está concentrada principalmente en Montevideo, aunque en Fray Bentos hay industrias dedicadas a carnes en conserva y extractos de carne. En Paysandú también hay numerosas industrias.

Montevideo, la capital, es también la mayor ciudad, el puerto principal y el centro industrial de la nación. Es mundialmente conocido como centro turístico. Es una ciudad llena de parques uno de los cuales, el Prado, es famoso por sus rosales. También tiene magníficas playas.

La costa uruguaya desde Montevideo hasta la frontera con el Brasil está llena de playas que atraen a visitantes de todo el continente. La más famosa es la de Punta del Este, donde se celebran festivales cinematográficos todos los años.

PARAGUAY — La República de Paraguay, uno de los dos países de la América del Sur que no tiene salida al mar, posee buena tierra de cultivo y un clima semitropical. La mitad de su territorio está cubierta de bosques. El río Paraguay divide al país en dos partes. La región occidental, el Chaco, tiene una gran extensión, propia para pastos. En las selvas que cubren parte del Chaco abundan los árboles de quebracho que son una fuente importante de curtiente para tenerías.

Al este del río Paraguay, el territorio queda subdividido por un largo farallón que se extiende en dirección noroeste a partir del Alto Paraná, cerca de Encarnación. Entre el farallón y el río Paraguay se hallan colinas ondulantes y llanuras en las cuales radica la mayor parte de la población del país. La capital, Asunción, tiene un estupendo puerto en el río en el lado opuesto a la confluencia con el río Pilcomayo. Asunción es la ciudad mas grande de Paraguay y su máximo centro comercial. Cerca de Asunción están Itauguá o Itaguá, una aldea famosa por sus finísimos encajes y el lago Ypacaraí, en cuyas márgenes está San Bernardino, popular centro de veraneo.

El algodón paraguayo, de alta calidad, es el más valioso producto de exportación del país. Se recogen también muchas frutas que se embarcan a la Argentina y el "petit grain" un extracto que se destila de las hojas del naranjo agrio y que se utiliza como condimento en mermeladas y como esencia en los perfumes.

Al este del risco se extiende la meseta del Paraná, en cuyas selvas se recolecta la yerba mate, planta de la cual se hace té. En la esquina nordeste de Paraguay se encuentran las espectaculares Siete Caldas o Salto de Guaira y el gran cañón del río Paraná.

BOLIVIA — La República de Bolivia es una nación sin salida al mar. Es uno de los países de mayor extensión territorial de la América del Sur. Posee recursos naturales de mucho valor. Grandes cantidades de plata se han extraído de sus minas desde tiempos inmemoriales. Potosí, fabuloso coto de minas de plata durante varios siglos, es conocido hoy en día por la extracción del estaño que ha superado a la plata en importancia. El cobre y el tungsteno existen en abundancia en Bolivia, al igual que muchos otros minerales. Los bosques bolivianos son un tesoro potencial. Sus productos principales son la goma y la corteza de la quina. Maderas preciosas se extraen de sus arboles de quebracho, nogal, caoba y tabijo. La llama, que es un valioso animal de carga, brinda, al propio tiempo, su lana. La alpaca y la vicuña también poseen una lana excelente, aunque se ha prohibido la caza o la trasquiladura de la vicuña. Pieles de chinchilla se venden en grandes cantidades.

Sucre es la capital oficial de Bolivia, pero las funciones del gobierno se llevan a cabo en La Paz. La Paz es la capital más elevada del mundo (altitud: 3660 metros sobre el nivel del mar). Está situada en una posición excepcional, al pie de un cañón escarpado de unos 425 metros de profundidad.

La margen sur del gran Lago Titicaca está situada a unos ochenta y cinco kilómetros de La Paz. En su centro emergen las islas del Sol y la Luna que eran sagradas para los incas y bajo sus aguas yace una ciudad misteriosa. Cerca del lago existe uno de los hallazgos arqueológicos más importantes del continente suramericano. En Tiahuanaco pueden verse las ruinas monolíticas de una civilización antigua que precedió a la inca. En Copacabana se encuentra la basílica construída en el siglo XVI a la Milagrosa Virgen del Lago en la cual se celebran antiquísimos ritos religiosos una vez al año en el mes de agosto.

Cochabamba, la segunda ciudad de Bolivia, es el principal centro de comunicaciones del este de Bolivia y se encuentra situado en el centro de la zona agrícola más rica del país.

Oruro es un centro minero y ferroviario. Allí, durante los carnavales que preceden la Cuaresma, se ejecuta el baile tradicional, "La Diablada," en el cual unos jóvenes con complicados disfraces y máscaras representando los Siete Pecados Capitales son vencidos por el arcángel San Miguel.

PERÚ — El nombre del Perú ha sido sinónimo de riquezas por muchos siglos. La República del Perú es uno de los países más grandes de la América del Sur. En su territorio radicaban los "Hijos del Sol," el fabuloso imperio inca. Sus ruinas en Cuzco y Machupicchu son un monumento viviente.

El Perú, situado en el arco occidental de la América del Sur, está situado entre el Ecuador y el Trópico de Capricornio. Sin embargo, su clima no es tan cálido y húmedo como le correspondería ser debido, en parte, a su altitud y, en parte, a la corriente marítima de Humboldt o peruana. El Perú puede dividirse en cuatro regiones geográficas: la angosta faja del litoral, la región andina, la montaña (la más extensa de estas regiones) y la selva.

El desierto del litoral se ve interrumpido por fértiles valles ribereños donde existen ricas haciendas en las cuales se producen grandes cosechas de caña de azúcar y algodón y donde se encuentran, también, las principales ciudades de esta nación. En Lima, la capital y su principal ciudad, se halla la Universidad de San Marcos, la más antigua del continente. Arequipa, la "ciudad blanca," enclavada en el valle del río Chili al pie del volcán El Misti, posee un clima estimulante y templado durante todo el año, así como bellos paisajes en sus alrededores. Trujillo, una moderna ciudad industrial con hermosos edificios antiguos, está cerca de antiquísimos restos de civilizaciones pre-colombinas. Iquitos, el "puerto en el Atlántico" del Perú, es una próspera ciudad en las márgenes del río Amazonas.

La zona costera abarca numerosas islas e islotes adyacentes en los cuales, gracias a las aves acuáticas que allí anidan, se obtiene el guano, valioso fertilizante extra-

Moore-McCormack

Entre los grandes atractivos de la hermosa ciudad de Buenos Aires se cuentan sus amplias avenidas, llenas de parques y sus bellos edificios.

Coca Cola Overseas

Este gaucho simboliza la importante industria ganadera del Uruguay.

Pareja india con trajes típicos del Perú.

Coca Cola Overseas

Pan American Airways

La bahía de Río de Janeiro es una de las más bellas del mundo.

ordinariamente rico en nitrógeno. Millones de barriles de petróleo se extraen anualmente de depósitos en el desierto. Nuevos y ricos yacimientos están comenzando a explotarse en la cuenca del Amazonas, principalmente cerca del lago Titicaca, el lago interior de mayor superficie de Suramérica y el más elevado de todos los lagos navegables del mundo.

La sierra o región andina contiene vastos depósitos de plomo, cobre, zinc, vanadio, hierro, uranio y metales preciosos y raros. Las minas están situadas a gran altura, algunas a más de cinco mil metros. En abierto contraste, los semi-tropicales valles andinos contienen fincas emplazadas en forma escalonada en las laderas de las montañas, las que dan lugar a vistas de gran belleza. Las papas o patatas, originarias de la zona del lago Titicaca, constituyen la cosecha principal de esta comarca pero también se cultivan muchos cereales y verduras. El Perú siempre ha sido célebre por sus llamas, alpacas y vicuñas, las cuales pastan en el altiplano.

La región de la montaña situada en las estribaciones orientales de los Andes, es semi-tropical y extremadamente feraz. Suministra gran variedad de productos alimenticios, así como la coca de donde se extrae la cocaína.

La selva es una región de clima tropical y tierras llanas cubiertas de bosques. Está situada en la cuenca superior del Amazonas. Produce entre otras cosas la quina (quinina), el barbasco (de donde se saca la rotenona) y la hevea (árbol de la goma).

ECUADOR — A unos diecisiete kilómetros de Quito se levanta un monumento que señala el ecuador. Se halla en un sitio en el cual uno puede pararse en el mismo ecua-

dor, colocar un pie en el hemisferio norte, el otro en el sur y, sin embargo, tiritar de frío. Queda a una altura de más de tres mil metros sobre el nivel del mar. Sus grandes contrastes son los que hacen fascinante a la República de Ecuador.

Su clima oscila de tórrido a frío; su topografía comprende montañas cubiertas de nieve (algunas de las más altas del mundo) y húmedas selvas tropicales; volcanes en erupción y frondosos valles, así como áridos desiertos. El Ecuador es notable por sus múltiples y raras variedades de flora y fauna. Los naturalistas y hombres de ciencia de todas partes del mundo han hecho en este país hallazgos de gran valor. En 1853 Charles Darwin, el autor de la obra "Del Origen de las Especies," visitó las islas Galápagos o Encantadas, situadas a unos ochocientos cincuenta kilómetros de la costa ecuatoriana. Se fascinó con las gigantescas tortugas e iguanas y con la gran variedad de aves, peces y plantas que resultaron ser tan diferentes de las que había estudiado en otras partes.

Quito, la capital de la República, es una vetusta ciudad situada en una fértil cuenca en plena cordillera de los Andes, a la sombra del volcán Pichincha con sus picachos gemelos. Es célebre por sus bellas y antiguas iglesias y monasterios. La iglesia de San Francisco, la mayor de todas, se levanta donde se encontraba el palacio de Atahualpa.

Guayaquil es la ciudad más grande y el puerto principal del Ecuador. En algunas de sus calles es frecuente ver montones de semillas de cacao secándose al sol. Guayaquil está en el mismo corazón del trópico, casi a nivel del mar. Por su puerto se embarcan los principales productos del Ecuador: quina, madera de balsa, nueces, tagua y miraguano, así como plátanos, arroz,

cacao y café. También se exporta cobre, plomo, petróleo y oro y el tejido de paja de toquilla del que se hacen los sombreros "de Panamá" o "Jipijapa."

BRASIL — La República del Brasil, la única nación de habla portuguesa de Suramérica, es el país mas grande del continente y uno de los mayores del mundo. El Brasil abarca casi la mitad de la América del Sur y contiene cerca de la mitad de sus habitantes. Se encuentra situado, casi por entero, en la zona tropical.

Al norte, la ancha cuenca del Amazonas tiene por eje al majestuoso e inmenso río Amazonas. El Amazonas y sus afluentes tienen una longitud total de más de treinta y dos mil kilómetros, siendo navegable por barcos transatlánticos hasta Manaus. En la desembocadura del río se halla la isla de Marajó, que es más grande que Bélgica. A cerca de ciento setenta kilómetros del Atlántico se encuentra Belém, principal centro de tráfico mercantil de la cuenca del Amazonas, por donde se exporta goma, coquitos del Brasil, maderas y cacao.

El nordeste del Brasil comprende una parte de selva y otra de una sabana de naturaleza semi-desértica. Además de producir cacao, caña de azúcar, algodón y tabaco, esta comarca también produce semillas oleaginosas, plantas textiles y cera vegetal. Recife, ciudad de puentes y canales, una de las mayores del Brasil, es el puerto por donde se exporta el azúcar, el algodón y el café de esta zona. También en esta región, más o menos en el medio de la extensa costa brasileña, se encuentra la pintoresca San Salvador de la Bahía de Todos los Santos, más conocida por Salvador o Bahía. Esta antigua "ciudad de las iglesias" fué, en una época, la capital del Brasil y hoy es su cuarta ciudad.

La región montañosa predomina en la parte central del país y constituye el corazón del Brasil. Ahí se encuentra la zona agrícola más productiva en la cual se cosecha café, frutas, azúcar y algodón. De las lomas se extraen riquezas en mineral de hierro, carbón, plata, manganeso, tungsteno, bauxita, plomo, zinc, uranio, torio, cuarzo, diamantes, esmeraldas, circones y muchas piedras preciosas y semi-preciosas. Belo Horizonte, ciudad modelo rodeada de montañas, es la capital de la región minera. Río de Janeiro, la capital por muchos años, es el centro cultural y el puerto de entrada principal del país. Es una de las ciudades mas bellas del mundo. Situada en el litoral de la bahía de Guanabara tiene al fondo una serie de cerros entre los que se destacan el de Pan de Azúcar y el Corcovado en la cumbre del cual se levanta una monumental estatua de Jesucristo. São Paulo, centro industrial del Brasil, es una de las ciudades de más rápido crecimiento en el mundo. Sus fábricas elaboran gran variedad de productos. Entre las más nuevas se encuentran industrias de plásticos, de automóviles y la cinematográfica. El puerto de São Paulo es Santos, que es por donde se embarca el mayor volumen de café. Por el puerto de Santos se embarca la mitad de los artículos de exportación del Brasil.

La porción sur del país se asemeja a la central en su topografía, pero como su temperatura es más templada, sus productos son diferentes. Los pinares constituyen la fuente principal de las maderas de construcción que se usan en el Brasil. Se cultiva una gran variedad de productos agrícolas, incluyendo granos, frutas y legumbres. Grandes rebaños de ganado vacuno y lanar se crían en los pastizales de las planicies y abastecen al país de carne, lana y cuero. La grande y moderna ciudad de Porto Alegre está situada cerca del punto donde se unen cinco vías acuáticas interiores. Es la tercera ciudad industrial del Brasil. Industrializa productos alimenticios y agrícolas y manufactura textiles y derivados del cuero.

Brasília, la nueva capital del Brasil, está situada mil kilómetros tierra adentro. Su urbanización y arquitectura es exclusivamente comtemporánea. Como expresó uno de sus fundadores, la fundación de una ciudad en plena selva "es un gesto deliberado de conquista," una manifestación del espíritu aventurero del Brasil.

El gobierno del Brasil ha comenzado la ejecución de planes de largo alcance para desarrollar sus recursos naturales. El gran adelanto lo ilustran los altos hornos para la fundición de acero en Volta Redonda. Además se ha logrado diversificar la producción de textiles, papel, zapatos y sombreros e introducir el sistema de cosechas múltiples.

COLOMBIA — La República de Colombia, país de grandes bellezas y riquezas fué en el pasado el centro de la frenética búsqueda de El Dorado, el cacique mitológico que una vez al año se cubría de polvo de oro y se bañaba en un lago en el cual se arrojaban ofrendas de oro y esmeraldas.

Tres cadenas montañosas pertenecientes a la Cordillera de los Andes atraviesan a Colombia, quedando en el medio dos grandes valles por los cuales corren sus ríos principales, el Cauca y el Magdalena. En el valle del Cauca, de clima templado, se encuentra Cali, una de las ciudades más grandes de Colombia y próspero centro comercial que sirve a todo el valle. En este valle se cultiva gran parte del café y el cacao que produce el país. Entre la Cordillera Central y la Cordillera Occidental se encuentra el profundo y cálido valle del Magdalena, que atraviesa el río Magdalena. Este río, en un curso de 1609 kilómetros de su largo entero constituye una gran vía fluvial a Barranquilla, el principal puerto comercial de Colombia, situado cerca de la desembocadura del río en el mar Caribe. Por Barranquilla pasa el café, el petróleo, los plátanos, el oro y la plata que son los principales renglones de exportación. Colombia es el productor mayor de esmeraldas en el mundo y uno de los pocos países que produce platino.

Medellín, situada en la cordillera Central, en el valle de Aburra, es la segunda ciudad del país y su principal centro industrial. Además, es famosa por la alta calidad del café que lleva su nombre y que se cultiva en sus alrededores.

Bogotá, la capital, es la ciudad más grande de Colombia. Está situada en una meseta rodeada de montañas en la zona central del país. En las afueras está situada la Quinta de Bolívar, la casa que el pueblo colombiano le regaló al Libertador, así como el salto del Tequendama, uno de los más bellos de la América del Sur. A pocos kilómetros de Bogotá hay una mina de sal por dentro de la cual pueden transitar automóviles y en la que se encuentra una catedral tallada en la roca salina. Las minas de sal y las de esmeraldas son administradas por el estado.

En la costa del mar Caribe se encuentra la antigua y amurallada ciudad de Cartagena. Edificada en la isla de Tierra Bomba (una lengua de tierra que divide la bahía en dos), se comunica con la tierra firme por medio de puentes. Hace muchos años que Boca Grande, la mayor de las dos entradas a la ciudad, fue amurallada, dejando a Boca Chica convertida en la única entrada. Siete fortalezas protegían al puerto y a la "Perla de las Indias" de las incursiones de los piratas que venían atraídos por los tesoros que se embarcaban en los convoyes que se organizaban aquí.

VENEZUELA — La Guaira es el puerto principal tanto de Caracas como de toda la República de Venezuela. Se inserta en las montañas que llegan hasta la misma orilla del mar Caribe. La carretera que lo une con Caracas, la capital, es una extraordinaria obra de ingeniería pues atraviesa una región en extremo accidentada.

La moderna ciudad de Caracas está situada en la falda sur de la cordillera de Ávila. Es el lugar de nacimiento y, al mismo tiempo, donde descansan los restos del Libertador Simón Bolívar, quien libertó a Venezuela y a Colombia y ayudó a la independencia del Ecuador, Bolivia y el Perú. Un "telesférico" conduce de la ciudad a la cumbre del Ávila, a más de dos mil metros de altura, donde existe un parque de recreo y un hotel y, desde allí, baja hasta el mar Caribe.

Cerca de Caracas se hallan dos de las ciudades más importantes, Maracay y Valencia. Maracay tiene importancia por sus instalaciones y academias militares y por ser un centro agrícola y textilero. Cerca de Valencia, la cual se fundó en el año 1555, celebró la batalla de Carabobo, donde se conquistó la independencia de Venezuela y Colombia.

El nombre de "Venezuela" se le debe al explorador español Alonso de Ojeda, el cual

Recife, Brasil, posée gran cantidad de edificios modernos como el de Correos Nacionales a la izquierda.

Unión Panamericana

São Paulo, que hace menos de cincuenta años era un pequeño pueblo del interior es, hoy en día, la principal ciudad industrial del Brasil.

SURINAME — Independiente de Holanda desde 1975, Suriname está situada entre Guayana y Guayana Francesa. La parte norte del país, a lo largo del océano Atlántico, es una zona de tierras bajas, cenagosas. Los holandeses han construido diques tanto en la costa como en los ríos. En el terreno recuperado se cultiva el arroz de grano largo que es su principal producto de exportación. También se exportan frutas cítricas y balata, una substancia dura que se utiliza en la manufactura de cinturones y pelotas de golf. Suriname es un gran productor de bauxita que se extrae de canteras situadas a cincuenta kilómetros de la costa.

Paramaribo, la capital de la nación, se encuentra en el río Suriname a veintinueve kilómetros de su desembocadura. Moengo y Paranam son los centros de los dos yacimientos más importantes de bauxita.

Al sur de la franja costera, el nivel de la tierra se eleva transformándose en lomas boscosas atravesadas por numerosos arroyos. Esta amplia región se extiende hasta la frontera sur.

encontró un parecido entre Venecia y las viviendas montadas en pilotes que descubrió en 1499 cuando recorrió la costa y el lago de Maracaibo. El lago está situado en la esquina noroeste del país y se comunica con el mar por un canal de unos cincuenta y ocho kilómetros de largo. En la cuenca de Maracaibo se encuentra uno de los yacimientos petrolíferos mayores del mundo, que constituye la fuente de riqueza más importante del país. El activo puerto de Maracaibo, situado en la orilla noroeste del lago es el segundo en importancia de la nación.

Hay otros dos yacimientos de petróleo en la región de los llanos, situada entre los Andes al norte y el río Orinoco al sur, la cual ha estado dedicada a la cría de ganado durante siglos.

Ciudad Bolívar está ubicada en las márgenes del Orinoco, el tercer río por su extensión del continente, a trescientos cuarenta kilómetros de su desembocadura. Emplazado en una parte angosta del río (de donde tomó su antiguo nombre de Angostura), este puerto fluvial es utilizado tanto por la región de los llanos, al norte, como por la de las elevaciones de las Guayanas, al sur.

La serranía de las Guayanas es famosa por los extraordinariamente ricos depósitos de mineral ferroso que contienen y que se extrae en las minas de El Pao y Cerro Bolívar. En sus alrededores ha surgido una floreciente industria metalúrgica. Más al sur tenemos la Gran Sabana, donde existen altos mogotes que se elevan sobre llanuras ondulantes. Es aquí donde se encuentra el Salto del Angel, cuyas aguas brotan de la montaña del Diablo, a corta distancia de la cumbre y se despeñan cerca de mil metros hasta una profunda charca al pie de la loma y de la selva.

La "Isla de las Perlas," la isla Margarita, próxima a la costa oriental de Venezuela es la mayor de unas setenta islitas que forman el estado de Nueva Esparta. Ha sido centro de la industria perlera desde el siglo XVI. En La Asunción, la capital del estado, la catedral tiene una imagen de la Virgen, de tamaño natural, con un manto hecho enteramente de perlas.

GUAYANA es un país de gran belleza y pronunciados contrastes donde uno puede encontrar tanto majestuosos saltos como elevadas montañas en la región del sur. Una estrecha faja de tierra de unos nueve kilómetros de anchos se extiende a lo largo de la costa. Alrededor de un noventa por ciento de la población vive en esta zona. Es ahí donde se cosecha el arroz y la caña de azúcar que son los principales productos de Guayana. Georgetown, donde se combinan casas de madera montadas en zancos con excelentes edificios públicos pintados de blanco, es la capital y la ciudad mayor de la colonia.

Más allá de la franja costera se extienden las elevaciones cubiertas de selvas de las cuales se extrae oro, diamantes y bauxita. También se sacan valiosas maderas duras, entre las cuales se destaca el "greenheart" de gran solidez que se utiliza en la construcción de muelles. Bartica, situada en el interior, es el centro de los yacimientos de oro y diamantes y Linden en las márgenes del río Demerara está cerca de las canteras de bauxita, en una zona donde existe uno de los mayores yacimientos de ese mineral en el mundo.

GUAYANA FRANCESA — En la costa nordeste de la América del Sur, el departamento francés de la Guayana comprende un territorio aproximadamente igual a un sexto de la superficie de Francia, que consiste, en su mayoría, de elevaciones cubiertas de selvas. Los ríos Maroni, el Mana y el Conde se cuentan entre los muchos que, viniendo del sur, desembocan en el Atlántico. La temperatura se mantiene en un promedio de veintisiete grados centígrados durante todo el año gracias a la acción refrescante de los vientos alisios del nordeste.

La Guayana Francesa produce oro, palo de rosa (del que se extrae una valiosa esencia que se utiliza en la fabricación de perfumes) y azúcar, parte de la cual se transforma en ron.

Cayena es la capital de la colonia y su puerto más importante. Está situada en una isla en la desembocadura del río Conde. Cerca de la costa se encuentran las islas del Salut, que comprenden las islas del Enfant Perdu, la Malingre, Rémire y la isla del Diablo, que fué una famosa colonia penal.

Cerca del ecuador se encuentran selvas tropicales como esta de Suriname.

Alcoa Steamship Company

Walter Nebiker
Iglesia de estilo colonial español en la isla de Watling o San Salvador donde Colón desembarcó por vez primera.

E. L. Jordan
Mercado al aire libre en Chichicastenango, en Guatemala.

E. L. Jordan
Vistosas mantas tejidas a mano se exhiben en la plaza de Santiago Atitlán en Guatemala.

LA AMÉRICA CENTRAL — La América del Norte se va estrechando progresivamente en dirección sur hasta llegar a la angosta lengua de tierra del istmo de Panamá donde se une con la **América del Sur**. Cadenas montañosas se prolongan a todo lo largo de esta región. Las cordilleras de la América de Norte se extienden hasta el centro de México, donde terminan. A los veinte grados de latitud norte uncinturón de volcanes se extiende de este a oeste. Algunos de estos volcanes están en actividad. Al sur de esta zona las montañas forman parte del sistema de las Antillas que continúa por el fondo del mar Caribe y emerge al este constituyendo el archipiélago de las Antillas. Las montañas se interrumpen a lo ancho del continente en dos lugares: uno de ellos es en Nicaragua, donde las cuencas de los lagos de Managua y Nicaragua y el valle del río San Juan atraviesan el continente y el otro es en el istmo de Panamá, donde se construyó el canal de Panamá.

En estas montañas se halla muchas mesetas fértiles a gran altura provistas de magníficos pastos para ganado y ricos suelos vegetales para una gran variedad de cultivos. Como ocurre en México, el clima tropical del llano se compensa con la elevación del altiplano. Existen numerosas bahías en ambas costas, estando los puertos principales en el mar Caribe. La mayor parte de los ríos que desembocan en el mar Caribe son navegables.

Las naciones agrícolas de la América Central han ido cobrando mayor importancia en los últimos años. Con la creación de la Organización de Estados Americanos y los programas realizados por la Alianza para el Progreso fue posible esperar una nueva atmósfera de unidad y más amplias perspectivas de mejoramiento económico así como más bienestar social y político.

Cuando la guerra mundial cortó radicalmente los suministros de muchos importantes productos del Oriente se descubrió que aquí en las Américas podían cosecharse muchas cosas que antes se importaban de muy lejos. La gran diversidad de suelos, precipitación y topografía hacían posible cosechar una enorme variedad de productos tropicales, semi-tropicales y de zonas templadas. Experimentos coronados por el éxito dieron lugar a la producción de importantes cantidades de especias, fibras textiles y aceites vegetales para fines medicinales que se traían del lejano Oriente. Entre los principales renglones de exportación están las bananas o plátanos, goma silvestre, café, cordelería, cacao y azúcar.

Existe una gran riqueza mineral en potencia en la mayoría de los países de Centroamérica. Oro, plata, cobre, hierro, petróleo, plomo y manganeso se encuentran distribuídos en depósitos de gran volumen. Gran parte de la superficie está cubierta de densos bosques donde se encuentran algunas de las maderas más preciadas del mundo como son la caoba, el palo de rosa, la teca y el ébano.

PANAMÁ — La sinuosa lengua de tierra que constituye el territorio de la República de Panamá, es el eslabón que une a dos grandes continentes y a dos grandes océanos. Este país, largo y estrecho, está geológicamente dividido por una brecha que separa dos sistemas orográficos distintos, uno que se dirige en dirección noroeste hacia la frontera con Costa Rica y otro que se prolonga hacia el sureste, penetrando en Colombia.

Más allá de los angostos llanos del litoral se alzan las montañas que comprenden la mayor parte de la nación. Intercalados en las montañas existen valles y cuencas en las cuales se cría ganado y se cosechan frutas tropicales. En las faldas de las montañas se cultiva café. La costa del Caribe está cubierta por una densa selva ecuatorial. En la zona del litoral del Pacífico se recoge cacao y abacá. De las selvas orientales se sacan maderas para ebanistería y para colorantes, así como maderas de construcción. Como la precipitación es menor en las montañas que miran al Pacífico, los bosques de la zona están compuestos por árboles semi-caducifolios y en los llanos hay partes que son sabanas. En el suroeste del golfo de Panamá y a lo largo de la orilla occidental del golfo de Chiriquí se cultiva cacao, arroz y azúcar. Los plátanos o bananas constituyen el principal renglón de exportación de Panamá, cosechándose principalmente cerca de la frontera occidental del país.

Panamá está dividida artificialmente por el canal de Panamá, que utiliza el abra natural entre las montañas. Para completar el lecho del canal se utilizaron los ríos Chagres y Grande. Finalmente, se construyeron esclusas y se formó un lago artificial. El canal, que fué construído por el gobierno de los Estados Unidos de América, se encuentra situado en el medio de una faja de tierra de cerca de diecisiete kilómetros de ancho y hasta hace poco se conocía como la Zona del Canal de Panamá. En 1978 Panamá y los Estados Unidos ratificaron tratados por los cuales La Zona del Canal pasó a Panamá y se estipula que el canal mismo pase a manos de Panamá en 1999. Balboa, en el Pacífico es una de las terminales del canal; Cristóbal, en el Caribe, es la otra.

La ciudad de Panamá, la capital, está situada en el océano Pacífico cerca de Balboa. La parte vieja de la ciudad, la cual se fundó donde hoy se encuentra en 1672, está situada en la punta de una península. Más adentro está la sección moderna de la ciudad. El edificio más impresionante de la ciudad es el palacio presidencial (La Presidencia). A corta distancia de la ciudad de Panamá está el Panamá Viejo que era donde en épocas pasadas se encontraban los Almacenes del Rey, en los cuales se guardaban los grandes tesoros que después se embarcaban a España. Los filibusteros que asolaban la cuenca del Caribe sintieron gran atracción tanto por Panamá como por Portobelo, al otro lado del istmo. En 1671 la ciudad de Panamá fue saqueada y destruída por el pirata Morgan.

La cosmopolita ciudad de Colón, la gemela de Cristóbal y la segunda ciudad del país, es el centro del tráfico mercantil internacional. Al suroeste del país está David, una ciudad industrial de mucho movimiento que es la tercera en tamaño de Panamá.

COSTA RICA — El corazón de Costa Rica está formado por el ancho cinturón de montañas que atraviesa el país desde el extremo noroccidental hasta el sureste y que comprende más de la mitad de su superficie. A este cinturón montañoso lo colindan unos llanos que se extienden a lo largo de la frontera con Nicaragua y a lo largo de la costa del mar Caribe hasta Limón.

En los llanos del Caribe y en las estribaciones orientales de las montañas llueve con gran frecuencia. En una época esta región se dedicaba a la producción de bananas, pero ahora produce mayormente cacao y abaca o cáñamo. Limón es el puerto de mar más importante del país. En este puerto fué que Colón desembarcó en su cuarto y último viaje.

Departamento de Turismo, México

La Biblioteca de la Universidad Nacional de México.

Managua, que es la capital. Al nordeste del lago de Managua, a unos treinta y cuatro kilómetros de su emplazamiento primitivo y al pie del volcán Momotombo, se encuentra León, la segunda ciudad y asiento de la Universidad Nacional y otros colegios. En su catedral, amplia y suntuosa, descansan los restos del poeta Ruben Darío. Granada es la tercera ciudad del país, tiene una larga historia como centro del tráfico mercantil, habiendo sido asolada varias veces por corsarios en los siglos XVII y XVIII. En la costa del Pacífico estan situados los importantes puertos de Corinto y San Juan del Sur.

Al este de esta faja de tierras llanas se extiende la vasta región montañosa donde se encuentran minas de oro y plantaciones de café. El café de Jinotega y Matagalpa es muy estimado y obtiene óptimos precios en el mercado. Matagalpa es la principal ciudad de esta zona.

A lo largo de la costa del Caribe y entre ésta y las serranías al oeste se extiende la región de tierras bajas y húmedas que se conoce como la Mosquitia. Se trata de una zona de tupidos bosques y escasa población. Por sus tres puertos, Puerto Cabezas, Bluefields y San Juan del Norte, se exportan los principales productos de esta región; bananas y maderas de construcción.

En el medio de la región montañosa hay dos grandes depresiones, una al sur y la otra en el centro del país. En la depresión meridional que es la mayor y más honda, se encuentra el río General que desagua en el Pacífico como afluente del río Diquis. La segunda de estas depresiones, la Meseta Central, es una cuenca llena de cenizas volcánicas que se encuentra entre la cordillera que queda al suroeste y cuatro volcanes situados al nordeste. En esta zona se halla el principal centro productor de azúcar y café y las cuatro ciudades más grandes del país.

La hermosa San José, la capital y principal ciudad, es notable por su impresionante Teatro Nacional. Cartago, la ciudad más antigua de Costa Rica y su capital hasta 1823, ha sido afectada frecuentemente por terremotos, motivo por el cual tiene muy pocos edificios antiguos. A la basílica de Nuestra Señora de los Ángeles, patrona de Costa Rica, concurren peregrinos de toda la América del Sur a visitar el santuario de La Negrita, la minúscula imagen de la Virgen María labrada en roca negra que inspira una gran devoción. Desde el cráter del Monte Irazú, a corta distancia de la ciudad, se divisa el lago de Nicaragua y los dos océanos. En las cercanías de Alajuela, la segunda ciudad en tamaño, se cultiva caña de azúcar y se cría ganado. Heredia, a sólo diez kilómetros de San José, es también un centro ganadero.

El litoral del Pacífico tiene dos grandes golfos que se adentran formando las penínsulas de Nicoya y de Osa. La llanura de Guanacaste, situada a la entrada del golfo de Nicoya es un importante centro de cría de ganado. Puntarenas, que está en el lado del golfo de Nicoya opuesto a la península del mismo nombre, es un lugar de veraneo y un puerto de gran actividad. Más al sur,

en algunos llanos aislados que se prolongan hasta Panamá se producen cacao y bananas.

Una serie de islitas que forman parte de Costa Rica se encuentran en los dos golfos. A buena distancia de la costa, en pleno Pacífico, se encuentra la isla de Cocos, que pertenece a Costa Rica. En una época fue refugio de piratas y hoy en día atrae a muchos buscadores de tesoros.

NICARAGUA — Entre la extremidad noroeste del país, partiendo del golfo de Fonseca en el Pacífico, hasta la región sureste del Caribe se extiende una faja de tierras bajas. En la amplia zona al sur de esta faja se encuentran los grandes lagos de agua dulce, el Managua y el Nicaragua, que desaguan en el mar Caribe a través de la cuenca del río San Juan. Una cadena de veinte volcanes que comienza con el Cosiguina, que domina la entrada del golfo de Fonseca, se extiende hacia el sur por la zona de los llanos hasta el Momotombo en la orilla occidental del lago de Managua. Tanto el lago de Managua como el de Nicaragua están flanqueados por volcanes por el poniente y en el lago mismo de Nicaragua emergen tres conos volcánicos, elevándose uno de ellos hasta los mil quinientos metros. Muchos de estos volcanes están aún activos. El cráter de uno de ellos, el Masaya, contiene lava hirviente que a veces se rebosa.

En esta planicie de tanto interés geológico se cultivan los productos agrícolas que se consumen en el país, así como el algodón, la ipecacuana, el tabaco y las semillas de ajonjolí que se exportan. La mayor parte de la población reside en el llano situado entre los lagos y el océano Pacífico. Al sur del lago de Managua se halla el principal centro comercial e industrial del país, la ciudad de

EL SALVADOR — La accidentada República de El Salvador está situada en la costa sur de la América Central, entre Guatemala y Honduras y no tiene salida al Atlántico. La llanura del litoral del Pacífico es plana y estrecha, viéndose interrumpida en algunos lugares por promontorios de lava que se insertan en dirección sur entre las montañas y la costa. En esta llanura costera se cosecha caña de azúcar y algodón de alta calidad. Acajutla, La Libertad y La Unión son los tres puertos principales del país; de éstos, La Unión es el más importante. Entre Acajutla y La Libertad se encuentra la costa de los bálsamos, así llamada por sus espesos bosques de abetos balsámicos. De estos árboles se saca el llamado bálsamo del Perú que se utiliza en unguentos medicinales y en perfumes.

El monte Izalco se destaca entre los volcanes costeros que se extienden a lo largo del país detrás de la llanura del litoral. Está situado a sólo unos cuarenta kilómetros del mar y se encuentra en actividad casi continua, por lo que se ha convertido en un faro natural para los barcos que navegan cerca de la costa. Las mesetas y los valles que se intercalan entre las montañas de la sierra costera y las del interior son más altas en la frontera de Guatemala desde donde van descendiendo hasta convertirse en un llano al este del país. El café se cultiva generalmente en el occidente, en la zona más alta, y en las lomas más empinadas del valle del río Lempa. Los llanos en el valle del Lempa, que es el río más grande de El Salvador, están dedicados a pastos para el ganado. En las planicies orientales del interior se siembra henequén y algodón.

Estudios geológicos señalan la presencia de grandes depósitos de lignito, platino y hierro. En la actualidad se explotan minas de oro, plata, zinc y cobre.

La capital, San Salvador, se encuentra enclavada en una cuenca rodeada de volcanes, casi en el centro del país. Es la ciudad mayor y el centro comercial de la república. A corta distancia se halla el lago Ilopango que ocupa el cráter de un volcán extinguido y que es un concurrido lugar de veraneo. Al este de la capital está Santa Tecla o Nueva San Salvador, circundada por florecientes plantaciones de café y enclavada en un hermoso valle cerca del apagado volcán San Salvador.

San Miguel, que queda a unos ochenta y cinco kilómetros al este de la capital, es un importante centro de tráfico mercantil que provee las necesidades de las minas de oro y plata de la región. Santa Ana, la segunda ciudad de la nación, es el eje del comercio en la región occidental del país, encontrándose en el centro de una rica zona productora de azúcar y café. En esta zona se hallan el bello lago Coatepeque, "el Vichy de la América Central," famoso por sus aguas minerales, y el lago Guija, en el límite con Guatemala, que se distingue por la excelencia de su pesca y caza y por la existencia de interesantes hallazgos arqueológicos.

HONDURAS

HONDURAS — La República de Honduras es uno de los países más montañosos de la América Central. Las montañas estan separadas por mesetas y fértiles valles. El valle intramontano de Honduras comprende, al norte, el valle del río Ulúa y el lago de Yojo en el medio de la cuenca de Comayagua y, al sur, el golfo de Fonseca y la costa del océano Pacífico. La capital, Tegucigalpa, está rodeada por tres puntos por abruptas y elevadas serranías y está situada al pie del monte El Picacho. Surte las necesidades comerciales de los cotos mineros de oro y plata situados en sus alrededores y también las de la zona agrícola del interior. La principal cosecha de esta zona es el maíz, aunque la de más valor es el café. De los bosques se obtienen pinos, cedros y caobas. Santa Rosa de Copán está tierra adentro en el noroeste del país, en el centro de una rica zona agrícola y minera. Produce café, tabaco y sombreros de paja. Cerca de la ciudad están las ruinas de Copán, una de las ciudades mayas más antiguas. Algún tiempo después del año 700 ésta, entre otras ciudades, fué abandonada al trasladarse los mayas a la península de Yucatán.

Al suroeste de Honduras se encuentra la ciudad de Choluteca, situada en la llanura anegadiza del río Choluteca. En los alrededores se cría ganado y se cosecha café. El puerto de Amapala en la isla del Tigre, situada en el golfo de Fonseca, posee el mejor fondeadero de la costa del Pacífico.

Las tierras bajas a lo largo del mar Caribe se adentran hasta cien kilómetros en algunos sitios. El principal producto de exportación, los plátanos o bananas, se cosechan a lo largo de la costa y en los valles bajos de los ríos Aguán y Ulúa. Hacia el este quedan las sabanas de la Mosquitia. San Pedro de Sula,

la segunda ciudad de Honduras, está situada en las márgenes del río Ulúa a unos sesenta kilómetros de su desembocadura, donde se halla Puerto Cortés. Es el centro industrial del país. Por Puerto Cortés se embarcan más de la mitad de los productos de exportación de Honduras. Tela y La Ceiba son los otros puertos importantes del Caribe.

Las llamadas "Islas de la Bahía" son tres amplias islas, Utila, Roatán y Guanaja, situadas a una distancia de diecisiete a setenta kilómetros de la costa norte de Honduras. La ciudad principal es Roatán por donde se exportan bananas y cocos.

GUATEMALA

GUATEMALA — El territorio de la República de Guatemala tiene un centro montañoso que linda con llanuras costeras por el mar Caribe y por el Pacífico. La llanura litoral del Pacífico es angosta. En el borde interior de esta faja, al pie de la región montañosa de Guatemala, hay numerosas plantaciones en las cuales se cultiva caña de azúcar, maíz, algodón de calidad, la mayor parte de la cosecha de bananas y arroz. San José, el segundo puerto del país, y Champerico son los puntos de salida de Guatemala por el Pacífico.

En el altiplano, que comprende más de la mitad de la superficie del país, reside la mayoría de la población de Guatemala. Al final de la llanura costera, las montañas se elevan abruptamente, llegando algunas a una altura de más de tres mil metros sobre el nivel del mar. El volcán Tajumulco es el pico más alto. El fuego algunas veces escupe humo y lava. En lo alto, entre las montañas, se encuentran fértiles valles y algunos lagos muy bellos. El lago de Atitlán, enclavado en medio de volcanes orlados de nubes, se considera más hermoso que el Lago Como. Cambia constantemente de tonalidades de azul y verde. El café es el principal producto de esta región. El de más alta calidad se cosecha en las estribaciones que miran al

United Fruit Company
El volcán de Irazú cerca de Cartago, Costa Rica.

Pacífico. El café guatemalteco es muy apreciado por su suave aroma.

La capital, Guatemala, está situada en una meseta en la cordillera de la Sierra Madre y es una ciudad moderna de mucho movimiento. Una de sus principales atracciones es la plaza central, donde se obtienen objetos hechos a mano, flores, frutas y verduras de todas partes de la república. Antigua, que fué capital de Guatemala desde el siglo XVI hasta la primera mitad del XVIII, fue en una época el principal centro cultural de Centroamérica. Cuando fué destruída por un terremoto en 1773, la capital se trasladó a la ciudad de Guatemala. Sus hermosos edificios públicos han sido restaurados y Antigua es hoy en día una de las más importantes atracciones turísticas del país.

El Palacio Presidencial, Tegucigalpa, Honduras.

Unión Panamericana

Constance Larson

El espléndido Palacio de Comunicaciones de México.

Departamento de Turismo, México

La Torre Latinoamérica, se descuella entre los edificios de su alrededor en la Ciudad de México, D.F.

Constance Larson

Un grupo de burritos cargando leña para el mercado en Guanajuato, México.

La villa de Taxco, enclavada en medio de las montañas de México, conserva su arquitectura colonial. Fué fundada por Hernán Cortés en 1529.

Constance Larson

Tres profundos valles se extienden en dirección nordeste desde el macizo central y convergen en la estrecha faja costera del golfo de Honduras. Al este, a lo largo del río Motagua, se encuentran plantaciones de bananas. El lago más grande del país, el lago de Izabal, donde desemboca el bello río Dulce, se encuentra en el valle central. Más al norte y al oeste está el valle del río Sarstún. Puerto Barrios en el mar Caribe es el puerto principal del país, así como una importante terminal ferroviaria.

En el noroeste se halla la inmensa meseta de El Petén, que comprende parte de la península de Yucatán. Allí se encuentran las grandes reservas forestales que constituyen una de las riquezas naturales más importantes de Guatemala. El chicle que se recoge en estas selvas es un importante producto de exportación. Flores, ubicada en una isla en el lago Petén-Itzá, es la población más importante de esta región. En esta comarca se encuentran las ruinas de Tayasal, Tikal y Uaxactún y perdidas en la selva se encuentran las ruinas de otras ciudades mayas que solo son visibles desde el aire.

MÉXICO — La República de México es el país más septentrional de la América Intermedia. Ocupa la porción sur de la América del Norte y linda al norte con los Estados Unidos de América. La península de la Baja California, tierra de mesetas y montañas, se prolonga en dirección sur, quedando separada de la tierra firme, en su mayor parte, por el golfo de California. Su clima seco y templado, que predomina todo el tiempo, y la pesca del alto cerca de Ensenada, atraen muchos turistas. Al norte de la península se encuentra el valle Imperial, que atraviesa el río Colorado antes de desembocar en el golfo, el cual es sumamente fértil, produciéndose en el mismo grandes cosechas de algodón. La progresista ciudad de Mexicali es el centro de la industria algodonera, donde radican las desmotadoras y las plantas extractoras del aceite de las semillas de algodón.

Las dos terceras partes de la superficie del país, aproximadamente, son montañosas. La gran meseta central, que comprende la mitad de la extensión territorial de México, se va elevando desde la frontera norte hasta su límite meridional, donde se integra con la cadena volcánica situada en el centro del país. La mayor parte de los volcanes están apagados pero hay varios en distintas etapas de desarrollo. El volcán Parícutin, el más reciente, inició su actividad en 1943. La mayor parte de la meseta norte es una vasta región de pastos naturales donde se crían grandes hatos de reses y otros tipos de ganado. La ciudad de Torreón está en el centro de la gran zona triguera y algodonera del norte, la Comarca Lagunera, que produce la mitad de toda la cosecha de algodón del país. El algodón, que México produce en grandes cantidades, se cosecha también en los bien irrigados valles del río Bravo o Grande del Norte y sus afluentes.

En los siete valles intramontanos situados en la región volcánica reside la mayor parte de la población de México. Esta región, donde se encuentra el centro industrial del país, es al propio tiempo una zona agrícola importante. En la misma se cosecha maíz, trigo y otros granos. En uno de estos valles se encuentra la ciudad de México, la capital, rodeada por la Sierra Madre y por los volcanes en reposo, Popocatépetl, Ixtaccíhuatl y Ajusco. La ciudad de México es una de las grandes metrópolis del mundo moderno, como lo fue del antiguo, donde se combinan, en abierto contraste, modernísimos edificios con los que se han mantenido en pie durante siglos. En el Palacio Nacional, comenzado en 1692, se conserva la Campana de la Independencia de México que repicó en 1810 el apóstol Hidalgo y que el Presidente de la República repica todos los años el 15 de septiembre a las once de la noche. La Universidad de México, fundada en 1551 está alojada en una espectacular ciudad universitaria enclavada en un antiquísimo depósito de lava en las afueras de la ciudad de México. Cerca de la capital se encuentran los jardines flotantes de Xochimilco y las ruinas de la ciudad de San Juan de Teotihuacán, que antecedió a los aztecas, los cuales atraen muchos visitantes. A unos siete kilómetros de la ciudad se halla la basílica de la Virgen de Guadalupe, patrona de México, en la cual se celebran, en el mes de diciembre, las ceremonias religiosas mas concurridas de México.

Al sur de México, camino a Acapulco, se encuentra Taxco, Monumento Nacional, la cual se conserva en la misma forma que hace siglos, sin que el mundo moderno la haya afectado. Aunque es famosa por sus minas de plata, también produce plomo y zinc. Acapulco es un centro turístico, mundialmente célebre, que queda a orillas del mar. Al propio tiempo es uno de los puertos principales de México en el océano Pacífico.

Guadalajara, la segunda ciudad de México, es un importante centro industrial en el que se fabrican la cerámica y el cristal ornamental que la han hecho famosa. Está situada en la ruta principal de la región central al noroeste. Mazatlán, puerto del Pacífico, es un importante centro comercial e industrial situado en el punto en que convergen las carreteras que parten de Monterrey al nordeste y de la ciudad de México al sur. En Manzanillo, que queda a unos doscientos setenta kilómetros de Guadalajara, está la estación terminal en el Pacífico del ferrocarril que sale de esta última ciudad y se ha convertido en el principal puerto marítimo de importación y exportación. Puebla de los Angeles, una de las ciudades más grandes de México, está enclavada en un valle al sureste de la ciudad de México y es el principal centro fabril de la industria algodonera. Se la conoce como "la ciudad de las iglesias," muchas de las cuales tienen relucientes tejados. Fue aquí que se originó el traje típico nacional, la "china poblana," pintoresco vestido bordado con cuentas de vidrio que, según la leyenda, usó como penitencia la princesa China que se dice enterrada allí.

La meseta central está limitada al este y al oeste por dos cadenas de montañas, la Sierra Madre Occidental y la Sierra Madre Oriental. En la sierra occidental se encuentran numerosos cotos mineros de los cuales se extrae plomo, zinc, oro, cobre y plata, metal este último del cual México es el máximo productor en el mundo. También se explotan minas de cadmio, molibdeno, mercurio, estaño, tungsteno, antimonio, grafito, arsénico y manganeso. La minería, sin embargo, no está restringida a la zona montañosa del poniente. San Luis de Potosí, situado en la meseta interior, ha sido durante siglos el centro urbano de las minas de cobre, oro y plata de la región.

Monterrey, que se halla en el borde de la Sierra Madre Oriental, es un importante centro industrial y ferroviario. Es una de las dos principales ciudades de México en la fabricación de acero. La otra es Monclova.

En el poniente, la Sierra Madre Occidental va descendiendo hasta el océano. Al sur, el descenso al mar es súbito, pero al norte, termina en una estrecha llanura costera. A lo largo de los valles de los ríos de la vertiente occidental, grandes obras de irrigación han hecho posible el cultivo de extensos territorios. El algodón, la caña de azúcar y las verduras son las cosechas principales de esta fértil región.

El continente se va estrechando según se prolonga hacia el sur, llegando a tener un ancho de solo ochenta kilómetros en el istmo de Tehuantepec. Al este de este istmo se encuentran las montañas de Chiapas que están divididas por el valle de Chiapas. En las estribaciones del valle se cultiva café y cacao, el último de los cuales suministraba a los aztecas su bebida ritual: el chocolate. Aquí en la región de La Reforma en Chiapas y Tabasco existen vastos yacimientos de petróleo y gas que fueron descubiertos en la década de 1970. Al norte de estas serranías queda la península de Yucatán que se inserta en el mar Caribe. Este territorio y las zonas costeras del norte de México contrastan con la región montañosa del país.

Estas zonas costeras son bajas y uniformes y su clima es mucho más húmedo. Al sur de Tampico, puerto en el golfo de México, no hay más heladas. Se le conoce por la "tierra caliente." En las laderas de las montañas se cultivan muchos productos tropicales tales como bananas, chicle, caña de azúcar, arroz y café. El subsuelo produce petróleo. Tampico está en las márgenes del rio Pánuco. Es el segundo puerto en importancia de la costa del Atlántico y el principal centro de refinación del petróleo, así como el principal puerto de embarque del petróleo y sus derivados. Otro importante yacimiento de petróleo en producción actualmente es el campo a lo largo de la costa en el Golfo de Campeche. Más al sur queda Veracruz, el principal puerto de mar de México, que es, al propio tiempo, un popular centro de veraneo. Al suroeste de Tampico se encuentra la gran obra del valle de Papaloapán que está contribuyendo a desarrollar tanto la agricultura como la industria en gran escala.

La península de Yucatán es una planicie que se prolonga hasta el límite con Guatemala. En esta llanura se da el maguey de donde se saca la fibra del henequén, que se utiliza mucho en la fabricación de sogas y cordelería. Esta planta es de la misma familia de las que producen pulque y tequila, bebidas alcohólicas típicas de México. Mérida, situada al norte de Yucatán, es la principal ciudad de la península. A menos de ciento setenta kilómetros de la ciudad se encuentran las ruinas de Chichén-Itzá. Ahí radicaba la capital de la civilización maya en el momento de su máximo esplendor entre los siglos XI y XV.

LAS ANTILLAS — El mar Caribe o de las Antillas comunica la América del Norte con la del Sur y a ambas con el archipiélago de las Antillas. Al inaugurarse el canal de Panamá creció su importancia porque quedó en medio de una de las principales rutas del comercio marítimo internacional.

Las Antillas, a las cuales Colón denominó las Indias en la creencia de haber llegado a la India, se extienden en un amplio arco que comienza cerca de la península de Yucatán en México y termina frente a la costa oriental de Venezuela. La parte septentrional de este arco está formada por las Antillas Mayores que son Jamaica, Cuba, Haití o Santo Domingo y Puerto Rico con sus islas adyacentes. La parte meridional del arco va de las islas Vírgenes hasta Curaçao y Aruba y está compuesto de muchas islas más pequeñas conocidas por las Antillas Menores.

Aunque la mayoría de las Antillas es montañosa, tienen suficiente tierra cultivable que les permite cosechar una gran variedad de productos tropicales. El clima es cálido pero suavizado por la acción de los vientos alisios.

Todo el archipiélago se encuentra en el paso de los huracanes y en algunas islas ha habido erupciones volcánicas.

Al norte del arco de las Antillas Mayores existe otra cadena de islas. Este archipiélago se extiende en dirección oeste-noroeste a partir de las Islas Turk y Caicos, que se encuentran al norte de la República Dominicana, continúa por las Bahamas y termina al este de la península de la Florida en los Estados Unidos de América.

CUBA — El territorio de la República de Cuba, la mayor de las islas del archipiélago de las Antillas, está compuesto en su mayor parte de terrenos suavemente ondulados, aunque existen cadenas montañosas en el sureste (la Sierra Maestra), en el centro (las montañas de Trinidad) y en el oeste (la cordillera de los Organos). El litoral forma estupendas bahías en muchos puntos, siendo las principales la Habana, Santiago de Cuba y Guantánamo.

La mitad, por lo menos, de la superficie de Cuba se presta para la agricultura mecanizada. El clima benigno, libre de heladas, y el suelo fértil, con agua abundante, producen condiciones ideales para una gran variedad de cultivos. Desde el siglo XVIII se ha estado cosechando caña de azúcar, la que constituye el principal factor de la economía de Cuba. El segundo producto de exportación es el tabaco, que se embarca tanto en rama como en forma de cigarros o puros, y cuya calidad ha hecho a Cuba famosa. Sus frutas tropicales tales como piñas, guayabas, mangos y aguacates son muy estimados por su delicado sabor.

En la Sierra Maestra se explotan minas de manganeso, del que Cuba ha sido un importante productor, cromo y hierro. En la provincia de Matanzas, al este de la Habana, se extrae cromo.

La Habana, la hermosa capital de Cuba, está cerca de magníficas playas y centros turísticos. Santiago de Cuba, al extremo sureste del país, es la segunda ciudad por su tamaño y uno de los puertos más importantes. Esta ciudad ha tomado parte activa en la mayor parte de los acontecimientos históricos de esta nación. Cienfuegos, en la costa sur de Cuba, es una ciudad industrial y puerto de mar que está situado en el eje de una floreciente comarca agrícola. Camaguey es un importante centro mercantil en medio de una zona ganadera.

HAITÍ — La República de Haití, de habla francesa, ocupa el tercio occidental de la isla de Haití o Santo Domingo. Saliendo de la frontera con la República Dominicana, al este de Haití, dos cadenas montañosas se extienden hacia el oeste hasta circundar el golfo de la Gonave. Cuatro grandes llanuras se intercalan en las montañas que predominan en el país: la llanura costera del norte, la llanura central que corre a lo largo de la República Dominicana y las de Cul-de-Sac y Artibonite que se prolongan hacia el este partiendo del golfo de la Gonave. Haití es una nación que produce para cubrir sus propias necesidades, pero también exporta algunos productos. El magnífico café haitiano es uno de los mas apreciados del mundo. El sisal o henequén y sus derivados también constituyen importantes renglones de exportación.

La catedral de San Juan Bautista en San Juan de Puerto Rico, donde yacen los restos de Ponce de León.
Servicio Informativo de Puerto Rico

Zona Arqueológica de Palenque, Estado de Chiapas, México.

Departamento de Turismo, México

Puerto Príncipe, situado en el golfo de la Gonave, es el puerto principal, el centro comercial y la capital del país. En la costa norte se encuentra Cabo Haitiano, de gran interes histórico, que es la segunda ciudad de la República tanto en tamaño como en importancia.

La República comprende dos islas de buen tamaño. Una es la isla de la Gonave situada en el golfo del mismo nombre y la otra es la isla de La Tortuga, que fuera en una época guarida de piratas, la cual se encuentra en las cercanías de la costa norte del país.

REPÚBLICA DOMINICANA — La República Dominicana ocupa los dos tercios orientales de la isla de Santo Domingo o Haití, constituyendo el otro tercio, al oeste, el territorio de la República de Haití.

El macizo central que se extiende por casi todo el largo de la isla cruza la República Dominicana desde su frontera noroeste en dirección sureste hasta el medio de la costa sur del país. Entre estas montañas y la cordillera costera del norte, la Monte Cristi, está enclavado el valle del Cibao en el cual se cultiva arroz. En las estribaciones de las montañas hay plantaciones de cacao y café. En el extremo oriental del valle se hallan plantaciones de bananas. Santiago de los Caballeros, la segunda ciudad del país y la más importante del valle, está en el medio de una región tabacalera. Al este de Santiago está la Vega Real, una prolongación del valle del Cibao. Esta es la comarca más densamente poblada de la República, así como una zona de gran producción agrícola en la cual la cosecha principal es el cacao.

Los llanos al sur de la República Dominicana constituyen una zona sumamente importante en la producción de azúcar, en la cual se cosecha la caña utilizando métodos modernos de mecanización.

Entre los minerales más importantes que se extraen están la bauxita, hierro, sal y níquel. La mina de sal de Barahona es una de las más grandes del mundo.

Santo Domingo, la capital y la ciudad más antigua del hemisferio occidental, se encuentra en la costa sur. Fué fundada en 1496 por Don Bartolomé Colón, el hermano de Cristóbal Colón. En 1930 un huracán destruyó la ciudad casi por entero, siendo reconstruída siguiendo patrones urbanísticos contemporáneos. Su modernismo contrasta con los edificios antiguos que sobrevivieron el desastre. Entre éstos se halla la Catedral de Santa María en la que se encuentra la tumba de Cristóbal Colón.

JAMAICA — La nueva nación independiente de Jamaica, de habla inglesa, es una isla que se encuentra al sur de Cuba y al oeste de Haití. El macizo central de montañas y mesetas que abarca casi toda la extensión superficial de Jamaica desciende abruptamente hasta el mar en algunos lugares; en otros, termina donde comienzan las angostas llanuras costeras. La meseta presenta en muchos sitios depresiones calizas y cuencas circulares. En estas depresiones es donde se encuentra gran parte de la tierra más productiva de Jamaica. Las bananas y el azúcar son sus principales cosechas. Al este se encuentran los Montes Azules, las montañas más altas de la isla. En sus estribaciones se cultiva el café de los Montes Azules, que es sumamente apreciado. En el interior de Jamaica se explotan varios de los mayores yacimientos de bauxita del mundo, principalmente en las proximidades de la laguna Alligator y el río Negro en la costa sur y hacia el interior de Ocho Ríos en la costa norte.

Kingston es la capital mercantil, industrial, cultural y política de Jamaica. Posee una espaciosa bahía. La isla es famosa por sus centros turísticos, de los cuales Montego Bay y Ocho Ríos son los más conocidos.

PUERTO RICO — Puerto Rico, la más pequeña de las Antillas Mayores, es un Estado Libre Asociado a los Estados Unidos de América, país del cual son ciudadanos sus habitantes. Separado de Santo Domingo al oeste por el pasaje de Mona, Puerto Rico es la más oriental de las islas mayores. Como las demás, su clima es húmedo en las estribaciones nordestes de las montañas y más seco al sur y al poniente. Sus montañas son la continuación de la cordillera central de la isla de Haití o Santo Domingo. El corazón montañoso del país está circundado por ondulantes colinas al norte y por llanos costeros por los demás puntos. Todos los llanos utilizables producen grandes cosechas de azúcar, pero el centro de la producción azucarera está en la costa del nordeste. Al norte, al pie de las lomas, se siembran piñas y toronjas para exportar y una gran variedad de cultivos para el consumo interno. En las lomas de la región centro-oriental se cosecha tabaco para la exportación y en las de la centro-occidental se cultiva café.

Por todo el país se encuentran centros industriales que elaboran diversos productos, pero la principal industria sin lugar a dudas es la del azúcar y sus derivados, mieles, ron, alcohol y otras. Los bordados puertorriqueños siempre han sido importantes artículos de exportación.

San Juan, la capital es uno de los principales puertos del Caribe, y se encuentra situada en la costa nordeste del país. En su vetusta catedral está enterrado el explorador español Ponce de León, que anduvo en busca de la Fuente de la Juventud. Ponce, enclavada en la costa sur, es el centro de una próspera región azucarera.

Estos pilares formaban parte de un enorme refugio para barcos en la bahía de Nelson, Antigua.

Servicio Informativo Británico

MARTINICA — La volcánica isla de la Martinica ha sido devastada varias veces por huracanes y la parte norte de la isla, incluyendo a St. Pierre, donde nació Josefina la esposa de Napoleón Bonaparte, fué destruída en gran parte por la erupción del Monte Pelée en 1902. Fort-de-France, la capital, es también el puerto principal, por el que se embarcan los productos más importantes: bananas, piñas y azúcar, esta última generalmente convertida en ron.

GUADALUPE — Guadalupe está formada por dos islas, la montañosa Basse Terre, en la cual se encuentra el volcán La Soufriere, el pico más alto de las Antillas Menores y Grand Terre, a las cuales separa el río Salado, que es un brazo de mar. Guadalupe tiene como dependencias una serie de islas: La Désirade, María Galante, las islas de los Santos, San Bartolomé y la mitad septentrional de San Martín. Las principales actividades de este grupo de islas, de las cuales Basse Terre en Guadalupe es la capital, es el cultivo de la caña de azúcar y de plátanos o bananas.

ISLAS VÍRGENES (Estados Unidos de América) — Estas islas fueron adquiridas del gobierno de Dinamarca en 1917. Santo Tomás, Santa Cruz y San Juan son las islas mayores de este grupo que se encuentra situado al este de Puerto Rico. Santa Cruz produce azúcar que se transforma en alcohol, y se embarca a Santo Tomás. Gran parte de la bella isla de San Juan se ha declarado Parque Nacional. El puerto de Charlotte Amalie, en la isla de Santo Tomás es una escala frecuente de excursiones turísticas. La industria manufacturera ha crecido en importancia en la economía de

Playa en Dunns River, Jamaica.

C. D. Hammond

Cerca del Altar Mayor de la Catedral de Santo Domingo, en la República Dominicana, se encontraron en 1877 los restos de Cristóbal Colón, los que habían permanecido escondidos allí por varios siglos.

Oficina de Turismo de la República Dominicana

las islas. Fábricas para el proceso de aluminio y el refinamiento de petróleo son adiciones recientes. También se procesan productos procedentes de las otras islas.

BARBADOS — Al este de San Vicente es Barbados, en tiempos pasados una partida de las Antillas Británicas. El Barbados se independizó en 1966, y ahora es un miembro de la Comunidad Británica de Naciones. Se cultiva una cantidad copiosa de azúcar por aquí, y son muchas atracciones turísticas. La pesquería es también productiva. Bridgetown es la capital y la ciudad más importante.

LAS ANTILLAS BRITÁNICAS — Aún bajo control británico se encuentran aquellas islas que no están todavía listas para asumir independencia. Antigua con su dependencia Barbuda, localizada a la orilla oriental del Caribe, es más que todo agrícola y puede recibir su independencia pronto. Anguilla y San Cristóbal-Nevis de las Islas de Sotovento están buscando independencia por caminos distintos. Estas islas son importantes en la producción de azúcar. Nevis y la colonia real de Montserrat cosechan algodón.

Un poco más allá del este de las islas Vírgenes de los Estados Unidos están las islas Vírgenes Británicas, con treinta y seis isletas, las más grandes de las cuales son las de Tortola, Vírgen Gorda, y Anegada.

Entre las Antillas Mayores, al sur de Cuba y al noroeste de Jamaica se encuentran las Islas Caimanes, las cuales se denominaron primitivamente Las Tortugas por los muchos quelonios que las habitaban.

LAS ANTILLES—MICRO NACIONES — Las antiguas colonias británicas del Caribe han estado emancipándose en la última década. A la más reciente constelación de pequeños estados-islas se pueden añadir Domínica, Santa Lucía, y San Vicente y Las Grenadines. Granada, independiente desde 1974, exporta cacao, especias y algodón. San Vicente y las Grenadines que recibieron su independencia en 1979 producen algodón, azúcar, bananas y cocos. Santa Lucía también independiente en 1979 exporta

azúcar y frutas tropicales. Domínica, que adquirió independencia en 1978 depende de su única cosecha, bananas.

LAS BAHAMAS y LAS BERMUDAS — Las islas de las Bahamas que se extienden a lo largo de mil doscientos a mil cuatrocientos kilómetros, comprenden cerca de setecientas islas y unos dos mil cayos y bancos de arena. Nassau, la capital, está situada en la isla de Nueva Providencia. Es el eje de una próspera industria turística que es la principal fuente de ingresos del archipiélago independiente.

El grupo de islas de las Bermudas, que constituyen otro popular centro turístico, está situado a unos mil kilómetros al este del cabo Hatteras en el continente norteamericano y a unos mil doscientos kilómetros al norte de las Bahamas.

TRINIDAD y TOBAGO — Las islas de Trinidad y Tobago, que forman ahora una nación independiente dentro de la Comunidad Británica, están situadas cerca del continente suramericano del cual, geológicamente, no son más que prolongaciones. Trinidad, situada a la altura de la costa oriental de Venezuela en el paso de los vientos alisios, disfruta de un clima benigno. Por la capital, Puerto de España, se embarcan sus valiosos artículos de exportación: asfalto, petróleo, azúcar y cacao. El asfalto se obtiene de un extraordinario lago, situado al suroeste, en el cual el asfalto brota continuamente, logrando mantener casi el mismo nivel. Tobago, al nordeste de Trinidad, produce cocos y cacao.

LAS ANTILLAS HOLANDESAS — Las Antillas Holandesas constituyen un estado autónomo perteneciente al Reino de los Países Bajos. Comprenden seis islas: Saba, San Eustaquio, y la mitad meridional de San Martín, las que quedan al nordeste cerca de San Cristóbal; y Aruba, Bonaire y Curaçao que quedan a unos cincuenta kilómetros de la costa de Venezuela. Aruba y Curaçao tienen mucha importancia por sus grandes refinerías de petróleo y en Curaçao se encuentra Willemstad la capital de este grupo de islas.

National Park Service

El Parque Nacional de Big Bend en Tejas, E.U.A., está en medio de una región desolada, remota e indómita.

Idaho Dept. of Commerce & Development

Estacion de esquí Sun Valley.

LA AMÉRICA DEL NORTE — La otra gran masa continental del hemisferio occidental, la América del Norte, se encuentra al norte y al oeste de la América del Sur, a la cual está unida por el istmo de Panamá. Las más destacadas características topográficas de la América del Norte son sus dos grandes regiones montañosas y los extensos llanos que se encuentran entre ambas.

Al este se encuentran las antiquísimas serranías de los Apalaches, cuya antiguedad se evidencia por la suavidad de los contornos de sus montañas. Al nordeste de este sistema se hallan los Montes Catskills, los Montes Blancos y los Montes Verdes en los Estados Unidos y los de Notre Dame, los Shickshock y los Montes Largos en el Canadá. Estas montañas ocupan la mayor parte de la superficie de esta región, dejando solamente una angosta llanura costera en algunos sitios, pues en otros las faldas de las lomas llegan hasta la misma orilla del mar. La gran isla de Terranova, frente al estuario del río San Lorenzo, forma parte de esta faja de montañas y lomas.

Los Apalaches del suroeste, entre los cuales se encuentran las montañas Blue Ridge y las Great Smoky, se alínean en varias sierras paralelas, cortadas por abras formadas por la acción del viento o de las aguas y divididas por valles largos y estrechos en su mayoría. Entre esta prolongada cadena montañosa sudoccidental y la costa se encuentra el Piedmont y la porción septentrional de una amplia llanura costera. El Piedmont, pie de monte de los Apalaches está compuesto de colinas de poca altura que terminan en la "línea de las caídas," que es donde se inicia la llanura costera. Esta comarca se denomina así por ser el punto en el cual los torrentes de las elevaciones occidentales se precipitan hacia la llanura litoral formando rápidos y cascadas. A lo largo de esta "línea" se encuentran unas cuantas ciudades que han llegado a ser centros fabriles de importancia. Tanto en el Piedmont como en la llanura costera existen grandes extensiones de tierras culti-

vadas y también grandes bosques. El litoral norte del Atlántico, región de bancos de arena movedizos y corrientes traicioneras, es una costa sumergida que posee amplios fondeaderos en las desembocaduras de los principales ríos, donde se han ubicado grandes ciudades portuarias.

Hacia el sur, la llanura costera se ensancha de manera considerable abarcando a la península de la Florida, la costa del golfo de México y gran parte del valle del río Misisipi. El valle del Misisipi es una inmensa llanura sujeta a periódicas inundaciones, cuya capa vegetal, de gran fertilidad, está siendo lentamente arrastrrada por las aguas hasta el golfo de México en donde se deposita, formando un gran delta en la desembocadura del río. La llanura litoral vuelve a estrecharse al acercarse a las montañas de México y de la América Central, con excepción del territorio que ocupa la ancha y plana península de Yucatán, la cual, proyectándose hacia el norte, se adentra en el golfo de México.

En la extremidad septentrional, entre el océano Artico y la orilla norte del continente, se encuentran las islas del archipiélago ártico. Un brazo del Atlántico, la gran bahía de Hudson, las separa de la enorme península de Labrador, que se encuentra al este. Al sur de la bahía de Hudson se encuentra la Cornisa Laurentina, una región compuesta de mogotes, lagos y ciénagas. En la parte septentrional de esta región se encuentra la faja de la tundra y, en la meridional, una gran selva de coníferas. Esta región constituye una barrera natural entre los angostos llanos del río San Lorenzo, al este y los grandes llanos centrales, al oeste y, con excepción de su reborde meridional, está poco poblada.

Los cinco Grandes Lagos que bordean los llanos centrales se formaron, probablemente, como consecuencia de la acción erosiva de los glaciares en el fondo de los profundos valles ribereños, unida al derretimiento posterior de la capa helada. Los lagos se comu-

nican entre sí y tienen salida al río San Lorenzo. Entre los dos lagos más pequeños, el Erie y el Ontario, se encuentran las cataratas del Niágara. Aunque estas cataratas no están entre las más altas del mundo, sí son muy anchas y descargan un gran volumen de agua.

Hacia el interior del continente se encuentra una llanura inmensa que comprende tres regiones distintas. Al oeste de los Apalaches y al sur de los Grandes Lagos, se extiende una planicie central que limita al oeste con los Grandes Llanos. Al sur, esta región se incorpora a la llanura del litoral del golfo de México, a lo largo de una especie de semicírculo cuya parte más ancha se encuentra a 850 kilómetros de la costa. Entre la llanura central y la costera se hallan unas viejas montañas, las Ozarks, las cuales, al igual que los Apalaches, tienen sus contornos redondeados por la acción de los elementos.

La región que se encuentra entre los Grandes Llanos y los Apalaches es uno de los principales centros de la producción agrícola en el mundo gracias a la gran feracidad del suelo, unida al buen clima y adecuada precipitación. Al propio tiempo, los abundantes recursos minerales, la utilización de la fuerza hidráulica y los excelentes medios de transporte disponibles, facilitaron el desarrollo industrial de esta región.

Los Grandes Llanos constituyen una faja de tierras semiáridas que se encuentran entre los llanos centrales, al este y las Montañas Rocosas, al oeste y se extiende a lo largo de casi 8,500 kilómetros desde el Círculo Polar Ártico, al norte hasta el río Bravo del Norte, al sur. Las praderas de esta región se ven interrumpidas en el mismo centro por las dunas arenosas de la zona de las grandes tormentas de polvo, por las Lomas Negras. Al norte, en el Canadá, las praderas dan paso a una región boscosa que, a su ve, termina fundiéndose con la tundra. Los Grandes Llanos, la fabulosa tierra del "cowboy," el llanero de Norteamérica, sigue siendo una gran comarca ganadera, pero la ejecución de grandes obras de regadío y el empleo de métodos científicos en la explotación agrícola de tierras áridas, ha hecho posible el cultivo de gran parte del territorio.

Desde México hasta Alaska la cordillera oriental del sistema montañoso de la América del Norte se eleva abruptamente hasta alcanzar alturas de 1,800 a 2,400 metros sobre el nivel de los llanos que quedan al este. Las cumbres de las montañas más altas están a más de 4,250 metros sobre el nivel del mar. Esta cadena montañosa que es muy escabrosa y geológicamente reciente, comprende a la Sierra Madre Oriental de México, las Montañas Rocosas de los Estados Unidos de América, las Rocosas del Canadá y la sierra de Brooks en Alaska.

La cordillera oriental, al igual que la totalidad de esta región montañosa, posee grandes riquezas minerales que la hacen muy importante para la minería. Las concavidades de las sierras y los valles intramontanos se dedican a la cría de ganado, aunque también se realizan algunos cultivos. Las Rocosas canadienses tienen menos población que las montañas más al sur y la sierra de Brooks en Alaska no ha sido aún explorada completamente.

Las estribaciones occidentales de esta formación montañosa bajan hasta una zona de altas mesetas que se extiende, ceñida por montañas a ambos lados, desde el sur de México hasta el Estrecho de Bering. Como en esta parte prevalecen los vientos del poniente y al oeste las montañas son muy altas, la meseta de la cordillera es semiárida. Al sur, la vegetación es escasa y del tipo que se ve en las regiones semidesérticas. Más al norte, las grandes montañas están cubiertas por selvas boreales y en la región del río Yukón, en el extremo septentrional, la tundra suplanta a la selva boreal debido a la brevedad de los veranos.

La Meseta del Colorado, justo al norte de México, es una región de cañones y gargantas espectaculares, que tienen cientos de metros de profundidad, en la cual el río Colorado y sus afluentes, taladraron diversas capas horizontales de rocas de vivos colores, las cuales, debido a la erosión a que quedaron sometidas, adoptaron formas de apariencia fantasmagórica.

Al noroeste de la meseta del Colorado se halla la Gran Cuenca, la cual es en realidad una región de muchas cuencas y sierras, la mayor parte de las cuales no tienen comunicación con el mar. En una de estas cuencas se encuentra el Gran Lago Salado, que es todo lo que queda del antiguo lago Bonneville. Al norte de la Gran Cuenca se halla una meseta inmensa, de origen volcánico y de suave relieve, hendida por los cañones formados por los ríos Salmon, Snake y Columbia. Las mesetas de la Colombia Británica y el Yukón han permanecido casi despobladas y muchas de estas regiones aún no han sido exploradas a fondo.

Al oeste de la meseta de la cordillera se encuentra una segunda cadena montañosa que se extiende desde el Estrecho de Bering hasta el istmo de Panamá. En la extremidad septentrional, las montañas de esta cordillera se extienden hacia el este y el oeste hasta el punto donde la inmensa península de Alaska se aproxima a la extremidad oriental del Asia. La gigantesca cordillera de Alaska limita con la meseta del Yukón. Hacia el poniente están las serranías de las Aleutianas, parcialmente sumergidas. Son las que forman el arco del archipiélago de las Aleutianas, que se prolonga en dirección suroeste, terminando en un punto que se encuentra a unos 1,700 kilómetros de la península de Kamchatka en el Asia.

La sierras costaneras de la Colombia Británica no son tan altas como las de la cordillera de Alaska que queda al norte o como las que quedan al sur pero debido a lo cerca que están del Círculo Polar Ártico, sus cumbres están cubiertas por nieves eternas. En esta región, el océano Pacífico inundó muchos de los valles intramontanos, dando lugar a una línea de costas muy accidentada, llena de fiordos por los cuales los glaciares desembocan en el mar. Bordeando esta costa tan bella existe una vía interior navegable que se extiende desde Skagway en Alaska a lo largo de casi mil quinientos kilómetros hasta la ciudad de Seattle en el estuario de Puget, Estados Unidos de América.

La Sierra de las Cascadas, hacia el sur, tiene muchas conos volcánicos, algunos de los cuales continúan en actividad. Al sur de las Cascadas se halla la Sierra Nevada, otra cadena de picachos altos y puntiagudos, ventisqueros y lagos helados.

La escabrosa Sierra Madre que limita al este con la gran meseta central de México y al noroeste con el desierto de Sonora, se extiende de noroeste a sureste, en dirección paralela a la costa del Pacífico, terminando en la zona en la cual el cinturón volcánico del sur de Ciudad México atraviesa la meseta. La Sierra Madre del Sur, que comienza al suroeste de Ciudad México, se extiende en dirección este, incorporándose al sistema orográfico de la América Central, que constituye la sección más meridional de la cordillera de la América del Norte.

Existe un tercer sistema montañoso, paralelo al segundo, y que se extiende desde México hasta Alaska. Este sistema está separado del anterior por una serie de depresiones compuestas de llanos aislados y concavidades. Estas montañas se inician en México en la angosta y apartada península de la Baja California, la cual está limitada al este por el golfo de California, el inmenso delta del río Colorado y la gran depresión que forma el lago Salton.

En el territorio de los Estados Unidos estas montañas forman la cadena de la costa del Pacífico. El valle de California que se extiende al pie de las estribaciones occidentales de la Sierra Nevada está limitado al oeste por la Sierra de la Costa de California, la cual queda partida en dos por la Puerta de Oro, que es como se conoce la entrada de la bahía de San Francisco. Al norte de la Sierra de la Costa se hallan los Montes

Hacienda de los "Pennsylvania Dutch."   Dorothy Bacheller

Las esclusas de Soo.   Michigan Tourist Council

Modernos edificios de oficinas caracterizan las construcciones en la ciudad de Nueva York.
TWA—Trans World Airlines

Pequeñas flotas pesqueras, como la que muestra la foto de Príncipe Ruperto en la Colombia Británica, son las que sirven de base a la importante industria pesquera del Canadá.

Klamath y la Sierra Costanera de Oregón, cuyas estribaciones occidentales descienden hasta una estrecha llanura litoral. La depresión formada por el valle de Willamette y el estuario de Puget se encuentra entre las Cascadas y los Montes Olímpicos al oeste, los cuales también terminan en una angosta llanura costera.

La isla de Vancouver, en el ángulo suroeste del Canadá, se halla al norte del estuario de Puget. Forma parte de la cadena de islas integrada por las cumbres de las montañas sumergidas del sistema orográfico más occidental, que crean una segunda línea de costa que hace posible la existencia de la vía de navegación interior. En la región en la cual la península de Alaska se une al interior del continente, hay varias sierras de gran elevación. A lo largo de la costa los montes San Elías se elevan bruscamente desde la orilla hasta alcanzar alturas de 4,000 a 5,500 metros sobre el nivel del mar. La isla de Kodiak y las montañas de la península de Kenai forman una cadena exterior que se extiende de este a oeste en sentido paralelo a la cordillera de Alaska. Entre ambos sistemas montañosos se encuentran el estrecho de Shelikoff, la ensenada de Cook y las llanuras colindantes.

El océano Pacífico modifica la temperatura del litoral, dando lugar a que se disfrute de un clima mediterráneo en la costa de California al sur de San Francisco y de un clima húmedo y templado al norte de San Francisco hasta bien entrada la Colombia Británica. A partir del brazo septentrional de la bahía de San Francisco hasta Alaska se extiende una espesa selva boreal que sirve de base a una próspera industria maderera. El litoral de México, húmedo y caliente, y las gélidas regiones del norte del Canadá y Alaska están poco habitadas, pero las zonas costeras de la región intermedia están superpobladas, constituyendo el foco principal de la actividad económica del continente. Los llanos situados entre las regiones montañosas son centros de intensa actividad agrícola y varias de las ciudades del litoral son eje de importantes empresas marítimas y pesqueras.

LOS ESTADOS UNIDOS DE AMÉRICA —
Los Estados Unidos están limitados al este por el océano Atlántico; al oeste, por el Pacífico; al norte, por el Canadá y al sur, por México y el golfo de México. Además comprende los estados de Alaska y Hawaii, situados fuera de estos límites. El país se encuentra situado en su mayor parte en la zona templada. Su clima y topografía son muy variados. Sus tres características topográficas principales son una continuación de las del Canadá: las montañas orientales, con la cordillera de los Apalaches, la gran planicie central y las Rocosas y las cordilleras costeras en el extremo occidental.

Las montañas de los Apalaches, que dominan la región oriental de los Estados Unidos, emergen del mar en su extremidad nordeste. Esta zona de lomas con un pobre suelo vegetal forma parte de la faja industrial que atraviesa el norte del país del este al centro. Es notable también por sus centros de enseñanza y sus actividades comerciales. Boston, la mayor ciudad de esta región, es su puerto de mar. Del centro y del sur de las sierras proviene el carbón y la madera que utilizan las industrias de esta zona.

Las bahías de Nueva York, Delaware y Chesapeake se formaron a consecuencia de la penetración del mar en la cuenca de los ríos. Alrededor de las ciudades porteñas se agrupan centro fabriles que con sus pueblos y barrios adyacentes hacen de la región central del Atlántico la más poblada del país. Nueva York es la mayor ciudad de los Estados Unidos, su puerto principal y también un importante centro manufacturero. Filadelfia, la tercer ciudad en tamaño, es también un puerto importante y centro fabril. Wáshington, la capital, está situada en las márgenes del río Potomac, el que desemboca en la parte meridional de la bahía de Chesapeake.

En el sur, que es más caluroso, se cultiva maní en sus amplias y fértiles llanuras costeras. Al pie de las montañas, hacia el interior de esa llanura, se cosecha tabaco y algodón. La península de la Florida es una región productora de frutos cítricos y un gran centro turístico y de veraneo.

Al centro del país, más allá de los Apalaches, se encuentra una vasta planicie surcada por el río Misisipi-Misuri y sus numerosos afluentes. El norte de esta planicie es una región lechera y el centro es donde se encuentra la mayor zona productora de maíz y trigo. Chicago, la segunda ciudad de la nación por su tamaño, se encuentra situada en la orilla meridional del lago Míchigan, uno de los cinco Grandes Lagos, que dividen los Estados Unidos del Canadá. Es un importante centro industrial y el mayor centro de comunicaciones ferroviarias del país. Por todo el norte, desde el centro hasta el Atlántico, se encuentran numerosas ciudades industriales.

En la costa del golfo de México, al sur, se cultiva arroz, caña de azúcar y algodón. Es aquí donde se hallan grandes yacimientos de petróleo y azufre. Nueva Orleans, puerto situado en el delta del río

Misisipi, es el puerto de salida de los productos del valle del Misisipi. Houston, en el estado de Tejas, es el centro de una región petrolera y ganadera.

La región montañosa que abarca el tercio occidental de la nación, comprende a las Montañas Rocosas, compuesta de mesetas y hondonadas y la empinada Sierra Nevada y su continuación la sierra de las Cascadas, cuyas faldas se prolongan hasta el Pacífico. Esta región posee bellos paisajes serranos, cañones extraordinarios, inmensas extensiones de desierto, todo lo cual atrae a numerosos turistas. Las montañas del noroeste están cubiertas de grandes bosques, de árboles maderables y en toda esta región se explotan grandes minas de cobre, plata, oro, plomo, zinc y otros minerales. Las hondonadas y los valles intramontanos están dedicados a la agricultura, especialmente las zonas irrigadas, más al sur, en las cuales se cosechan frutas cítricas, algodón y legumbres de frío. También al norte en donde se cosechan frutas, remolachas dulces y cereales.

Al oeste de la Sierra Nevada y la Sierra de las Cascadas, las elevaciones costaneras descienden hasta el mar, intercalándoseles en algunos sitios valles muy feraces. Al norte se encuentra el estuario de Puget, donde se halla Seattle, el puerto principal del tráfico comercial con Alaska. El gran valle central de California es uno de los más feraces del país. En su clima templado y soleado se dan muy bien frutas cítricas y de todas clases, nueces y legumbres invernales. Los ríos Sacramento y San Joaquín que riegan el valle, desembocan en la bahía de San Francisco, en la cual se encuentra la ciudad de San Francisco, con sus vistas espectaculares y su ciudad-gemela Oakland. En la costa sur de California se encuentran Los Ángeles y San Diego, dos grandes centros industriales y puertos en el Pacífico.

Alaska es el mayor de los estados que componen los Estados Unidos. Su territorio lo constituye una península enclavada en la

U.S. Air Force

El glaciar Ribbon desciende de grandes alturas cerca del Monte McKinley en Alaska, asemejándose a un gran río de hielo con pequeños afluentes a ambos lados.

extremidad noroeste del continente americano. Abarca una extensa región de clima uniforme, aunque en la extremidad norte el suelo no se descongela más que unos pocos centímetros durante el vernano, por lo que muy pocos seres vivientes o vegetación puede sobrevivir los rigores del clima glacial. En la región más templada las industrias principales son la pesca, la minería y el aserrío. La nueva riqueza de Alaska yace en los campos petroleros del gélido norte. El archipiélago de Las Islas Aleucianas forma un arco de mil setecientos kilómetros en dirección a Asia.

Hawaii es el último estado en formar parte de los Estados Unidos. Se trata de un archipiélago de ocho islas grandes e infinidad de pequeñas, situado en el centro del océano Pacífico a unos tres mil cuatrocientos kilómetros del continente. Estas islas de clima tropical no son otra cosa que las cumbres de volcanes que emergen del fondo del mar. Producen y exportan azúcar, piñas, café y flores.

CANADÁ — El Canadá es el mayor de los países que componen la Comunidad Británica. Está limitado al norte por las heladas aguas del océano Ártico y al sur, de costa a costa, por los Estados Unidos. Tiene una longitud de cerca de seis mil trescientos kilómetros entre los océanos Atlántico y Pacífico. Su superficie, que es casi tan grande como la de Europa, puede dividirse en tres partes: las estribaciones orientales, la inmensa llanura central y las cordilleras montañosas que se extienden desde las Rocosas al Pacífico.

En el levante, la región de los Apalaches es un hermoso territorio de colinas o montañas que tiene unas secciones densamente arboladas y otras compuestas de fértiles tierras de cultivo. Aunque de poca elevación, los Apalaches separan nítidamente las provincias marítimas del resto del Canadá. Sus útiles bosques, unidos a los de las provincias occidentales, abastecen a la importante industria papelera del Canadá. El Gran Banco, una plataforma submarina que se encuentra

Vancouver es la mayor ciudad de la provincia canadiense de la Colombia Británica.

Ferrocarriles Nacionales del Canadá

Cities Service Co.

Inmensos trigales se extienden a lo ancho de las praderas de las provincias centrales de Manitoba, Alberta y Saskatchewan en el Canadá.

Canadian Pacific

El famoso hotel Château Frontenac, que simboliza a Quebec, capital de la provincia de su nombre en el Canadá.

La Torre de la Paz y los edificios del Parlamento canadiense en Ottawa, Canadá.

Walter Nebiker

al sur y al este de Terranova, es uno de los mejores pesqueros del mundo, de donde provienen muchos de los pescados que se consumen en los Estados Unidos.

Justo al oeste de los Apalaches se extiende el valle del río San Lorenzo, que con la península de Ontario, constituyen el foco principal de la industria manufacturera del Canadá. En esta región, rica en minerales, bosques, fuerza hidráulica y tierras feraces, es donde radica el grueso de la población. El clima templado, unido a riquezas de fácil acceso, han hecho de ésta una zona de gran importancia económica. Ahí se encuentra Ottawa, la capital del Canadá, que es un centro manufacturero de la industria maderera y Hamilton que es un importante productor de acero. Quebec es la capital de la provincia de su nombre, de habla francesa. Es célebre por su vieja ciudad amurallada ubicada en una loma que domina los llanos de Abraham. Montreal es la ciudad más importante de esta provincia y uno de los principales centros mercantiles de la nación. Toronto es un centro fabril de primera y puerto fluvial en el canal del San Lorenzo, un sistema de vías navegables compuesto por los Grandes Lagos y el río San Lorenzo que lleva del océano Atlántico al corazón del continente. Los Grandes Lagos y demás corrientes fluviales suministran grandes cantidades de pescados de agua dulce, gran parte de los cuales son preparados para la exportación.

Al noroeste del valle del San Lorenzo se encuentra el llamado "escudo del Canadá," una región accidentada caracterizada por pequeñas lomas e innumerables lagos que se comunican por medio de torrentes y rápidos. Esta es la región del Canadá donde se encuentran las principales minas de hierro, níquel y metales radioactivos del Canadá, así como yacimientos de cobre, plomo, zinc, arsénico y plata.

La región de los grandes llanos canadienses se encuentra entre el "escudo" y la cordillera. La zona meridional de los llanos está compuesta de pastos naturales donde se concentra la producción de cereales del Canadá. El trigo es la cosecha principal de esta llanura y el Canadá es uno de los mayores productores y exportadores de trigo del mundo. La cría de ganado vacuno y lanar es importante en ciertas regiones y al sur de las provincias de Manitoba y Alberta se cultiva la remolacha en tierras de regadío. La ciudad de Winnipeg es el centro de esta zona triguera y ganadera. Yacimientos de petróleo en la parte meridional de las praderas producen la mayor parte de los hidrocarburos del país. Edmonton, que se encuentra al borde de las montañas Rocosas, es el eje de una zona petrolera y agrícola y es, al mismo tiempo, un centro de comunicaciones tanto para esta región como para la zona minera mas al norte. La región central de los llanos es una zona intermedia de césped entre los pastizales meridionales y la selva boreal al norte.

En el oeste, en sentido paralelo al océano Pacífico, se extiende el sistema montañoso formado por las cordilleras de las Rocosas. Estas montañas son escarpadas y tienen sus picos cubiertos de nieve. En sus cuencas existen glaciares y bellos lagos. Hay muchos Parques Nacionales en esta región que atraen numerosos turistas. Al oeste de las Rocosas existe un cinturón montañoso que surge de la misma costa, alzándose abruptamente desde la orilla del mar hasta alcanzar elevaciones que en algunos puntos sobrepasan cuatro mil metros. La compleja cordillera tiene una gran variedad de recursos naturales tales como cobre, plomo y zinc, petróleo y carbón. Además de minerales, tiene valiosos bosques y sus fértiles valles producen gran parte de las cosechas de frutas y legumbres del Canadá. Vancouver es la ciudad mayor del poniente, el principal puerto del Pacífico, e importante terminal ferroviaria. Las plantas salmoneras de la costa del Pacífico de Canadá tienen gran importancia y son complementadas con un abundamente suministro de hipoglosos y arenques.

Al norte del "escudo del Canadá" se encuentran la bahía de Hudson y el archipiélago del Ártico. El archipiélago Ártico queda cerca de la bahía de Hudson al sur y la tierra firme al oeste y se encuentra situado entre el continente y el polo norte. Grandes extensiones de las regiones árticas carecen de suelo vegetal, siendo el terreno una sucesión de pedregales. Otras zonas están cubiertas de líquenes y otras manifestaciones de la vegetación de la tundra. Esta región, bloqueada por los hielos, está casi despoblada. Aparte de algunos poblados de esquimales, sólo se ven misiones de religiosos, puestos de policía, estaciones meteorológicas y científicas y las tiendas comerciales de la legendaria "Compañía de la Bahía de Hudson," que durante siglos obtuvo millones de su negocio de pieles.

SAN PIERRE y MIQUELÓN y GROENLANDIA

Al norte del Atlántico, a cierta distancia de la costa del continente norte americano se hallan dos posesiones europeas, las islas francesas de San Pierre y Miquelón y Groenlandia, que pertenece a Dinamarca.

El departamento francés de ultramar de San Pierre y Miquelón es un archipiélago de origen volcánico que está situado a corta distancia de la costa sur de la isla de Terranova. La principal actividad de las islas es la pesca y preparación del bacalao.

Groenlandia, un estado autónomo de Dinamarca, es la isla más grande del mundo. El estrecho de Davis y la bahía de Baffin la separan del archipiélago ártico al norte del Canadá. El interior de Groenlandia está cubierto por un casquete de hielo, lo que hace que sólo la región costera sea habitable. Los inviernos en esta tierra helada son largos pero en los breves veranos aflora una lozana vegetación de gran belleza. La economía de esta región dependía de las focas, las cuales se han alejado de sus aguas, por lo que ahora su principal fuente de riqueza es la pesca y conservación de camarones y bacalao, aunque una parte considerable de sus ingresos se deriva de la exportación de pieles de foca y de criolita.

EUROPA — Los continentes de Europa y Asia unidos constituyen la superficie terrestre mayor del mundo. Europa ocupa una quinta parte de esta superficie en la extremidad occidental. Con excepción de Australia, Europa es el menor de los continentes pero, a pesar de su tamaño, Europa ha sido durante mucho tiempo el eje de la civilización occidental, la que extendió al hemisferio occidental y a Australia y la cual también influyó en la cultura y los destinos del África y del Asia.

En realidad Europa viene a ser una inmensa península, dividida a su vez en una serie de penínsulas menores por los océanos y mares interiores que la rodean. Al noroeste el mar Báltico forma dos penínsulas. Noruega y Suecia ocupan la península escandinava. Dinamarca se encuentra en la península de Jutlandia situada entre el Báltico y el mar del Norte. Al sur, Portugal y España forman parte de la península ibérica. La "bota" italiana es una península que se adentra en el Mediterráneo y la península de los Balcanes está limitada por el mar Negro y los mares Adriático, Jónico y Egeo que forman parte del Mediterráneo. Las islas británicas no constituyen una península debido sólo a su separación de la tierra firme, a causa del estrecho canal de la Mancha y en épocas remotas formaron para integrante del continente.

La forma irregular del continente europeo, sus cadenas montañosas y la presencia de grandes islas cerca de la tierra firme, contribuyeron a la formación de numerosas naciones independientes. Debido a la topografía del continente, los pobladores quedaron aislados unos de otros y sus diferentes costumbres y lenguas se perpetuaron y consolidaron. Las fronteras no se corresponden con las regiones topográficas naturales, ni tampoco abarcan siempre grupos étnicos homogéneos. Esta diversidad es la que da origen a los problemas económicos y políticos de Europa.

Gracias a los mares del Norte y Báltico y a lo mucho que hacia el interior del continente penetran los mares Mediterráneo y Negro, solo la Europa central y la Rusia oriental están lejos de las costas. El litoral de Europa, muy accidentado, hizo que las naciones costeras se dedicaran con extraordinario empeño a fomentar sus empresas marítimas. La mayor parte de los puertos más importantes del mundo se hallan situados en las estupendas bahías naturales de la Europa occidental.

La acción de los vientos templados y de las corrientes tibias cercanas a las costas penetra profundamente hacia el interior del continente debido a los grandes mares interiores y al hecho de que las principales cadenas montañosas se orientan en dirección este a oeste. A lo largo de la costa del Atlántico el benigno clima marítimo de la costa occidental se debe a la Corriente del Golfo que se extiende hacia el este a lo largo de la costa norte de España y después hacia el norte y el este, afectando la mayor parte de Francia, Holanda, Dinamarca y la región suroeste de Noruega. En esta faja

El Partenón, con sus mármoles refulgentes, corona el Acrópolis que se alza sobre Atenas en Grecia.

E. L. Jordan

los inviernos son templados, los veranos frescos y la precipitación uniforme.

Las aguas del Mediterráneo calientan las tierras que lo rodean y los Alpes las protegen contra los vientos fríos del norte. En esta región los inviernos son templados y húmedos y los veranos secos y cálidos. Portugal, el sur y el Levante español es, la costa sur de Francia, la mayor parte de Italia, Grecia y la Turquía Europea disfrutan de un clima Mediterráneo.

La alta meseta de la península ibérica y los llanos de la Rusia oriental son regiones de estepas semi-áridas en las cuales las temperaturas del invierno y las del verano alcanzan grandes fluctuaciones. En los Pirineos entre España y Francia, en los Alpes y en el Cáucaso el clima está determinado por la altura. Por lo general las zonas más templadas son las menos elevadas. El clima de las mesetas de Suiza y Baviera, así como el de los valles de los Alpes italianos, lo mitigan vientos estacionales. En invierno, los profundos valles intramontanos de los Alpes sufren una peculiar inversión de las leyes térmicas: en las partes más bajas se forma una capa de aire gélido, a la que se superpone una capa de aire más caliente a lo largo de las estribaciones medias de las montañas. A esa peculiaridad se debe que muchas de las aldeas alpinas se asienten en las estribaciones de las montañas y no en el fondo de los valles.

La Europa Central tiene un clima continental, aunque la influencia del mar se manifiesta en lo prolongado del verano y en los inviernos cortos y fríos. Esta zona abarca a Alemania, Checoslovaquia, Polonia, los Balcanes y el límite occidental de Rusia. La Europa oriental, la Rusia central y el sur de Suecia poseen un verdadero clima continental, caracterizado por veranos breves, inviernos fríos y prolongados y mayores fluctuaciones de temperaturas que las que se experimentan en la Europa central.

La costa norte de Noruega y el interior de su región meridional, el norte de Suecia, Finlandia y el norte de Rusia se encuentran

en la zona semi-ártica, en la cual los inviernos duran nueve meses del año. Durante la corta estación veraniega, el día es casi de veinticuatro horas y la vegetación es de gran abundancia y colorido. En el litoral septentrional de Europa se extiende una estrecha faja de tundra, la cual se va ampliando según se prolonga hacia la Siberia. Esta es la región mas fría de Europa, en la cual las temperaturas raras veces suben a más de diez grados centígrados.

Irlanda, las regiones septentrionales y occidentales de la Gran Bretaña y la península escandinava es donde se localizan las regiones montañosas del noroeste de Europa. Se trata de una región antiquísima en la cual se observan los efectos de la Edad de Hielo y está compuesta de abruptas serranías que contienen valiosas maderas de construcción, recursos minerales y la posibilidad de desarrollar la fuerza hidráulica. Los páramos de la Gran Bretaña y las penínsulas de Normandía y Bretaña en Francia forman parte, desde un punto de vista geológico, de estas serranías noroccidentales, pero no son tan escarpados. Esta región contrasta con la zona baja y pantanosa del centro de Irlanda y el valle

Numerosos canales se abren paso por el centro de Amsterdam, la capital de Holanda.

Karletta

La Casa dos Bicos en Lisboa perteneció a Alfonso d'Albuquerque, hijo del Virrey de la India en el siglo XV.

Paisaje típico del condado de Donegal en Irlanda.

El pintoresco Estocolmo antiguo está situado en una isla del lago Malar.

central de Escocia. La Gran Bretaña, Noruega y Suecia son naciones industriales importantes, mientras que Irlanda, Finlandia y las provincias de Bretaña y Normandía en Francia, son principalmente agrícolas. Los puertos de esta zona y los grandes centros de construcciones navales están situados en los fiords que caracterizan las costas de Noruega, en los sumergidos valles ribereños de Irlanda, Gran Bretaña, Francia y a lo largo de la inundada costa de Holanda. De estos puertos parten los buques mercantes y las flotas pesqueras.

Las llanuras centrales se extienden en una ancha faja que parte de la cuenca de Aquitania, al pie de los Pirineos septentrionales y se dirige hacia el norte, comprendiendo la cuenca de París, los llanos ingleses, Holanda y Dinamarca. La llanura del norte de Alemania y Polonia se prolonga hacia el este hasta los grandes llanos de Rusia, en cuya extremidad oriental se levantan los Montes Urales que limitan con el Asia. El relieve suavemente ondulado de esta región se ve interrumpido por macizos rocosos de poca altura, principalmente en la parte occidental. Esta región es de gran importancia agrícola, cosechándose una gran variedad de productos y materias primas. En el oeste, Francia, Alemania y Holanda tienen gran importancia tanto por su industria como por su agricultura. La Europa oriental es una de las principales regiones agrícolas del mundo. Rusia ha desarrollado tanto su industria como su agricultura, pero otras zonas de la Europa oriental no han podido desarrollarse industrialmente a plena capacidad.

Al sur de los llanos del centro existe una región de mesetas centrales, montañas y cuencas. Al sur de los Pirineos se encuentra la península ibérica, que se compone de las extensas mesetas de España y Portugal, con sus respectivas cuencas y llanuras aledañas. El Macizo Central de Francia bordea el valle del Ródano al oeste. Las serranías centrales se originan en el nordeste de Francia y se extienden por el sur de Alemania, la Checoslovaquia occidental y la esquina suroeste de Polonia. Esta región contiene abundantes recursos minerales, fáciles de explotar.

A lo ancho del continente europeo, de occidente a oriente, se extienden varias cadenas de montañas geológicamente recientes y abruptas. Además de influir en el clima de Europa, este valladar montañoso condicionó la composición étnica del continente. Siguiendo la tendencia natural de los serranos, muchos pobladores se trasladaron de sus centros originarios en el este a los valles y cuencas intramontanos así como, en menor escala, hacia las tierras al norte y al sur de las cordilleras montañosas. El éxodo hacia el norte a el sur se canalizaba a través de los pasos entre montañas y los valles ribereños que cortan las cordilleras.

La Sierra Nevada bordea el litoral sur de la península ibérica, la cual está separada del África por el angosto Estrecho de Gibraltar. España y Portugal son naciones agrícolas, de poca lluvia, pero España tiene grandes posibilidades de industrializarse. Al norte los Pirineos forman un valladar entre España y Francia, aislando a la península del resto de Europa.

En el litoral del Mediterráneo y al este del valle del Ródano en Francia comienzan los Alpes, los que se prolongan hacia el norte primero y después hacia el este formando un amplio arco. Suiza, situada en el corazón de los Alpes, es un gran país industrial a pesar de que carece de materias primas. El valle del río Danubio, que corre de oeste a este hasta desembocar en el mar Negro, divide los Alpes Austriacos de los Cárpatos que quedan al norte. La media luna formada por las Cárpatos y los Alpes Transilvanos ciñen los grandes llanos de Hungría y los separan de los llanos de la Walachia que se extienden al norte del curso final del Danubio. Los llanos de la Walachia rumana forman una región agrícola importante y sus yacimientos petrolíferos son su principal reserva mineral. La gran cuenca de los Cárpatos está ocupada principalmente por Hungría, Yugoslavia y el noroeste de Rumania. Esta región es un centro agrícola importante, en la cual existe cierto grado de industrialización. Más al norte se encuentra Checoslovaquia, país muy industrializado, el cual obtiene gran parte de sus materias primas de los montes Cárpatos. Entre el mar Negro y el mar Caspio se encuentras las montañas del Cáucaso, que bordean el Asia Menor y cerca de las cuales se encuentran vastos yacimientos de petróleo.

La cordillera de los Apeninos es una extensión de los Alpes que se dirige primero hacia el este, a lo largo del litoral del Mediterráneo y después hacia el sur, formando el espinazo de la península italiana. Entre los Alpes y los Apeninos se encuentra el gran valle del río Po, que es, a la vez, una productiva región agrícola y el centro de la industria italiana. Más al sur se encuentra una región pobre compuesta de

Oficina Nacional de Turismo Dinamarqués
El edificio de la Lonja del Comercio, construído alrededor del año 1600 en Copenhague, Dinamarca.

una multitud de pequeñas granjas, aunque en la extremidad meridional existen grandes haciendas en manos de terratenientes que no las trabajan. Al sur de la península se encuentra la isla de Sicilia en la cual también existen grandes haciendas. Esta isla se encuentra cerca de la costa africana de la cual la separa un estrecho de poca profundidad. En el Mediterráneo occidental se encuentran las grandes islas de Cerdeña, Córcega y las Baleares.

Al este de Europa otro grupo montañoso, las cordilleras de los Alpes Dináricos, los Montes Pindo y los Montes Balcanes, forma la península de los Balcanes. La extremidad meridional de la península quedó invadida por el mar Egeo, dando lugar a un litoral sumamente accidentado y a la formación de infinidad de islas que se extienden a lo ancho del mar Egeo hasta las costas del Asia Menor. Albania y Bulgaria dependen para sus sostenimiento de su producción agrícola, a pesar de que lo escabroso de la península no la hace apta para cultivos. Yugoslavia que es principalmente agrícola, ha fomentado algunas industrias ligeras. Grecia se encontró con su suelo vegetal desgastado por lo que se vió en la necesidad de obtener los recursos nacionales del mar, desarrollando una gran flota pesquera y una importantísima marina mercante.

ESPAÑA — España comparte la península Ibérica con su vecino Portugal al oeste, separándola de Francia y del resto de Europa los monumentales Pirineos. Su topografía consiste principalmente de una compacta meseta, entrecortada por cordilleras montañosas bordeada por angostas llanuras costeras. España es un país agrícola, famoso por sus naranjas, olivares, cueros y vino Jerez, cuyo nombre se deriva de la región donde se produce, Jerez de la Frontera.

La mayor parte de la población se concentra en el litoral del golfo de Vizcaya y el del mar Mediterráneo. Las montañas septentrionales suministran hierro y carbón, los que se transportan a la ciudad industrial de Bilbao, puerto de mar en el golfo de Viz-

caya. Cerca se encuentra el puerto de Santander, que tiene importancia como puerto de embarque de mineral de hierro y como centro turístico. El lugar de veraneo más en boga es San Sebastián, que se encuentra cerca de la frontera con Francia. En las lomas detrás de Santander se hallan las cuevas de Altamira en cuyas paredes se descubrieron antiquísimos dibujos hechos durante la Edad de Piedra.

Al nordeste, en la costa del Mediterráneo, se encuentra Barcelona, el principal puerto del mar de España. Es la segunda ciudad del país por su tamaño y es, también, un centro industrial. En las haciendas de sus alrededores se cosechan aceitunas, frutas y pimientos. Más al sur se encuentra la fértil vega al oeste de Valencia, la tercera ciudad de España, donde se cosecha una gran variedad de frutas, tales como naranjas, limones, higos, dátiles y melones. Málaga, situada en la costa al nordeste de Gibraltar es el eje de otra rica región del litoral donde se cultivan plátanos, algodón, caña de azúcar y las exquisitas uvas que le han dado fama y de donde se saca el magnífico vino de Málaga.

Sevilla queda a unos ochenta y cinco kilómetros de la costa del Atlántico, en las márgenes del río Guadalquivir, en medio de la fértil llanura de Andalucía. Es una de las mayores ciudades de España y conserva señales de la dominación árabe en muchos de sus edificios, destacándose entre éstos el Alcázar, un palacio construído por los moros, y la espléndida catedral, una de cuyas torres, la Giralda, era antiguamente el minarete de la principal mezquita de Sevilla. En Granada se encuentra el hermoso Palacio de la Alhambra, donde residían los gobernantes moros de España y cuya estructura se basa en una serie de patios y fuentes que deleitan al visitante.

La meseta castellana en el centro del país está dedicada al cultivo de cereales y a la cría de reses y carneros. El merino es célebre por su magnífica lana. Madrid es la

En Brujas, región de Flandes en Bélgica, se conserva el ambiente medioeval.

Servicio Informativo del Gobierno Belga

Oficina Nacional Turística de Noruega
El Teatro Nacional en Oslo, Noruega.

capital y su mayor ciudad. Se encuentra en el centro de esta región. En esta activa y moderna ciudad se halla uno de los más famosos museos del mundo, El Prado, donde se encuentra una de las mejores colecciones de cuadros del mundo. Cerca de la ciudad se halla El Escorial, el inmenso palacio-monasterio que fué construído por Felipe II para residencia de verano. Toledo, al sur de Madrid, es una antigua ciudad famosa por el acero de sus espadas. Está enclavada airosamente en una loma de granito y ceñida por tres lados por el río Tajo.

Las islas Balaeres, situadas en el Mediterráneo, y las islas Canarias, al noroeste de la costa del África, forman parte de España. En las islas Canarias, o "Islas de la Fortuna" como se les llamaba, hacen escalas tanto los buques transatlánticos como los aviones de pasajeros. Las Palmas, en la Gran Canaria, y Santa Cruz de Tenerife son los centros administrativos de las islas, así como centros turísticos muy populares. Las islas Baleares estan compuestas de las islas de Mallorca, Menorca e Ibiza, así como de infinidad de islas más pequeñas. Palma, la capital, está situada en la isla de Mallorca. Centro turístico de primer orden, es célebre por su catedral de arquitectura gótica, la cual tiene una monumental vidriera emplomada color rosa.

PORTUGAL — Portugal es el país más occidental de el continente de Europa. Está limitado al norte y al este por España. Su territorio, largo y estrecho, es la prolongación de la meseta central española. Las serranías del norte están partidas por el valle del río Duero en el cual se cultivan las uvas que producen el famoso vino Porto. La ciudad de Porto es una activa urbe comercial situada cerca de la desembocadura del río, en la cual radica el centro de la industria vinatera. Más al sur se hallan los anchos y fértiles valles de los ríos Tajo y Sado, los cuales forman, con la meseta de Alentejo que los separa, la zona agrícola y forestal del país. El corcho, un artículo de exportación importante, proviene de esos bosques. En la extremidad meridional se encuentra la provincia de Algarve en la cual se cosechan frutas y nueces. La pesca es la industria más importante de Portugal, que tradicionalmente ha sido un país de navegantes. Sus pescadores llegan hasta cerca de Terranova en el Canadá en busca del bacalao y las ballenas. Cerca de las costas de Portugal se pescan atunes, arenques y sardinas.

La capital de Portugal es Lisboa, el puerto principal de la nación. Lisboa, la ciudad de las siete colinas, se alza en las márgenes de la ancha boca del río Tajo. La ciudad la domina el Castillo de San Jorge, una fortaleza morisca enclavada majestuosamente en la más alta de las colinas. Al sur de Lisboa se encuentran Estoril, suntuoso balneario y centro de recreo invernal, y Setúbal, cerca de la desembocadura del río Sado, en donde se ubica el centro de la industria de la sardina. En Sagrés, cerca del cabo de San Vicente, se hallan las ruinas del gran colegio de estudios geográficos que fundó el príncipe Enrique, el Navegante.

A unos mil trescientos kilómetros al oeste de Portugal se encuentran las islas Azores, una serie de islas volcánicas que forma parte integral de Portugal. Ponta Delgada en la isla de San Miguel, Angra do Heroísmo en Terceira y Horta en Fayal, son los centros administrativos de estas islas. Las Azores que son punto de escala de las rutas aéreas del Atlántico, producen frutas tropicales.

Las islas Madera, que están mas cerca, forman el distrito metropolitano de Funchal y se encuentran a unos ochocientos cincuenta kilómetros al suroeste de Portugal. Además de las islas de Madera y Porto Santo, el grupo abarca otras más pequeñas y deshabitadas. El vino de Madera, sus bordados y tejidos de mimbre son muy conocidos.

E. L. Jordan

La bellísima Alhambra, que domina a Granada en España, fué un palacio-fortaleza construído por los moros.

ANDORRA

ANDORRA — La minúscula Andorra está situada en los Pirineos entre Francia y España. No es una república como muchos creen, sino una dependencia común de Francia y los obispos de Urgel en España. Sus montañas son elevadas y áridas y sus valles contienen un suelo vegetal pobre, por lo que la mayor parte de sus habitantes se dedica al pastoreo. El único producto de la tierra es el tabaco.

FRANCIA

FRANCIA — El mundo entero considera a Francia el centro de una antigua y preciosa civilización cuyos habitantes se han distinguido siempre en la creación de modas, el arte culinario y todas las demás manifestaciones del arte. La cosmopolita ciudad de París, la Ciudad-Reina de Francia, ha atraído visitantes de todo el mundo especialmente por sus museos y universidades. Esta capital de la cultura es, al propio tiempo, una ciudad industrial, en la cual la fabricación de automóviles y aeroplanos caracteriza el progreso industrial de toda la nación. El desarrollo reciente de la energía hidroeléctrica y la producción de gas mineral han estimulado la expansión industrial a sectores dispersos del país. La economía de Francia ya no depende tanto de su producción agrícola ni de la exportación de artículos suntuarios.

El Macizo Central ocupa gran parte del sureste de Francia. Se trata de una meseta de forma triangular cuyas cimas sobrepasan los mil ochocientos metros. La extremidad oriental está formada por los Cevennes y entre éstos y los Vosgos se extienden otras cordilleras montañosas. Existe una zona escarpada en la Bretaña, pero las grandes elevaciones se encuentran en las fronteras, los montes de Jura, los Pirineos y los Alpes que dividen a Francia de Suiza, España e Italia respectivamente. Los Ardenas al nordeste son menos elevados. Las aguas de la vertiente norte del país desaguan por el río Sena, las de la oeste, por el Loira y el Garona y las de las vertientes este y sur, por el Ródano. Francia posee una vasta red de canales que hace posible el transporte fluvial de gran parte de la carga del país.

Francia disfruta de un clima excelente. Sólo en la región de los Alpes el invierno es crudo. La protección que brindan las montañas al norte de la llamada Riviera francesa hacen de la tibia zona del Mediterráneo un verdadero imán que atrae a infinidad de visitantes. Muchas plantas y frutas semi-tropicales se cultivan en esta región, donde también se encuentra Grasse, centro importante de la industria de la perfumería francesa. En otras partes del país, especialmente en la región cercana a París y en Flandes, se obtienen abundantes cosechas de trigo. En varias regiones del país, principalmente en la Normandía y en el Macizo Central, se crían grandes rebaños de ganado. Gracias a su clima templado y su suelo fértil, la industria vinícola francesa ha alcanzado una calidad insuperada. Francia produce más vino que ningún otro país y los nombres de muchos de sus viñedos y bodegas se han hecho célebres en todo el mundo.

En Roma se asienta el Estado Pontifical del Vaticano, donde se alza la basílica de San Pedro construida durante el Renacimiento.

TWA—Trans World Airlines

MÓNACO

MÓNACO — El principado de Mónaco es uno de los estados mas pequeños del mundo. Dispone de departamentos e instituciones administrativas en miniatura, iguales a las de las grandes naciones. No se cobran impuestos ya que el estado se sostiene del producto del casino de Monte Carlo, al cual no se permite concurrir a los ciudadanos.

E. L. Jordan

El canal de Gota atraviesa 680 kilómetros de bellos paisajes de la campiña sueca.

TWA—Trans World Airlines

El palacio del Parlamento Británico descolla sobre el río Támesis en Londres, Inglaterra.

E. L. Jordan

En las Islas Baleares, al igual que en toda Europa, los molinos de viento fueron una importante fuente de energía antes de que existieran los motores.

GRAN BRETAÑA e IRLANDA DEL NORTE

El Reino Unido de la Gran Bretaña e Irlanda del Norte está situado al oeste del canal de la Mancha, frente a Francia y los Países Bajos. Allí es donde radica el centro político de la Comunidad Británica de Naciones. La Irlanda del Norte es el eje de la próspera industria de tejidos de hilo y encajes. Otra industria importante es la de la construcción naval, cuyo centro está en Belfast, que es la capital.

Las escabrosas montañas del norte y del oeste de Escocia atraen a muchos visitantes. Al sur y al este de las montañas se halla el llano central de Escocia que es donde radican sus industrias. Ahí se encuentran altos hornos para el acero, fábricas de maquinarias, de locomotoras y plantas textiles. Existen tres grandes estuarios en las partes bajas. En el de Clyde hay grandes astilleros. Los lomeríos al sur limitan con Inglaterra. La región occidental de Inglaterra es industrial y se surte de carbón en las minas de Gales. La región al sur y al este es agrícola, concentrándose en la cría de ganado. Al suroeste se encuentra la península de Devon-Cornwall, donde se hallan las ciénagas tan nombradas en la literatura inglesa. A causa de la densidad de su población Gran Bretaña está lejos de poder sustentarse por sí misma así que se ve forzada a concentrar sus esfuerzos en manufactura, comercio mundial y finanzas. Entre sus exportaciones sobresalen los vehículos, maquinaria, whisky y productos químicos. Los recursos petroleros del Mar del Norte han hecho que Bretaña ahora pueda abastecerse a sí misma en energía. La agricultura británica suple la mitad de las necesidades alimenticias del país. Muchas de las razas más valiosas de ganados del mundo se han desarrollado en granjas inglesas.

IRLANDA

Con excepción de algunas lomas y montañas en las costas, el país entero no es más que una húmeda llanura, salpicada de lagos y pantanos y atravesada por el curso lento del río Shannon. Al suroeste se halla la bella región de los lagos de Killarney que es punto de cita de numerosos turistas todos los años. No hay grandes extensiones de tierra que sean apropiadas para la agricultura en gran escala pero, sin embargo, se cultivan hierbas para pastos y piensos que abastecen las necesidades de la cría de ganado que es la principal industria del país. El río Shannon, la Zanja Real y el Gran Canal constituyen un sistema de transporte fluvial de primer orden. La cría de caballos es las más famosa de las artes rurales de Irlanda. En la actualidad se está desarrollando en Irlanda una próspera industria turística.

LOS PAÍSES BAJOS (Holanda)

El pequeño reino de los Países Bajos carece de recursos naturales por lo cual, hace ya siglos, se convirtió en una nación de navegantes. A lo largo de los canales que atraviesan su territorio, los prados muchas veces están a tres o cuatro metros debajo del nivel de las aguas. En el litoral la diferencia de nivel entre la tierra y el mar alcanza unos siete metros durante la marea alta. Sólo la presencia de terraplenes y diques evita que el mar inunde las tierras. Un corte diagonal mostraría la superficie del país como una ancha rampa cuyo piso va descendiendo gradualmente desde el este y el sureste hasta el mar del Norte. Los ríos que corren a lo ancho del país desde el interior del continente, amenudo llegan a tener sus desembocaduras bajo el nivel del mar, en el cual desaguan gracias al empleo de canales y esclusas instaladas en las represas o diques. Una gran parte de la tierra ha sido rescatada del mar y poco a poco el país se ha ido transformando en fértil y productivo.

BÉLGICA

Más pequeña que Holanda, Bélgica es uno de los países más poblados de Europa. Se encuentra situada entre Inglaterra, Holanda, Francia y Alemania, en el mismo corazón industrial de Europa. El país tiene agua en abundancia. Sus ríos principales son el Mosa y el Escalda. Las cuatro quintas partes de su territorio está dedicada a la agricultura y aunque más de la mitad de la población está dedicada a labrar la tierra o a la cría de animales, el país no puede producir lo suficiente para alimentar a todos sus habitantes. La gran industrialización de Bélgica se ha logrado a costa de su agricultura ya que el valle del Sambre y del Mosa, que es el principal centro industrial es, al propio tiempo, el lugar donde se encuentran las tierras más feraces.

La industria textil de Bélgica es famosa en el mundo entero. La nación suministra una gran variedad de productos agro-pecuarios, siendo muy reputada por su mundialmente célebre cría de caballos de raza.

LUXEMBURGO

El Gran Ducado de Luxemburgo, que es menor que la isla de Trinidad, es uno de los estados más antiguos de Europa. Sus importantes reservas de mineral de hierro han dado gran impulso a la minería, las fundiciones y otras industrias en su territorio. El comercio internacional del Ducado se realiza a través de Bélgica, con la cual existe una unión aduanera.

NORUEGA y SUECIA

Las accidentadas costas de Noruega, forman fiords rodeados de elevados acantilados, que propiciaron que el país se convirtiera en una nación de traficantes marítimos. Noruega ocupa la mitad occidental de la península escandinava. La mayor parte de su superficie es rocosa, escarpada y yerma. Aproximadamente un veinte por ciento está cubierta de bosques. Sus ríos son torrentes de corto recorrido pero son los mejores de Europa para la pesca del salmón. Las montañas de Kiolen forman el espinazo de la península y la separan de Suecia. Estas montañas pasan en algunos puntos de los 1,700 metros de altura; los picos más altos sobrepasan los 2,100 metros.

Noruega es la tierra del "sol de medianoche." Desde Trondheim hacia el norte por lo menos parte del disco solar se ve continuamente de mayo a julio. En invierno, sin embargo, las noches son de diecisiete horas y el mediodía se asemeja a la puesta del sol. Otra característica singular es el hecho de que gran parte del área al norte del Círculo Ártico es más cálida que algunas regiones al sur. El nordeste de Noruega es la zona más cálida del país en el verano. Noruega, provista de grandes bosques, aguas pesqueras y energía hidráulica para

Oficina de Turismo de Italia

El castillo de Sant'Angelo en Roma comenzó a edificarse para tumba del emperador Adriano y fué después una fortaleza del papado.

manejar sus fábricas, ahora participa también del petróleo del Mar del Norte.

Suecia está compuesta principalmente de una meseta que desciende de las montañas de la cordillera de Kiolen hasta el mar Báltico. Poco más del ocho por ciento de la superficie de Suecia es líquida debido a la extraordinaria cantidad de lagos que abarcan casi 38,850 kilómetros cuadrados. Los dos más grandes, el Véner y el Vétter, situados en la parte meridional del país, están conectados por una serie de canales. Además del gran número de islitas que bordean la costa, Suecia comprende las dos grandes islas del Báltico, Gotland y Oland.

Las reservas de mineral de hierro de Suecia están consideradas unas de las mayores del mundo. El acero sueco tiene fama universal por su excelente calidad. La manufactura de maquinarias para exportación es una de sus principales industrias. La agricultura sueca está muy adelantada, exportando trigo, tocineta y mantequilla en grandes cantidades. El país ha desarrollando métodos muy avanzados en materia de selvicultura y aserraderos, constituyendo los productos de pulpa de madera y papel casi la mitad de sus exportaciones.

DINAMARCA — Dinamarca comprende una península y múltiples islas situadas en la entrada del mar Báltico. Es un país llano, caracterizado por sus numerosos lagos, lagunas y ríos de corto recorrido. Sus costas arenosas son de poca profundidad, abundando las albúferas separadas del mar por movedizos bancos de arena. La mayor parte de la superficie de Dinamarca está dedicada a la agricultura y de ésta, por lo menos la mitad, está dedicada a pastos. Las islas Feroé suministran pescado, carneros y lana para el consumo de la península.

La industria lechera es la principal del país. Sus derivados constituyen casi la totalidad de sus exportaciones. Groenlandia, la isla mayor del mundo, es parte de Dinamarca y adquirió autonomía local en 1979.

ISLANDIA — Esta república esta situada en una isla del norte del Atlántico cuyo territorio consiste en una extensa meseta que tiene una altitud promedio de unos seiscientos metros sobre el nivel del mar. Escasamente una cuarta parte de la superficie es habitable. El paisaje se vé alterado por la existencia de más de cien conos volcánicos. Tiene muchos manantiales de aguas termales y sus géiseres son mundialmente célebres. Islandia es demasiada fría para la agricultura pero, sin embargo, posee pastos abundantes para ganado vacuno y lanar. La pesca es la industria que la provee de sus principales renglones de exportación.

FINLANDIA — Finlandia comprende una extensa meseta de unos 125 a 175 metros de altura como promedio. La mitad meridional de la meseta tiene más de una cuarta parte de su superficie cubierta por miles de lagos de poca profundidad, muchos de los cuales se comunican por medio de pequeños canales, naturales o artificiales, lo que provee al país de un sistema de vías fluviales navegables de miles de kilómetros de extensión. Selvas boreales cubren la mayor parte del país, lo que ha hecho del aserrío, la fabricación de pulpa para papel y la manufactura de objetos de madera las industrias principales del país. Más de la mitad de la población esta dedicada a labores agrícolas que tienen que realizarse superando grandes dificultades.

ITALIA — Italia, que fué eje del mundo occidental en una época, declinó en importancia al abrirse las rutas marítimas mundiales como consecuencia de la era de descubrimientos y exploraciones. Como no tomó parte en ese período de conquistas y creaciones de imperios, no pudo adquirir colonias. Como estaba dividida no pudo exigir su participación en el rico botín de las tierras recién descubiertas, que adquirían otras naciones europeas.

Al abrirse el canal de Suez y los túneles en los Alpes, su comercio mejoró algo, pero la carencia de minerales indispensables le impidió mantener el mismo ritmo de desarrollo industrial que se experimentaba en el resto de Europa.

Las estribaciones meridionales de los Alpes pertenecen a Italia. Donde terminan los Alpes, comienzan los Apeninos. Estas montañas se prolongan a todo lo largo de Italia, formando un escabroso espinazo que se extiende hasta la isla de Sicilia. La región suroccidental de la península se ha visto afectada por erupciones volcánicas. El Vesubio, el Etna y el Estrómboli son volcanes en actividad. La llanura más importante es la del valle del Po. También existen estrechas llanuras litorales a ambos lados de los Apeninos. La mayor parte de la población, así como el centro de la producción agrícola e industrial, radican en el valle del Po. Por ese motivo, el norte de Italia no es tan pobre como la región meridional.

Su extraordinaria historia, sus pintorescos paisajes y su clima benigno atraen muchos turistas lo que le ha permitido al país compensar su balanza de pagos, generalmente desfavorable.

SAN MARINO — San Marino es una de las repúblicas más antiguas del mundo y es actualmente la más pequeña. Siempre ha tenido buenas relaciones con Italia, su gran vecino, que la rodea por todas partes. Gran parte de sus ingresos proviene de la venta de sellos de correos, que se emiten para beneficio de los coleccionistas.

SUIZA — Este pequeño y escarpado país es una república interior, sin salida al mar, enclavada en medio de los majestuosos Alpes. Ha logrado mantenerse neutral e

La catedral de Notre Dame domina el río Sena, el cual se abre paso por el centro de París.

Oficina de Turismo de Francia

independiente mientras el resto de Europa se entregaba a costosas y devastadoras guerras. Sus maravillosos paisajes alpinos y bellos lagos han hecho de Suiza el lugar preferido de recreo y descanso de Europa desde hace muchos años. Aunque sus recursos naturales están muy limitados, el país ha sabido aprovechar su fuerza hidráulica y se dedica a la elaboración de productos industriales de alta calidad y precisión. En las faldas de los Alpes y en los valles intramontanos, la industria lechera y la cría de ganado son las actividades principales.

LIECHTENSTEIN — Liechtenstein no tiene más que 160 kilómetros cuadrados más que San Marino. Forma parte de la unión aduanera suiza. Suiza también administra su servicio de correos.

ALEMANIA — En Alemania existen dos regiones topográficas definidas: la llana planicie del norte y las serranías de las regiones central y meridional. Durante la Edad de Hielo, grandes depósitos de arena se acumularon en la región llana por lo cual el terreno no es muy fértil, necesitando el empleo de grandes cantidades de fertilizantes para su cultivo. Papas, remolachas dulces y centeno son los cultivos principales. En las grandes estancias se crían caballos y ganado. En las lomas de las regiones central y meridional se cosecha una gran variedad de frutas, legumbres y cereales en pequeñas fincas. Las vaquerías predominan en la Baviera, que es la región en la cual los Alpes penetran en territorio alemán.

Los principales ríos de Alemania corren desde las montañas del sur hacia el norte, desembocando en el mar del Norte y en el Báltico. Largos trechos de esos ríos son navegables y en los finales de sus recorridos se comunican entre sí por medio de canales, lo cual provee a la nación de transporte fluvial barato a lo ancho del país y en dirección al mar. Por el Rhin se transporta más de la mitad del tráfico fluvial, ya que es el único río cuyo caudal se mantiene a un nivel satisfactorio durante los meses de estío. Una red de canales permite al transporte fluvial del Rhin alemán llegar hasta Emden, puerto de Alemania en el océano Atlántico. Los buques provenientes del Báltico acortan su recorrido hacia el mar del Norte utilizando el canal de Kiel.

Alemania carece de muchos recursos naturales. Sin embargo, tiene grandes depósitos de carbón. Estos depósitos fueron la base de la transformación del país en una de las principales naciones industrializadas del mundo. Los yacimientos principales de carbón se encuentran en la cuenca del Ruhr. Esta cuenca, unida a la parte del valle del Rhin con la que colinda, constituye el principal centro industrial del país. Alemania posee también depósitos de potasa y petróleo de alguna consideración y tiene también algún mineral de hierro. La fuerza hidráulica, obtenida principalmente en las serranías meridionales, suministra energía eléctrica a un número de industrias cada vez mayor.

Los Evzones, la Guardia del Palacio en Atenas, Grecia.

TWA—Trans World Airlines

La posición geográfica de Alemania en el centro de Europa le ha brindado grandes ventajas de índole cultural, pero también la ha hecho víctima de los vaivenes de la política. Después de la segunda Guerra Mundial, el país quedó dividido en dos partes, la oriental y la occidental, pertenecientes a diferentes esferas políticas. Esta división dificulta la integración de las distintas regiones agrícolas e industriales de Alemania Oriental y Occidental. La ciudad de Berlín también está dividida entre las dos Alemanias.

AUSTRIA y HUNGRÍA — Austria se caracteriza por sus bellos paisajes serranos. Más de un noventa por ciento del país es considerado montañoso, lo cual ha hecho posible el desarrollo de una de sus industrias más importantes, la del turismo y centros de veraneo. Ello no obstante, más de un ochenta por ciento de la superficie es apta para la producción agrícola y, por lo menos, la mitad se explota activamente.

Hungría, por el contrario, es una planicie llana y muy fértil. El país es principalmente agrícola, siendo un gran productor de vinos y cereales.

CHECOSLOVAQUIA — Este país del interior de Europa se encuentra en medio de una red de comunicaciones estratégicas entre el norte y el sur del continente de gran valor comercial y político. El país tiene dos grandes cordilleras, los Cárpatos al este y los Sudetes al poniente. Checoslovaquia es célebre por sus cavernas, sus balnearios de aguas medicinales y sus manantiales de aguas minerales. Sus habitantes se distinguen por su especialización industrial. El país posee valiosas reservas forestales, un

suelo fértil y una gran variedad de minerales.

POLONIA — Polonia, situada entre los países del occidente europeo y Rusia, ha visto alteradas sus fronteras muchas veces. Durante siglos fue principalmente un país agrícola. Recientemente sus reservas de carbón, hierro, plomo y zinc han contribuído a su desarrollo industrial. Después de la segunda Guerra Mundial, la rica región carbonífera de la Silesia Septentrional pasó a formar parte de Polonia. La mayor parte de la superficie es un extenso llano. En la región del nacimiento del Vístula se hallan pantanos, médanos arenosos y lagos. Grandes ríos cruzan el llano central de Polonia, que tiene una altura de unos ciento cincuenta metros, siendo los principales el Vístula y el Odra. Swinoujscie y Gdansk, puertos en el mar Báltico, pasaron a formar parte de Polonia después de la segunda Guerra Mundial. El sur de Polonia limita con las montañas de los Sudetes y los Cárpatos.

LOS BALCANES — Los Balcanes comprenden a Rumania, Yugoslavia, Bulgaria, Albania, Grecia y la Turquía Europea. Están situados en la antesala del Asia, en la ruta obligada de los dos continentes. Esta región fué durante siglos un campo de batalla. Las continuas invasiones de distinta procedencia son la causa de que en los Balcanes exista una gran diversidad de grupos raciales y de religiones. La topografía montañosa de esta región aisló a sus habitantes, agrupándolos en facciones rivales, dominadas por un arraigado espíritu nacionalista.

El Arco del Triunfo, símbolo de la gloria nacional, se levanta en la Plaza de la Estrella en París, Francia.

RUMANIA — En el centro de la región oriental de Rumania, al reunirse la cordillera de los Cárpatos, proveniente del noroeste, y la de los Alpes Transilvanos, provenientes del suroeste, forman una media luna. Al norte y al oeste de la media luna se encuentra la meseta transilvana. Al sur y al este se encuentran los llanos de Moldavia y Valachia. Los ríos principales son el Danubio al sur, que desemboca en el mar Negro por Sulina, el Prut al nordeste y el Siret al sureste. Estos últimos se unen al Danubio en la última etapa de su recorrido. Los ricos yacimientos petrolíferos de Rumania se encuentra en los extremos meridional y oriental de la cordillera de los Cárpatos.

YUGOSLAVIA — Su territorio comprende principalmente un centro montañoso que se extiende de los Alpes Dináricos al noroeste hasta las montañas Balcanes en la frontera con Bulgaria. El único valle que atraviesa las montañas, formando un desfiladero, es el del río Morava, el cual, uniéndose al del río Vardar, comunica a Belgrado con Salónica. La faja entre los ríos Danubio y Sava y el límite con Hungría es baja y pan-

tanosa cerca de los ríos, existiendo sólo pequeñas elevaciones sin importancia. Los principales focos de poblacion radican en Zagreb y Belgrado. El problema principal de Yugoslavia es la falta de comunicaciones entre sus distintas regiones. Las áreas costeras, más desarrolladas, tienen acceso a los mercados del exterior, pero hacia el interior las montañas constituyen un valladar entre las provincias.

BULGARIA — El territorio de Bulgaria es quebrado, bañándolo numerosos ríos y torrentes de los cuales el Iskur, el Estruma y el Maritsa son los más importantes. Una tercera parte del país está cubierta de bosques. Un ochenta por ciento de la población de Bulgaria se dedica a la agricultura, siendo sus principales cultivos el tabaco y los cereales. La esencia de rosas y la seda se producen en cantidades importantes.

ALBANIA — Albania es un país montañoso situado al oeste de la península de los Balcanes. En el corazón del país, parte de la meseta es cultivable. Al sur se encuentran fértiles suelos de aluvión y pastos en las estribaciones de las lomas.

GRECIA — Su territorio es montañoso en su mayor parte. Tiene una extensa línea de costas que da a los mares Egeo y Jónico y comprende un gran número de islas tales como Creta, Lesbos, Quíos y las del Dodecaneso. Las montañas, aunque no son muy altas, dividen al país en una serie de pequeños distritos de difícil comunicación entre sí. El mar es el que mejor enlaza las distintas regiones griegas.

LA UNIÓN DE LAS REPÚBLICAS SOCIALISTAS SOVIÉTICAS — La U.R.S.S. abarca más de una séptima parte de la superficie del globo y se extiende a través de dos continentes. Gran parte de la Rusia europea y de la Siberia es una inmensa llanura. La ubicación de Rusia en latitudes septentrionales, y la ausencia de barreras naturales

que la protejan hacen que su clima sea extremadamente frío y sus inviernos prolongados. El puerto de Murmansk, al nordeste de Finlandia, se encuentra dentro del Círculo Ártico. Sus aguas no se congelan gracias a la presencia de corrientes marítimas templadas. Kaliningrado, en el mar Báltico, también permanece sin congelarse el año entero. Todos los demás puertos septentrionales de Rusia se congelan durante varios meses del año. Sin embargo, Vladivostok, en el océano Pacífico, se mantiene abierto gracias al empleo de rompehielos. En ninguna porción del territorio de la U.R.S.S. se registran abundantes precipitaciones. Por el contrario, las sequías son frecuentes y afectan grandes extensiones.

Al este de los montes Urales se halla la Siberia, la parte asiática de Rusia. En la extremidad septentrional el subsuelo está helado hasta una profundidad de más de ciento ochenta metros. Esta peculiaridad crea problemas que dificultan la explotación de

El "Pferdeschwemme" es un elegante abrevadero para caballos de Salzburgo, en Austria.

los recursos de la región ártica. En la zona de la tundra, el musgo que sirve de alimento a los rengíferos tiene a veces metro y medio de espesor.

Al sur de la tundra se encuentra una gran selva de coníferas que comprende millones de hectáreas, en la cual la industria maderera y la de las pieles son las principales actividades.

La producción de minerales en Rusia es tan grande y su localización tan extensa que se desconoce la cuantía de muchas de sus reservas. Tiene inmensos yacimientos carboníferos tanto en la Rusia europea como en la asiática. En los Urales hay minas de cobre, platino, hierro, oro, manganeso y otros minerales. En la región Volga-Ural Rusia posée grandes yacimientos de petróleo.

Rusia ha progresado notablemente en su desarrollo industrial, siendo los principales renglones la manufactura de productos de hierro y acero, maquinarias, tejidos y derivados del cuero.

A pesar de su clima, del alto costo de su industria y de las dificultades del transporte, la Unión Soviética casi se auto abastece por entero. Su rápida industrialización, en constante expansión, y el adelanto de su ciencia moderna, la han convertido en una gran potencia mundial.

Hammerfest en Noruega, la ciudad más septentrional del mundo, situada en la tierra del sol de medianoche. Una corriente marina tibia mantiene al puerto libre de hielos.

ÁFRICA — La mayor parte de la superficie del África está compuesta de una gran meseta de altura uniforme, de la cual surgen en algunos sitios masas volcánicas, como en Etiopía y el Camerún y algún que otro picacho aislado, como los de Elgon, Ruwenzori y Kilimanjaro. Los sistemas montañosos verdaderos se presentan solamente en los bordes de la meseta. El Gran Farallón es un altivo valladar montañoso que atraviesa el África del Sur. Los Montes Atlas, al norte, son una continuación de los Apeninos de Europa que cruzan sumergidos el mar Mediterráneo. Estas montañas protegen la zona templada del litoral del calor sofocante del desierto que la circunda.

El territorio del África Oriental está profundamente dividido por dos ramificaciones del llamado Gran Valle Hendido que son manifestaciones iniciales de una inmensa depresión, bordeada de montañas y cuajada de lagos, que se extiende a través del África y del Asia. El mayor de estos valles comienza en la desembocadura del río Zambeze y se prolonga a través del lago Nyasa hasta el lago Rodolfo, pasando luego a lo largo de la costa de Etiopía y el mar Rojo antes de llegar al Asia. La rama occidental comienza al norte del lago Nyasa y sigue por la zona donde se encuentran los lagos Tanganyika, Kivu, Eduardo y Alberto. La meseta entre las dos grandes hendiduras se arquea dando lugar al ancho y poco profundo lago Victoria.

Tres de los grandes ríos del África nacen en la región de los lagos del Gran Valle Hendido. El Nilo corre hacia el norte hasta el Mediterráneo; el Congo serpentea en dirección oeste hasta desembocar en el Atlántico; y el Zambeze corre hacia el sur y después hacia el este hasta desaguar en el océano Indico. Cada uno de estos ríos sigue un curso sinuoso a través de las montañas hasta encontrar, al pie de la meseta, el paso libre hasta el mar. El recorrido desigual hace que se produzcan muchas cascadas y rabiones que impiden la navegación fluvial. Las cataratas de Victoria del río Zambeze, las cataratas de Stanley y Livingstone en el río Congo y los saltos del río Nilo, son típicas manifestaciones de lo expuesto anteriormente.

El río Congo atraviesa espesas selvas en su tortuoso recorrido de cerca de 4,374 kilómetros, siendo superado solamente por el Amazonas en el caudal de agua que vierte en el mar. El Nilo es el río más largo del mundo. Recorre más de 6,670 kilómetros antes de desembocar en el Mediterráneo y es la causa, tanto en la actualidad como en el pasado, de que Egipto sea un país muy poblado. En el pausado recorrido del río Nilo por el desierto, la evaporación es tan intensa que el rio se secaría antes de llegar al mar a no ser por el aporte que le brindan los afluentes que se le unen procedentes de las montañas de Etiopía. Son precisamente estas aguas del Nilo Azul y otros afluentes las que ocasionan las grandes inundaciones del Nilo y las que proveen el agua necesaria para el regadío que hace de Egipto una región fértil, ceñida por acantilados y

Esta conocida vista simboliza a Egipto.

TWA—Trans World Airlines

arenales candentes. El cuarto gran río del África, el Níger, aunque brota a solo 230 kilómetros de distancia del mar, recorre 4,160 kilómetros antes de desembocar en el golfo de Guinea.

El Sahara, el desierto mayor del mundo, ocupa una superficie de millones de kilómetros cuadrados—una extensión igual a la de Europa sin la península escandinava. Este desierto aisla la zona templada y densamente poblada del litoral Mediterráneo del resto del continente. Se extiende a todo lo ancho del África y cuando alcanza un punto situado aproximadamente a 1,700 kilómetros al sur de los Montes Atlas se despliega en diversas direcciones hasta el Sudán. El Sahara se compone de una serie de pequeñas altiplanicies que en algunos sitios se elevan debido a la presencia de algunas cadenas volcánicas: los macizos de Ahaggar, Air y el Tibesti. La superficie está cubierta de enormes dunas movedizas, que llaman "erg" y eriales pedregosos y rocas peladas que distinguen la sección del Sáhara que llaman "hamada." Toda el área del Sáhara es yerma y su vegetación escasísima, excepto en los oasis donde crecen palmas dátiles. La sal mineral es todavía su principal producto. Se estima que existen grandes yacimientos de petróleo en el subsuelo, pero su explotación ha comenzado hace muy poco. El antílope y la gacela que habitan el desierto eran víctimas en tiempos remotos de la voracidad del león africano, el cual ya desapareció del desierto. En el Sahara se han registrado temperaturas consideradas entre las más calurosas del planeta y en su territorio prácticamente no llueve. En el África del Sur se encuentra el relativamente pequeño desierto de Kalahari en Botswana y la árida llanura costera del África del Sudoeste, conocida por desierto de Namib, donde las características que prevalecen son casi las de un desierto.

Las selvas ecuatoriales del África ocupan una extensión superficial mucho menor de la que generalmente se cree, ya que se local-

izan solamente en el golfo de Guinea, la cuenca del río Congo y Madagascar. En estas selvas, al igual que en las del Amazonas en la América del Sur, existen tupidas malezas en las márgenes de los ríos que dificultan la penetración hacia el interior. El calor constante unido a la abundancia de las lluvias, hace que el clima sea desagradable, aunque la precipitación no es tan frecuente como en la selva ecuatorial del Amazonas.

Las selvas de la cuenca del Congo ocupan una llanura, rodeada de serranías y colinas, que es más grande que la superficie de Francia y en la cual el sustento se obtiene sin necesidad de crías y cultivos y el combustible y la ropa necesarios se consigue sin gran dificultad. En esta región una población numerosa podría sostenerse con relativa facilidad. La agricultura de las selvas tropicales es muy rudimentaria, pero a pesar de la exhuberancia de la vegetación, los suelos no son naturalmente fértiles. Animales salvajes de gran tamaño no son corrientes, aunque si

Grupo de cebras en el Parque Nacional de Nairobi en Kenia.

East Africa Tourist Travel Ass.

existen muchos animales anfibios como el hipopótamo y el cocodrilo. También abundan los monos, murciélagos, insectos y serpientes.

La faja ecuatorial, cubierta por la selva, divide al África en dos zonas que tienen la misma latitud y la misma temperatura. Al norte el continente es más ancho, lo que hace que el clima y la vegetación sean más uniformes que en el sur, donde el mar y la meseta, que es más alta, modifican el clima. Las praderías que se extienden al norte de la selva ecuatorial ocupan una zona conocida por el Sudán. Al sur de la selva ecuatorial, las praderas continúan hasta llegar a una region de clima más frío, bien al sur, donde se transforman en el "veld" del África del Sur.

El Sudán es una faja intermedia entre el Sahara y la húmeda selva ecuatorial. Las

semiáridas estepas, llenas de matorrales, se convierten en trechos de césped de hierbas de tallos cortos y árboles salteados que se conocen con el nombre de parques de sabanas. Según uno se aproxima al ecuador, la hierba se va volviendo más alta, profusa e impenetrable, alcanzando en ocasiones una altura de más de cuatro metros. Finalmente, los árboles se van haciendo mas numerosos hasta que el Sudán se vuelve selva.

El tipo de vegetación que predomina en el África es el de las praderías. Las praderías brindan el sustento a una cantidad y variedad enorme de animales. El antílope, la cebra, el rinoceronte y el hipopótamo, que merodean por las cálidas sabanas, son seguidos de cerca por animales voraces tales como el león, la pantera y la hiena. Las jirafas y los okapi se hallan solamente en el África Oriental, mientras que el oso, el lobo y el venado no se encuentran más que al norte del Sahara.

En el mundo moderno la importancia de Egipto se puso de manifiesto al abrirse el canal de Suez en 1869. Casi todo el tráfico marítimo entre Europa y el Oriente utiliza este canal artificial, situado en territorio egipcio.

Desde los tiempos más remotos que se recuerdan las aguas del Nilo han inundado grandes extensiones de su cuenca durante el verano, depositando grandes cantidades del limo que arrastran sus aguas. Más recientemente se han construído una serie de represas en el río las cuales crean grandes lagos artificiales que posibilitan el regadío contínuo de las tierras. De ese modo pueden recogerse hasta tres cosechas anuales. La utilización de la fuerza hidráulica del Nilo que ya ha comenzado, facilitará el desarrollo de la industria en Egipto. A pesar de sus abundantes cosechas el campesino egipcio es sumamente pobre. Actualmente se está tratando de mejorar los métodos de cultivo, muchos de los cuales han seguido siendo los mismos desde la época de los faraones.

Egyptian State Tourist Administration
El decorado minarete de la mezquita de Mohammed Alí en El Cairo, Egipto.

EGIPTO — Entre los desiertos de Libia y de Arabia se extiende lo que puede considerarse un inmenso oasis fluvial: el valle del Nilo y su delta. Fué aquí donde se desarrolló la antigua civilización egipcia, una de las más viejas del mundo. Tuvo gran importancia durante el florecimiento de los imperios griego y romano, convirtiéndose después en una plaza fuerte del mundo mahometano en el siglo VII. Los mamelucos y los turcos lo subyugaron durante la Edad Media.

Alejandría, situada en el delta del Nilo, fué el asiento de una antigua colonia griega. El Cairo, la capital, ha sido la cabeza del gobierno de Egipto por casi un milenio. Cerca de El Cairo se encuentran las Pirámides y la Esfinge. Más al sur se halla el Valle de los Reyes cerca de Luxor, donde se ven antiquísimos monumentos y la moderna represa de Asuán.

SUDÁN — El Sudán se independizó en 1956 del dominio conjunto de Inglaterra y Egipto que duró desde 1899. El país está poblado por árabes al norte y por tribus africanas al sur y comprende la cuenca superior del Nilo hasta las fronteras de Etiopía y Uganda. Sus acacias silvestres suministran la mayor parte de la goma arábiga que se usa en el mundo, principalmente en la fabricación de pegamentos. Se cultiva algodón en las fértiles regiones entre el Nilo Azul y el Blanco. También exporta dátiles, marfil y ganado. Khartum, en las márgenes del Nilo Azul, es la capital y centro del tráfico mercantil. La parte moderna de la ciudad fué planificada por Lord Kitchener basándose en el trazado de la bandera inglesa.

ETIOPÍA — Es un país montañoso que posée tres distintas zonas climatéricas que dependen de su elevación. La zona baja está compuesta principalmente de los llanos occidentales y valles profundos, su clima es tropical y malsano. La zona intermedia se halla a una altura de 1,800 a 2,500 metros, está dedicada a la agricultura y es la región más densamente poblada. En las regiones más elevadas se cría ganado. Al federarse con la Eritrea en 1952, Etiopía obtuvo una salida al mar, pero su tráfico marítimo toma lugar principalmente desde el puerto de Yibutí en el antiguo territorio francés, frente a Adén, que es donde termina el ferrocarril que parte de Addis Abeba, que es la capital. El principal renglón de exportación es el excelente café que crece silvestre en las estribaciones montañosas, especialmente en la región de Jimma. Etiopía ha sido siempre independiente con excepción de la ocupación italiana (1936-1941). Algunos de sus habitantes son paganos, otros musulmanes y otros cristianos que pertenecen al rito de la antigua iglesia cóptica.

El Templo de Luxor, Alto Egipto.

Egyptian State Tourist Admin.

YIBUTÍ — Independiente de Francia desde 1977, Yibutí es situado a la entrada del mar Rojo. Yibutí es el puerto y la ciudad principal.

SOMALIA — Cuando la Somalia Italiana y la Somalia Inglesa se unieron en 1960, constituyeron la república independiente de Somalia. Está ubicada en el saliente oriental del África, su territorio es abrupto y sus ríos y ciénagas están infestados de reptiles. Los elefantes recorren los matorrales, en los cuales merodean también otros animales salvajes. La mitad de su superficie es un desierto habitado por tribus nómadas que viven una existencia precaria. Carece de buenos puertos naturales. Viejos mercaderes recorren la Somalia en busca de hierbas aromáticas. En la actualidad abastece la mitad del consumo mundial de incienso. En Mogadishu, la capital de este país, donde predomina el mahometanismo, se ven mezquitas construídas en el siglo XIII.

KENIA — Kenia está situada en el umbral del África central y en su territorio abunda la caza mayor. Los llanos que lindan con el océano Índico son muy fértiles y el clima es soportable. La Kenia occidental es una alta meseta que tiene cumbres majestuosas, cuyas cimas están cubiertas de nieves el año entero. Mombasa es el puerto principal, por el cual se embarca algodón, café, te y henequén que son los principales artículos de exportación. Gran parte de los europeos y asiáticos que viven en el país residen en Nairobi, que es la capital y está situada en el altiplano.

UGANDA — Territorio compuesto de anchos lagos y enormes ciénagas, donde se halla el nacimiento del Nilo, se encuentra situada entre el Monte Elgon al este y la cordillera de Ruwenzori al oeste, los dos montañas de grande altura. Kampala, cerca de las márgenes del lago Victoria, es al presente la capital de Uganda. El algodón, cultivado únicamente por los naturales del país, es el principal producto. Los habitantes de Uganda pertenecen a la tribu de los Baganda, los cuales habían alcanzado un desarrollo superior al de las demás tribus africanas antes del inicio de la colonización europea. Sus monarcas tienen un árbol genealógico que cubre varios siglos.

TANZANIA — El Kilimanjaro, el pico más alto del África, se alza en Tanzania. En sus proximidades, cerca de Arusha, se encuentra Ngorongoro, un enorme cráter habitado, que se asemeja a la superficie de la luna. Este cráter, junto con la llanura de Serengeti, que es un coto de caza, forman parte de un parque nacional. En Tanzania se encuentran los importantes hallazgos arqueológicos de Singida, donde se ven unos de los más primitivos dibujos de cavernas en África y la garganta de Olduvai, donde se hallan reliquias del hombre de la Edad de Piedra.

El país tiene grandes riquezas minerales,

Botes de vela surcan el río Nilo en el mismo corazón de la moderna ciudad de El Cairo.

tales como plomo, carbón, oro y diamantes. Los prinicipales productos de exportación son el henequén, café, algodón, y diamantes.

La capital, puerto principal y mayor ciudad es Dar es Salaam, centro de la secta musulmana de los Ismaelitas en el África, donde ha existido la costumbre de entregar a su guía espiritual, el Aga Kan, su peso en diamantes para que lo distribuya en obras de caridad.

Zanzíbar se unió con Tanganyika en 1964. Durante la Edad Media esta isla estuvo bajo el dominio árabe y, por un tiempo también, bajo el de los portugueses. Los alemanes la ocuparon en 1880 pero se la entregaron a Inglaterra a cambio de Helgoland. Zanzíbar es una isla muy fértil, la cual, junto con la isla de Pemba, provee la mayor parte del clavo de especia que se consume en el mundo.

MOZAMBIQUE — Varios ríos caudalosos surcan la superficie de este territorio en el Océano Indico, independiente de Portugal desde 1975. El navegante portugués Vasco de Gama, quien descubrió el camino a la India pasando por el Cabo de Buena Esperanza, visitó Mozambique en 1498. La mayor parte de Mozambique está sin desarrollar, aunque al norte y a lo largo del río Limpopo al sur, se están ejecutando grandes obras de mejoramiento en beneficio de la agricultura y, por otra parte, se está llevando adelante la exploración de sus reservas minerales. Muchos de los habitantes de Mozambique trabajan en las minas de los países vecinos y por sus puertos se embarcan los minerales extraídos de las minas del Transvaal y de Zimbabwe. Maputo, la capital, Beira y Mozambique son las ciudades mas grandes y las tres poseen puertos de mucho tráfico.

El paludismo y la fiebre amarilla hacen que gran parte del país sea insalubre. En el mismo residen pocos europeos.

Edificio moderno en El Cairo, Egipto.

REPÚBLICA DE SUDÁFRICA — Los veranos frescos y moderados y los inviernos benignos hacen de la extremidad meridional del África un lugar ideal para la colonización europea. En la meseta central, árida en su mayor parte, se cultivan varios productos y se cría ganado vacuno y lanar. Al norte se encuentra la región de Witwatersrand donde se hallan ricas minas de oro. El puerto de embarque de esta región minera es Durban, un puerto artificial en el océano Índico. La única bahía natural es la de la Ciudad del Cabo. En las sabanas del Transvaal se encuentra el famoso Parque Nacional de Kruger, un extenso territorio reservado a los animales salvajes del África.

La población de la República de Sudáfrica está compuesta de una minoría blanca de descendientes de holandeses e ingleses, un sector considerable de indios de la India,

Servicio Informativo Británico

Mezquita en Kano en Nigeria. Existe una gran influencia musulmana en todo el norte de África.

una mayoría de negros y un pequeño grupo de mestizos.

Los colonos holandeses llegaron a estas tierras en el siglo XVII, sus descendientes se hacen llamar "africaneros." Cuando los ingleses comenzaron a ocupar el territorio muchos holandeses se trasladaron al interior (lo que se conoce como la marcha de los boers de 1836), fundando las repúblicas del Transvaal, el Estado Libre de Orange y Natal. Después de la guerra boer (1899-1902), estas repúblicas se integraron con la Colonia del Cabo formando la Unión Sudafricana. Ahora es una república independiente.

BOTSWANA, LESOTHO Y SWAZILAND

— Son tres países en el sur del continente africano. Botswana es el más extenso de éllos. La agricultura y la ganadería constituyen la principal ocupación de sus habitantes ya que sus otros recursos no se han desarrollado suficientemente aún. También gran número de sus gentes encuentran trabajo en las minas que se explotan en la República de Sudáfrica.

MADAGASCAR

— La república de Madagascar está situada en la isla de este mismo nombre, que es la cuarta del mundo en tamaño. La separa de la costa oriental de África el Canal de Mozambique. En las montañas del interior hay depósitos de grafito, mica y otros minerales, pero pocos de estos recursos han sido explotados. Durante el siglo XIX Madagascar fue gobernada por los Howa, una tribu con cierta educación, muchos de cuyos miembros se convirtieron al cristianismo. Los numerosos negros que viven en la isla son descendientes de esclavos manumitidos. Los franceses conquistaron Madagascar en 1896 pero en la actualidad ha recobrado su independencia. Antananarivo, situada en la

sierra central, es la capital. Los puertos principales son los de Toamasina en la costa oriental y Antsiranana en la extremidad septentrional.

MAURICIO y LAS SEYCHELLES

— Negros, hindúes y chinos habitan la fértil y densamente poblada isla independiente de Mauricio en el océano Indico. Las islas Seychelles, que han estado deshabitadas por mucho tiempo, sirvieron de guarida a los piratas hasta mediados del siglo XVIII, y adquirió su independencia en 1976.

LA REUNION y LAS COMOROS

— Reunión es un departamento ultramar de Francia situado al este de Madagascar. Las Islas Comoros, al noroeste, son ahora independientes, y Mayotte sigue bajo la tutela de Francia. Estas islas son de formación volcánica, y son centros productores de esencias especiales utilizadas en la elaboración de perfumes.

MALAWI

— Está compuesta de una larga lengua de tierra que se extiende a lo largo de la orilla occidental del bellísimo lago Nyasa. Tiene un clima saludable debido a su altura. Su producto agrícola más importante es el tabaco; también se da el té, arroz y algodón y se están haciendo esfuerzos importantes por incrementar el pastaje de ganado. Lilongwe es la capital de Malawi.

ZAMBIA

— Está situada entre las selvas ecuatoriales del África Central y las anchas llanuras del África del Sur. La separa de Zimbabwe el río Zambeze, donde se encuentran las famosas cataratas de la reina Victoria, las cuales caen de una altura que es el dobledela de las cataratas del Niágara. En el medio de la frontera, la gran represa de Kariba creó el inmenso lago Kariba. Está obra suministra energía

eléctrica a grandes zonas de África Central para sus incipientes industrias. La economía de Zambia depende principalmente del cobre y el plomo. La actividad agrícola del país se concentra en el cultivo de tabaco y maíz y el pastaje de ganado. La ciudad de Lusaka es la capital de este país.

ZIMBABWE

— La mayor parte del territorio consiste de dos mesetas de 600 a 1,800 metros de altura, en las cuales el clima es tropical en el verano y templado en el invierno. Las principales actividades son la minería y la agricultura. La cosecha principal es la del tabaco, el cual constituye un importante renglón de exportación. La economía del país depende principalmente de su producción de oro, asbestos y cromo. Salisbury, la capital de Zimbabwe, es ahora un centro de las rutas aéreas y carreteras, y un centro productor de extraordinaria importancia en el mercado mundial tabacalero. Se comunica por ferrocarril con el puerto de Beira en el Océano Indico y con el de Benguela en el Atlántico.

NAMIBIA

— Este territorio lo administra la República de Sudáfrica y se dedica a la cría de animales, el cultivo de cereales, la pesca y la extracción de minerales tales como plomo, zinc, cobre, oro y diamantes. Namibia era una colonia alemana hasta 1919 en que se convirtió en un fideicomiso de la Liga de las Naciones.

ANGOLA

— Aunque la alta meseta central de Angola es una gran vertiente del África de donde surgen caudalosos afluentes de los ríos Congo y Zambeze, el país, en general, es árido y sometido a la acción constante de vientos secos. La exportación de café, principalmente a los Estados Unidos, es su primordial fuente de riqueza. Luanda, la capital, fué fundada en 1575 cerca de

Pescadores remendando redes cerca de la Ciudad del Cabo, en Sudáfrica.

Comisión Turismo de Sudáfrica

la desembocadura del río Cuanza. Lobito, el puerto principal, se comunica por ferrocarril con Lubumbashi, capital de la rica región minera de Katanga en el Congo. Adquirió independencia en noviembre de 1975.

ZAIRE — Las exploraciones que de esta región realizaron Livingstone, Stanley y otros más, despertó el interés del rey Leopoldo II de Bélgica, quien se convirtío en soberano del territorio en 1885, cometiéndose muchos abusos bajo su reinado. La situación se corrigió hasta cierto punto al ser anexado el a Bélgica de manera formal en 1908, quedando sujeto a la administración del Parlamento belga hasta 1960, fecha en la cual el Zaire alcanzó su independencia. Su territorio situado a ambos lados del ecuador, tiene grandes extensiones de selva ecuatorial de donde se extraen valiosos productos tales como algodón, café, aceite de palma y maderas de construcción. La región de Katanga contiene una enorme riqueza mineral, explotándose minas de cobre, cobalto, zinc, cadmio, uranio, plata, oro y otros metales. Matadi es el puerto principal. Está situado 170 kilómetros tierra adentro, antes del último salto de las cataratas de Livingstone, en las márgenes del río Congo. Kinshasa, la capital, es un moderno centro comercial e industrial y la mayor ciudad del Zaire en la cual se encuentra un renombrado instituto de medicina tropical.

RUANDA y BURUNDI — Son dos países densamente poblados situados en el mismo corazón del África. La capital de Burundi, Bujumbura, se encuentra en la extremidad septentrional del lago Tanganyika, en el mismo lugar en el que tanto Livingstone como Stanley desembarcaron en 1871. Son países agrícolas que cosechan algunos productos para la exportación tales como café, algodón, tabaco. También se crían grandes rebaños de reses los que se aumentan continuamente por el prestigio que sus posesiones representan.

Retocando los decorados murales en una aldea de Ndebele.
Comisión Turismo de Sudáfrica

Hospital moderno en Kumasi, en Ghana.
Servicio Informativo Británico

CHAD y LA REPÚBLICA AFRICANA CENTRAL — Estos países no han podido desarrollarse industrialmente, ni explotar muchos de los recursos naturales que poseen, debido a un clima que fluctúa de húmedo en unas partes a muy árido en otras y al hecho de que vastos sectores del territorio, especialmente en el Chad, son inaccesibles. Ambos están dedicados primordialmente a la agricultura. El Chad se concentra en el cultivo del algodón y la cría de ganado, mientras que en la República Africana Central se cultiva algodón y café y se explotan minas de diamantes. En las regiones septentrionales los habitantes son mahometanos, pero en el sur, creen en los espíritus. Estas antiguas colonias francesas obtuvieron su independencia en 1960.

CONGO — Como otros áreas, en tiempos pasados el territorio de esta antigua colonia francesa fué víctima de las correrías de aventureros en busca de esclavos y marfil. Hoy en día es la patria de una gran variedad de grupos étnicos entre los que se cuentan pigmeos y muchas tribus bantúes. El clima es tropical y posee algunos ríos navegables. Se están haciendo grandes esfuerzos por desarrollar la agricultura y la industria. La producción agrícola se consume casi por entero en el país, pero se exporta aceite de palma, maní y productos forestales. Sus recursos minerales permanecen prácticamente inexplotados; plomo está importante. La República de Congo obtuvo su independencia de Francia en 1960.

GABÓN — Gabón, al igual que gran parte del occidente de África, fué uno de los centros de la trata de esclavos a que se dedicaron los portugueses, holandeses, ingleses y franceses. En 1849 un grupo de esclavos se escaparon de un barco dedicado a este comercio, prohibido ya en aquel entonces, y fundaron a Libreville, que es hoy la capital. Gabón obtuvo su independencia de Francia en 1960. Su territorio es casi por entero una selva ecuatorial, lo que hace que la economía del país dependa casi por entero de sus productos forestales. Recientemente se han hallado depósitos de minerales tales como hierro, petróleo y uranio que prometen convertirse en el futuro en óptimas fuentes de riqueza para el país.

GUINEA ECUATORIAL — Este país pequeño consiste de las islas de Bioko y Annobón y Río Muni, un territorio en la costa del Golfo de Guinea. El ingreso nacional se nutre principalmente de la produccion de cacao, café y maderas de construcción.

SANTO TOMÁS y PRÍNCIPE — Estas islas, independiente de Portugal desde 1975, son de origen volcánico y están situadas cerca de las costas del Golfo de Guinea. Tienen clima y vegetación tropicales, recogiéndose productivas cosechas de cacao, café y caucho.

EL CAMERÚN — El Camerún formó parte del antiguo territorio colonial de Alemania que quedaba al este de la Nigeria y que administraba Francia como un fideicomiso. En 1960 se convirtió en una república independiente. El territorio del Camerún Meridional, administrado en fideicomiso por la Gran Bretaña, acordó en 1961 unirse a la República del Camerún. Exporta productos tropicales tales como bananas, café, aceite de palma y cacao; posee reservas minerales de oro y estaño. Duala es el principal puerto del país y Yaundé es la capital.

NIGERIA — Este país se extiende desde las costas del Golfo de Guinea, en la región del delta del río Níger, hacia el norte hasta la zona de secas sabanas que termina en la región desértica del lago Chad. La mayor elevación es la de la meseta de Bauchi. Los Hausa, una tribu radicada en Nigeria desde hace mil años, decoran sus bohíos de barro con figuras en relieve de origen musulmán. Las minas de estaño que se explotan en esta región están a punto de agotarse. Nigeria es uno de los mayores productores de petróleo del mundo. Las ganancias de la exportación de petróleo son la clave de la prosperidad nacional. Nigeria es uno de los países del África más densamente poblados. La capital y puerto principal es Lagos. La mayor ciudad es Ibadán, cuya universidad está instalada en modernos edificios de estilo arquitectónico contemporáneo. En 1960, Nigeria se transformó en una federacion independiente asociada a la Comunidad Británica de Naciones.

TOGO y BENIN — Estos países aledaños son pequeños y densamente poblados. Desde una estrecha faja costera se van elevando gradualmente hasta llegar al macizo interior. Sus economías son agrarias. Togo exporta principalmente cacao y Benin, productos derivados de las palmeras. En una época las plantaciones portuguesas en Togo aprovisionaban a los buques de esclavos de casabe, cocos y otros alimentos. Togo estuvo en poder de los alemanes desde 1884 hasta la primera Guerra Mundial. Después de la guerra, la parte oriental quedó bajo la administración de Francia hasta 1960 en que se independizó. La parte occidental, el Togoland Británico, se unió a la República independiente de Ghana en 1957. Benin, que durante varias décadas formó parte del Africa Occidental Francesa, se independizó en 1960.

GHANA — Ghana es una república independiente que forma parte de la Comunidad Británica de Naciones y está compuesta de la denominada Costa de Oro y el Togoland Británico. En una época se le conocía sólo por sus minas de oro, pero en la actualidad es uno de los principales productores de cacao del mundo. Exporta considerables cantidades de manganeso, especialmente a los Estados Unidos y es también un importante productor de diamantes, oro y

maderas de construcción. Accra, la capital, al igual que muchas de las ciudades de esta costa, fué originalmente una plaza fuerte de los europeos, que servía de base a su comercio.

COSTA DEL MARFIL — En otra época existió en este territorio un floreciente comercio en oro, plumas de avestruz, goma arábiga, pimientos y el marfil que dió nombre a la región. En la actualidad su economía, en proceso de modernización, se basa en la exportación de cacao, frutas y maderas. La manufactura en la Costa del Marfil se limita a la industrialización de productos agrícolas. La Costa del Marfil (junto con sus vecinos Mali y Alto Volta) formaba parte del Africa Occidental Francesa hasta que se convirtió en una república en 1960. Abidjan que es la capital y su puerto principal, es también una ciudad industrial.

LIBERIA — Es la más antigua de las repúblicas independientes del África. En 1822 la Asociación Colonizadora Americana fundó una colonia pequeña de negros norteamericanos manumitidos en el lugar donde hoy se encuentra la capital, Monrovia (denominada así en honor del presidente James Monroe). En 1847 Liberia se transformó en un estado independiente, adoptando una constitución basada en la de los Estados Unidos. El país padece de un clima tórrido y malsano. Su economía ha mejorado en los últimos años gracias a la asistencia económica del gobierno norteamericano y a las inversiones de empresarios particulares.

SIERRA LEONA — Este país fue explorado por los primitivos navegantes, convirtiéndose en posesión británica en 1787. En 1961 ingresó en la Comunidad Británica de Naciones como miembro independiente. El litoral está cubierto por una espesa selva ecuatorial, pero el interior, que es árido, está compuesto de sabanas. El país tiene un magnífico puerto natural, Freetown, donde radica la capital. En sus comienzos

Oficina Turística del Gobierno de Francia
El Casbá, barrio viejo de Argel, en Argelia.

fué una colonia inglesa de esclavos libertos. Hoy en día es un centro comercial muy activo por el cual se embarcan los productos que exporta el país, entre otros, cacao, café, palmiche y diamantes.

GUINEA — Al norte y al este de Sierra Leone se extiende el territorio de la República de Guinea, el cual formó parte del Africa Occidental Francesa hasta 1958. Su capital y puerto principal es Conakry. Sus principales productos de exportación son bananas, bauxita y mineral ferroso.

GUINEA-BISSAU — Es una región de selvas ecuatoriales y sabanas, previamente una colonia de Portugal, logró su independencia en 1974. La producción sigue limitada a cosechas para el consumo local.

GAMBIA — Ha sido posesión británica desde el siglo XVII. El territorio de Gambia se compone de una estrecha lengua de tierra que se extiende a lo largo de ambas riberas del río Gambia. La capital es Banjul, situada en una isla en la desembocadura del río. El producto principal es el maní o cacahuete.

CABO VERDE — Más de 480 kilómetros al oeste del Cabo Verde, estas islas han sido un punto de refugio en la ruta que conduce al Hemisferio occidental desde los tiempos de los exploradores. En 1975 se estableció una república independiente.

SENEGAL — Su economía depende principalmente de su producción agrícola, especialmente maní, goma arábiga y derivados de animales, pero, también, existen en el Senegal refinerías de petróleo, fábricas de jabón y diversas industrias químicas, la mayor parte de las cuales se encuentran en

Mogotes rocosos surgen de las arenas del desierto cerca de Uadi Halfa, en el Sudán.

Dakar. Esta ciudad, que es la capital, es un puerto de primera y una de las ciudades más importantes del continente africano.

MALI — El nombre de esta nueva nación se tomó del antiguo, poderoso y rico reino de Mali que floreció durante la Edad Media. Mali quiere decir hipopótamo, simbolizando fortaleza. Anteriormente formaba parte del Africa Occidental Francesa y era conocido como el Sudán Francés. Mali alcanzó su independencia en 1960. Su territorio tiene una topografía variada que va de regiones desérticas y sabanas a tierras fértiles a lo largo de los ríos, produciendo maní, goma arábiga y miraguano para la exportación. Bamakó, la capital de este país de tierra adentro, es un importante centro de tráfico mercantil. La antigua ciudad de Timbuctu, fundada en 1087, fué un floreciente centro de la cultura mahometana y del comercio en oro y esclavos, pero después del siglo XVI comenzó a declinar quedando convertida en la pequeña ciudad que es hoy en día.

Cataratas Victoria.

NÍGER y ALTO VOLTA — Níger es un país inmenso, sin salida al mar, con escasos recursos y subdesarrollado. Sus productos principales son cacahuetes, millo, algodón y uranio. Alto Volta que es mucho más chico que Níger, produce algodón, arroz y maní en escala comercial. Ambos países fueron testigos de las disputas entre los pueblos de semitas y camitas que vivían más al norte y que venían a comerciar con los indígenas, que ya estaban dedicados a la agricultura sedentaria y a la pesca. En definitiva se quedaron y colonizaron la región. Ambos países formaban parte de la gigantesca África Occidental Francesa y alcanzaron su independencia en 1960.

MAURITANIA — El grupo étnico principal de la República Mahometana de Mauritania es una mezcla de árabes caucásicos y bereberes, a los que hemos conocido por moros y cuyos antepasados conquistaron gran parte del África del Norte y España en el siglo XI. Mauritania, que formaba parte del África Occidental Francesa, obtuvo su independencia en 1960. La producción agrícola sigue limitada a cosechas para el consumo local, pero se espera que vaya progresando mediante la aplicación de métodos modernos de cultivo y regadíos. Se han comenzado a explotar minas de hierro y cobre que le dan al país un buen balance de canje. También hay algunas industrias indígenas más que todo el procesamiento de dátiles, ganados y pesca.

MARRUECOS — Tres cordilleras que parten de las montes de Atlas atraviesan a Marruecos del suroeste al nordeste. La agricultura y la industria se tienen que desarrollar en condiciones desventajosas en un país tan escabroso como éste. Sin embargo, muestra una gran actividad industrial en varios renglones, principalmente enlatando conservas de pescado, carnes y frutas. Se

explotan depósitos de fosfatos en Khuribga y de manganeso en Bou Arfa, exportándose el mineral que se extrae. Entre sus ciudades más importantes están Marruecos, enclavada en un oasis de palmas dátiles y rosas, a la sombra de los nevados picos de los Montes de Atlas, y Fez, célebre por sus hermosos palacios y mezquitas, su vieja Universidad Islámica y sus zocos orientales.

Casablanca es una de las ciudades más modernas del continente africano. Al norte de Marruecos se encuentra el estrecho de Gibraltar que separa África de Europa. En el punto mas angosto, el estrecho mide poco más de 12 kilómetros de ancho.

Francia y España dominaron a Marruecos por cerca de medio siglo, quedando aún una pequeña superficie bajo el dominio de España. En 1956 obtuvo la independencia, anexándose la antigua ciudad internacional de Tánger.

ARGELIA — Las escarpadas y áridas sierras de los Montes de Atlas dividen el norte de Argelia en tres zonas, más o menos paralelas al litoral del Mediterráneo, el Tel Atlas y la llanura costera, las altas mesetas entre las dos sierras y el Atlas del Sáhara. Al norte del Tel Atlas el clima es mediterráneo, cultivándose en la llanura frutas y legumbres en abundancia. La región de las altas mesetas es árida, encontrándose en la misma varios lagos de agua salada. A partir de las cumbres del Atlas del Sáhara el relieve desciende abruptamente hasta el desierto de Sáhara que se compone de llanos rocosos y pelados, interrumpidos por dos enormes mares de arena y se prolonga en dirección sur hasta el pie de las montañas Ahaggar, de origen volcánico. En el desierto y en las montañas se han descubierto ricos yacimientos de petróleo y otros minerales. Argel, la capital, es un puerto muy activo situado en la bahía de Argel. Consta de una parte moderna y de la ciudadela mora, enclavada en las estribaciones de una loma

en la cual se alza el Casbá, un castillo turco del siglo XV, que posteriormente fortificaron los franceses.

TÚNEZ — En los tiempos antiguos, en la época de la dominación fenicia, primero y de la romana, después, este territorio proveía de cereales y frutas de excelente calidad a todos los países del Mediterráneo. Después sobrevino una época de total abandono y en la Edad Media, sus costas eran temidas por los piratas que allí pululaban. Hoy en día Túnez ha vuelto a ser fértil. Las costas están llenas de olivares y, tierra adentro, se cosechan cereales y frutas tropicales, principalmente dátiles. El aceite de oliva, los dátiles y las frutas cítricas, además de los fosfatos, constituyen los artículos de exportación más importantes. Tiene varias ciudades importantes, entre las que se destacan Túnez, la capital, y Bizerta, donde se encuentra una gran base naval Francesa. Cerca de Túnez pueden verse las ruinas de Cartago, fundada por los fenicios y que fué en una época la capital de un poderoso imperio, rival del de Roma. La dominación turca en Túnez, fué substituída en 1881 por un protectorado francés. En 1956 Túnez se transformó en nación independiente.

LIBIA — Libia es la menos productiva de las regiones del Africa del Norte, ya que en parte está menos protegida que las otras de los candentes simunes del desierto. Sin embargo, las zonas del litoral se cultivan con la ayuda de regadíos artificiales. Se divide en regiones administrativas, pero más famosas son las áreas de Tripolitania, Cirenaica, y el Fezán. Durante unos dos mil años, las caravanas del desierto han hecho escala en el pueblo de Gadames, situado en un oasis del interior. El descubrimiento de petróleo en la década de 1950 transformó a Libia de una nación con pocos recursos naturales a un país al frente de las naciones exportadoras de petróleo.

Aramco

Cosecha de cebollas en una región irrigada del desierto de Arabia.

ASIA — Los Montes Urales, que separan arbitrariamente el Asia de Europa, constituyen la elevación mayor que existe en todo el inmenso y relativamente llano territorio que comprende la parte septentrional de Eurasia. Asia es el más escabroso de todos los continentes y grandes porciones de su superficie son inhabitables. Vastas extensiones quedan bajo los hielos árticos. En el interior del continente se encuentran inmensos desiertos jamás afectados por el vapor de agua. Al sur, selvas ecuatoriales ocupan las tierras de los monzones, que lindan con el ecuador. A pesar de estas desventajas ambientales, la densidad de población en el Asia es el triple de la del resto del mundo.

Este continente, tan enorme y variado, puede dividirse en cinco partes, cada una de las cuales tiene sus propias características físicas, culturales y políticas: el Levante y Oriente Medio, la Unión Soviética, el Lejano Oriente, el Asia Sudoriental y el subcontinente indio.

La porción correspondiente al Levante y Oriente Medio está limitada por los mares Negro, Mediterráneo, Rojo y Arábigo y, al este, por la inmensa cordillera del Himalaya. La integran las penínsulas de Arabia y Anatolia (Asia Menor) y el Irak, el Irán y Afganistán. El territorio es semiárido en su mayor parte y está compuesto de terrenos esteparios y desiertos pedregosos en los cuales, de vez en cuando, brotan oasis-sitios que deben su feracidad a un manantial subterráneo. Pastores nómadas deambulan de un oasis a otro en busca de pastos para sus rebaños de camellos, carneros y cabras. Grandes extensiones de tierras esteparias se dedican también al apacentamiento de ganado. Las únicas tierras fértiles en esta región están situadas en una faja que tiene forma de media luna y que va de la desembocadura de los ríos Tigris y Eufrates en el golfo Pérsico hasta el Mediterráneo, donde se ensancha, abarcando los valles de Siria e Israel. La transformación singular del territorio desértico de Israel se ha debido en parte a la mecanización y a los métodos modernos empleados por los israelíes. La península árabe posee enormes recursos petroleros pero la riqueza así adquirida ha traído ciertos efectos sociales adversos.

El valladar montañoso de la península india se compone de los inmensos montes del Himalaya, que se extienden a través de parte de los países de Pakistán, Cachemira, la India, Nepal, y Bután, aislando a la India del resto del Asia. Justo al sur de la enorme cordillera está situada una ancha faja de tierra llana, densamente poblada y fecundada por los gigantescos sistemas fluviales del Ganges y el Indo, que reciben las aguas que descienden del Himalaya. En el litoral de la península existe una llanura muy angosta que queda entre la costa y unas serranías que se denominan el Gates Occidental y el Gates Oriental. Entre ambas se alza la meseta de Decán la cual, inclinándose algo hacia el noroeste, abarca casi todo el interior de la península.

La altísima meseta de Pamir, al norte de Pakistán, es el eje de tres enormes cordilleras cuyas estribaciones se extienden por toda Eurasia y parte del África. Un ramal se prolonga cerca de 8,500 kilómetros, atravesando a la China y llegando hasta la Siberia. El Himalaya forman parte del ramal de mayor elevación que se dirige al sureste, formando el espinazo de la península Indochina y la Indonesia. La tercera rama se extiende hacia el oeste, comprendiendo los sistemas montañosos de los Alpes y los Apeninos en Europa y los Montes Atlas en el noroeste de África. El aislamiento del centro de Asia se debe en parte a la presencia y disposición de estos sistemas montañosos que lo rodean y dificultan las comunicaciones.

La Unión Soviética comprende el norte del Asia y el nordeste de Europa. La Siberia es la parte de mayor superficie, pero de menor población. El paso de un continente a otro es gradual, sin que exista una línea divisoria muy marcada entre los dos.

Toda la costa norte de la Unión Soviética limita con el océano Ártico y está cubierta por los hielos durante diez meses del año. La llanura siberiana, la mayor y más plana del mundo, se extiende hacia el sur desde la costa, hasta llegar a la porción central del continente. Durante los crudos meses del invierno, rebaños de rengíferos merodean por la desarbolada tundra de la llanura costera en busca de musgos y líquines que se encuentran por doquier. Cuando sobreviene el efímero verano, la capa de musgos se llena súbitamente de infinidad de flores de gran colorido sobre las cuales zumban nubes de mosquitos.

Más al sur algunos arbustos comienzan a aparecer, hasta que se llega a la gran selva boreal que se conoce como la taiga y que cubre una cuarta parte del país. A esta región sigue un territorio sin árboles cubierto de praderías de hierbas de tallo corto: la estepa siberiana. Esta estepa semiárida, está dedicada principalmente a pastos y al cultivo de cereales y linda al sur con los grandes desiertos asiáticos del Asia Central y la China.

La Unión Soviética está separada de China por el macizo formado por las cadenas montañosas que, partiendo de la meseta de Pamir, se extienden por el centro del continente hasta el rincón nordeste de Asia. Una parte de la frontera entre los dos países está formada por el río Amur. Un brazo de la Unión Soviética rodea la Manchuria llegando a lindar en un corto trecho con la frontera nordeste de Corea. El Lejano Oriente está limitado al sur por los estados de las Himalayas y al sureste, sin grandes accidentes topográficos llega a la península Indochina.

La enorme población de China se concentra principalmente en los llanos costeros formados por los deltas de los ríos Yangtze, Hoang Ho o Amarillo y el Si Kiang. El occidente es inhospitalario y está poco poblado. La gran meseta del Tibet se va elevando hacia el sur hasta unirse a los majestuosos Himalayas, donde se destaca el Monte Everest, la montaña más alta del mundo. La Mongolia está compuesta en su mayor parte de una alta meseta árida, interrumpida por algunas cadenas montañosas y abarca el desierto de Gobi, que se extiende a lo largo del norte de China.

A lo largo de la costa oriental del Asia se extienden varias cadenas de islas. Entre las islas Kuriles, al norte y Tai-uan y las Filipinas al sur, se encuentran las cuatro grandes islas del Japón. En estas islas montañosas existen cerca de doscientos volcanes esparcidos por las zonas más cercanas a la parte del continente que ocupan Corea y la Unión Soviética.

El Asia Sudoriental queda entre la China y la India y está compuesta de una gran península y de las islas de las llamadas Indias Orientales. La península está surcada por seis grandes ríos que nacen en las montañas del centro de Asia. En esta región se encuentran algunas de las tierras mejor cultivadas del Asia. Tanto la península como las grandes islas se encuentran en la zona tropical. Una espesa selva ecuatorial cubre los lugares en los cuales las lluvias son constantes. En otros sitios, las selvas no son tan espesas. La mayor parte de los habitantes está dedicada a la producción agrícola para el consumo local y a trabajar en las grandes plantaciones de caucho, caña de azúcar, café y té, tanto en las montañas como en los llanos. La isla de Java se presta al cultivo agrícola por la gran feracidad de sus suelos volcánicos. La minería es la principal actividad industrial de Sumatra, Nueva Guinea y Borneo. Existen varios volcanes en erupción en esta región. En 1883 un volcán en la isla de Krakatoa, situada entre Java y Sumatra, explotó y destruyó gran parte de la isla, produciendo un maremoto que se sintió en todo el mundo.

En este vasto continente se encuentran todos los principales grupos étnicos del mundo. Los mestizajes comenzaron desde los tiempos más remotos por lo que con frecuencia resulta difícil determinar la genealogía de los distintos tipos asiáticos. Los mongoloides, o sea la raza conocida por amarilla, aparecen con distintas características morfológicas por toda el Asia. Las tierras del Lejano Oriente están pobladas densamente por este grupo. Los malayos descienden de un pueblo de origen mongol mezclado con otro de origen caucasoide. Los turcos, que también fueron de origen mongol, se han mezclado intensamente con pobladores del Levante y Europa. En lugares remotos de la península malaya, la Nueva Guinea y las Filipinas se encuentran habitantes que pertenecen a la raza negra y que son conocidos por "negritos." La India fué invadida en tiempos remotos por un pueblo de origen caucásico, los arios, los cuales se mezclaron con los habitantes primitivos, los drávidas, que tenían la piel oscura. Los árabes y los turcos también contribuyeron al ancestro de los actuales indios. La Unión Soviética tiene diversas mezclas raciales. Eslavos de origen caucásico emigraron de Europa hacia la parte asiática del país y se han establecido entre la población indígena, de origen mongol y turco.

En los últimos siglos, el número de habitantes del Asia ha aumentado de manera considerable. Aunque la mayoría de la población se dedica a la agricultura, producir suficiente alimento para tantas personas es un problema grave. El principal producto es el arroz, que es el alimento principal de la mayoría de los asiáticos. En el Asia se cosecha cerca del 95% de la producción de arroz del mundo. Tanto en los bosques, como en vastas extensiones de la Siberia, hay quienes se dedican a la caza de animales, para utilizar su carne o sus pieles. En las márgenes de los ríos, en la orilla del mar y en las islas, la principal ocupación es la pesca. Los habitantes de las estepas y de las regiones desérticas son nómadas que viven de sus rebaños.

Las tradicionales industrias artesanales y caseras del Asia están siendo gradualmente reemplazadas por maquinarias modernas y la producción en masa, pero dentro del pueblo quedan expertos en la ejecución de trabajos manuales a quienes se deben las alfombras tejidas de Irán, los tejidos finos de algodón de la India, los tintes de batik en Java y los esmaltes de la China y el Japón.

TURQUÍA — Hace algunos siglos Turquía era la cabeza de un vasto imperio; en la actualidad comprende principalmente la rectangular península de Anatolia, situada entre el Mediterráneo oriental y el mar Negro. Su territorio esta compuesto de una árida meseta rodeada de cordilleras montañosas que alcanzan grandes alturas. La cumbre mas alta es el Monte Ararat de punta más alta es el famoso Monte Ararat. Las fajas costeras a lo largo de los mares Mediterráneo y Egeo tienen tierras fértiles. La capital, Ánkara, está situada en la meseta central. Estambul que se encuentra situada en la Turquía europea, al norte del mar de Mármara, es un puerto de gran importancia, así como un gran centro mercantil y cultural. Otro puerto de mucho tráfico es Esmirna. Turquía se constituyó como República en 1923 y desde entonces estima la modernización del país y su desarrollo industrial. Al propio tiempo, la persistencia de la religión Mahometana hace que se conserven muchas tradiciones y costumbres turcas y asiáticas.

LÍBANO — En las estribaciones costeñas y en el valle intramontano situado entre las montañas del Líbano y del Anti-Líbano el suelo es fértil y productivo. Su principal ocupación es la agricultura y en las empinadas laderas se cultivan en forma escalonada óptimas cosechas. El Líbano, fuera de las Filipinas, es el único país del Asia en el cual gran parte de la población es cristiana (alrededor del 50%). Su independencia absoluta se obtuvo en 1946. Beirut, la capital y puerto principal, es uno de los centro mercantiles más importantes en el Levante.

JORDANIA — Al derrumbarse el imperio turco después de la Guerra Mundial de 1914, Jordania se convirtió en un protectorado británico. Obtuvo su independencia en 1946. De su superficie sólo es productiva una pequena porción al noroeste. Es ahí donde se encuentra Amman, la capital. En Jordania se encuentran muchos lugares mencionados en la Historia Sagrada.

ISRAEL — Después de peregrinar por el mundo durante dos mil años, el pueblo judío logró llevar a cabo su empeño de constituir una nación al crearse el novísimo estado de Israel en 1948. Situado entre Egipto y Jordania, en la costa oriental del Mediterráneo, el territorio está compuesto de una tierra árida y caliente. Sin embargo, a base de grandes obras de irrigación, la nación logró transformar en fértiles extensas regiones, en las cuales las arboledas y bosques comienzan a darle una tonalidad verde al paisaje. La economía de la nueva nación se basa en la agricultura, aunque ya hay importantes refinerías de petróleo, fábricas de productos químicos e industrias ligeras. En la zona de Tel Aviv-Jaffa es donde se concentra la industria manufacturera; la industria pesada está establecida en el puerto de Haifa en el Mediterráneo. Gran parte de la población, constituída principalemente por inmigrantes provenientes de todo el mundo, viven comunalmente en modernas cooperativas de colonos. El idioma hebreo que antes se usaba solamente en ceremonias religiosas y estudios sagrados, es la lengua oficial de la nueva república. La capital moderno del estado de Israel es la ciudad sagrada y antigua de Jerusalén.

SIRIA — En el territorio de la república de Siria se encuentran grandes cordilleras

Un camello con su carga se cruzan con un tren moderno en el desierto de Arabia.

Aramco

Ruinas de un templo en Angkor Wat, Camboja.

TWA

ARABIA — La península de Arabia está compuesta casi exclusivamente de desiertos. El nordeste de la península, casi dos terceras partes de su superficie, lo ocupa la Arabia Saudita, un reino organizado en 1932. Tiene dos capitales, El Riad y La Meca, esta última es el centro espiritual de todos los musulmanes. Gran parte del país consiste en un desierto, yermo y pedregoso, conocido por Nefud. Al sureste existe una vasta región deshabitada, llena de dunas, llamada Rub al Khali. En todo el desierto hay pocos oasis, diseminados por el territorio. En los verdes oasis se dan las palmas dátiles y en las tierras con regadíos modernos se producen cereales y legumbres.

Contrastando con lo anterior, las mesetas y riscos del Yemen, situado en la esquina suroeste de la península, tienen suficiente precipitación y tierras lo bastante fértiles para la producción agrícola. Es aquí donde se cosecha el café de alta calidad conocido por Moka, nombre que tomó del puerto en el Mar Rojo por donde se embarcaba. También se producen dátiles, algodón y cereales.

El descubrimiento de grandes yacimientos de petróleo a todo lo largo del golfo Pérsico dió lugar a un inesperado florecimiento económico. Muchos jeques tribeños se enriquecieron de la noche a la mañana. Se construyeron carreteras y automóviles y camiones están comenzando a reemplazar al camello. Ya hay un ferrocarril entre El Riad y el golfo Pérsico. En el litoral, al sur y al este de la península de Arabia, existe una serie de países pequeños que incluyen los dos países de Yemen, Omán, los Emiratos Árabes Unidos, Bahrain, Katar, y Kueit, algunos en tiempos pasados bajo la protección británica.

montañosas al oeste y un vasto desierto al este. En el medio se encuentra una faja de tierra, célebre por su gran feracidad. En los tiempos antiguos, Siria quedaba en medio de las rutas de las caravanas que se dirigían de la Mesopotamia a Egipto. En la actualidad, su importancia radica en que comunica a la gran zona de los yacimientos petrolíferos de la Arabia y el Irak con el Mediterráneo. El país sigue dedicado a la producción agrícola en su mayor parte. La capital es Damasco, la ciudad más antigua entre las habitadas en la actualidad. Después de la Guerra Mundial de 1914 Siria se convirtió en un protectorado francés, siendo proclamada independiente en 1946. El primero de febrero de 1958 se unió a Egipto formando la República Árabe Unida, de la cual se separó en 1961.

IRÁN (Persia) — A pesar de que más de la mitad del país es un desierto, el territorio de Irán ha sido la cabeza de florecientes imperios tanto en la antiguedad como en la Edad Media. Actualmente la monarquía ha sido reemplazada por una república islámica. La región próxima al mar Caspio es fértil, su clima semi-tropical y la precipitación abundante. Es ahí donde se encuentra la capital, Teherán. En sus alrededores se alza su cumbre más elevada, el Monte Demavend. La faja desértica se extiende a través de la mayor parte del interior país. En las zonas fértiles, la producción agrícola es la actividad principal. En las partes mas áridas se crían carneros. Su gran fuente de riqueza está en los yacimientos petrolíferos. La refinería de Abadán es una de las mayores del mundo.

AFGANISTÁN — Afganistán está situada entre el Turkestán Soviético y Pakistán. Su territorio queda en medio de las rutas de muchas invasiones, pero nunca fué com-

IRAK — Los ríos Eufrates y Tigris atraviesan a Irak por el centro, en su recorrido de noroeste a suroeste. Al oeste y al suroeste quedan los desiertos de Siria y de Arabia y al norte las montañas del Kurdistán. La producción agrícola depende del regadío. En la antigua Babilonia se utilizaba un vasto sistema de regadíos, pero después se descuidó el cultivo de la tierra. En los tiempos modernos, los ingresos provenientes de los ricos yacimientos petrolíferos de Mosul hacen posible la ejecución de planes de irrigación. Las poblaciones más importantes además de Bagdad, la capital, son Mosul, centro de la industria del petróleo y Basora, el puerto de mar del país situado cerca de la desembocadura de los dos grandes ríos. Irak formaba parte de Turquía hasta el final de la Guerra Mundial de 1914 en que se convirtió en una monarquía constitucional. Después de la revolución de julio de 1958 se proclamó la república en el país.

El Uadi Hadramaut, una meseta volcánica desgastada por la erosión en la Arabia.

Servicio Informativo Británico

pletamente conquistado. La mayor parte del país se compone de estériles mesetas, profundas cañadas y montañas cubiertas de nieve, lo cual lo hace poco productivo. Sin embargo, las cosechas que se sacan en las zonas irrigadas son de gran calidad. El país es conocido por sus finas alfombras y sus pieles de carnero, que son sus principales artículos de exportación. Se está tratando de desarrollar la energía hidráulica y la industria petrolera. La capital es Kabul.

PAKISTÁN — Pakistán se creó en 1947 con el fin de que los mahometanos de la India tuvieran una nación independiente. La nueva capital de este país es en Islamabad, una nueva ciudad cerca de Rawalpindi. Pakistán comprende el valle del río Indo y sus áreas adyacentes, extendiéndose desde las Himalayas hasta el mar Arábigo. Tiene grandes regiones desérticas y no está muy densamente poblado. En el valle del Indo se concentra el cultivo de cereales y algodón, gracias al regadío basado, en parte, en un sistema de canales, antiguo pero todavía eficiente y, en parte, en enormes represas modernas.

Karachi, que queda al oeste del delta del río Indo, es el principal centro mercantil de la región y del país. Al norte se encuentra Lahore, la ciudad principal del interior, que fué en una época la capital del imperio Mogol. Es célebre por su mezquita de perlas y por los jardines de Shalamar.

BANGLADESH — El nuevo país abarca la mayor parte del delta de los ríos Ganges y Brahmaputra y las estribaciones de las sierras de Assam. Es una región muy húmeda y poblada, en la cual las cosechas principales son las de arroz y yute. Su separación de la India dió lugar o grandes problemas demográficos, económicos y políticos que no han sido del todo resueltos. Dacca, la capital de la república nueva, es, al mismo tiempo, un importante centro comercial. Chittagong es el puerto de mar de esta región.

Oficina Turística del Gobierno de la India

Belur Math, cerca de Calcuta, preserva la memoria de Swami Vivekananda.

NEPAL y BUTÁN — Estas dos pequeñas monarquías asiáticos independientes están aisladas del mundo exterior por las montañas del Himalaya. Muchas de las montañas más altas del mundo, incluyendo el Monte Everest, quedan en Nepal o en sus fronteras. Sus habitantes son conocidos por su valentía. Los gurkas del Nepal tienen fama como soldados del ejército indio y los cherpas de Nepal son los guías de confianza de las expediciones empeñadas en escalar los picos del Himalaya.

INDIA — La India tiene una población de 198 habitantes por kilómetro cuadrado, la mayor parte de la cual está dedicada a labores agrícolas. Los agricultores indios viven en pequeñas aldeas rodeadas de terrenos labrados. A pesar de que emplean métodos e implementos primitivos sus cose-

chas son generalmente abundantes. Las cosechas de la India dependen de la temporada de lluvias (época de los monzones). Si los monzones demoran en llegar, se originan sequías desastrosas. En esas ocasiones grandes sectores de la población pueden ser víctimas del hambre, situación que se agrava por la escasez de buenos medios de transporte que impide el envío urgente de alimentos a las regiones afectadas. En las últimas décadas, el gobierno ha impulsado obras de regadío y la construcción de carreteras y ferrocarriles para evitar el peligro de las hambrunas.

Por un período de más de cuatro mil años, la India estuvo a merced de pueblos de merodeadores y conquistadores. A diferencia de otros países más chicos que lograron sacudirse el yugo de los opresores, la India permaneció por varios siglos sujeta a la dominación extranjera. Como consecuencia, presenta un mosaico de razas y tradiciones. La religión Hindú y particularmente el sistema de castas, tuvieron un gran arraigo en la India a lo largo de su historia, aún durante la dominación inglesa. Las castas impidieron la desaparición gradual de las distinciones sociales y trajeron como resultado las grandes diferencias entre la opulencia y la extrema pobreza que existen en la India.

La India obtuvo la independencia en 1947 y en 1950 se convirtió en República. Su capital es Nueva Delhi. El gobierno está tratando de mejorar las condiciones de vida del pueblo mediante la expansión de sus industrias y la modernización de la agricultura. El principal problema de la India es armonizar las ideas modernas y los requerimientos de la industrialización con las antiguas tradiciones en un país densamente poblado. La principal industria en la actualidad es la producción de tejidos de algodón. Las principales ciudades en las que se manufacturan telas de algodón son Ahmadabad y Bombay, el puerto principal del mar Arábigo. Calcuta es el puerto principal del

Interior de la mezquita de Sta. Sofía, Estambul, Turquía.

Oficina de Información de Turquía

El litoral marítimo en Iskenderun, Turquía.
Walter Nebiker

país. Está situado en el delta del Ganges y es el centro de la región productora de yute. Madrás, ciudad situada en la costa de Coromandel, al sur del golfo de Bengala, es también célebre por sus telas de algodón. Al nordeste del país se han instalado plantas para la fabricación de hierro y acero.

Una vieja disputa con Pakistán ha forzado una división "de hecho" de la región de Yammu y Cachemira en el noroeste de India.

La India comprende tres pequeños archipiélagos: las islas Laquedivas, en el mar Arábigo cerca de la costa suroeste de la India y las islas de Andamán y Nicobar, en el océano Índico, al sur de Birmania.

SRI LANKA (CEILÁN) — Esta isla es en el océano Indico, cerca de la extremidad meridional de la India. Su capital es Colombo. Fué una monarquía desde los tiempos más remotos, convirtiéndose en colonia inglesa en 1802 e independizándose en 1948. En el interior de la isla, hacia el sur, se alzan montañas en cuyas laderas se cultiva el famoso te de Ceilán. En los llanos del norte y a lo largo de las costas el arroz es el cultivo principal. En las arenas de los ríos se hallan piedras preciosas. Las brisas marinas suavizan el clima.

LA PENÍNSULA INDOCHINA — La península Indochina se encuentra situada entre el golfo de Bengala y el mar meridional de China y su superficie abarca parte de Birmania, Thailandia, Vietnam, Laos, Camboja y parte de Malasia del Oeste. La mayor parte de la península está cubierta por una espesa selva ecuatorial en las llanuras y en las montañas. La precipitación es abundante y la tierra, muy feraz. En las selvas se encuentran árboles de maderas preciosas tales como teca, ébano y otros árboles útiles por su madera o por su resina. La mayor parte del caucho natural que se usa en el mundo proviene de esta región.

Las selvas han cubierto algunas ciudades antiguas. Las extraordinarias ruinas de Angkor Wat, la capital del reino de los Khmers, ocupan una superficie de kilómetros cua-

drados. El arroz se cosecha dos veces al año en los llanos ribereños y en los deltas, exportándose gran parte de la cosecha. Las aldeas se construyen sobre las represas que dividen los arrozales. Los puertos principales son: Rangún, la capital de Birmania y gran puerto de mar, Bangkok (Krung Thep), capital de Thailandia, Saigón, capital del Vietnam del Sur y Singapur. Este último está situado en una isla en la punta de la península, dominando una de las más importantes rutas marítimas del mundo. En la bahía de Kompong Som, al sur de Camboja, se construye un nuevo puerto.

EL ARCHIPIÉLAGO MALAYO — Constituye la agrupación de islas mayor del mundo, extendiéndose desde Sumatra hasta las Filipinas, cerca de las costas de China. Abarca varios miles de islas. El archipiélago, con excepción de las Filipinas, y parte de Timor, Borneo y Nueva Guinea, perteneció a Holanda durante varios siglos.

Un minarete se eleva altivo sobre el río Orontes en Antakia, Turquía.
Walter Nebiker

INDONESIA — La República de Indonesia radica en el archipiélago más rico e importante del mundo. Los habitantes de las islas pertenecen a una variedad de razas, los hay malayos, melanesios, papúes, chinos, árabes y eurásicos. Como es natural, en la nación se hablan muchos idiomas distintos y se practican diversas religiones. La religión predominante es la mahometana, pero hay muchos fieles que pertenecen al hinduísmo, cristianismo y budismo. Los habitantes del interior son paganos y creen en los espíritus.

La mayor parte de las islas son montañosas y de origen volcánico. En una ocasión formaron parte de la tierra firme que comunicaba el Asia con Australia. La isla de Java es la más desarrollada y la más productiva de las Indias Orientales, así como una de las regiones mas densamente pobladas del mundo. Yakarta, la capital, está situada en Java. La mayor parte de Borneo (una de las islas mas grandes del mundo), Sumatra, las Célebes, las islas menores de la Sonda (incluyendo a Bali), las Moluccas, y Irian Occidental completan el resto de la extensión territorial.

La economía de Indonesia es esencialmente agrícola, produciendo caucho y petróleo en Sumatra; copra en Borneo y las Célebes; te, azúcar y especias. Además, se recogen grandes cosechas de arroz y de otros alimentos para consumo interior.

Indonesia fue colonizada por los holandeses en el siglo XVII, obteniendo su independencia en 1949. Fundir un archipiélago tan vasto y de tan distintos orígenes en una nación homogénea no es nada fácil. La educación de los indoneses, descuidada durante la dominación colonial, es un problema mas serio aún, ya que es imprescindible preparar al pueblo para la vida moderna.

LAS FILIPINAS — Al este de Asia, el territorio de la República de Filipinas está constituído por más de siete mil islas, las cuales, como todas las que forman parte del archipiélago malayo, no son otra cosa que las cumbres de montañas sumergidas que sobresalen de la superficie del mar. Unas ochocientas de estas islas tienen suficiente extensión territorial para ser habitables y unas once son islas mayores. Intercalados entre las montañas se hallan fértiles llanos con agua abundante y angostas llanuras litorales. Varios de los muchos volcanes de las Filipinas se encuentran en actividad y las islas sufren los efectos de terremotos. Como las Filipinas están cerca del ecuador su temperatura media es cálida. Recibe una gran precipitación y su territorio está en la ruta de los tifones. En las zonas fértiles se cultivan cocoteros, caña de azúcar y el cáñamo de Manila o abacá. De sus selvas se saca la caoba y otras maderas preciosas, el miraguano, el caucho y la quina. Se explotan minas de oro, plata, hierro y manganeso.

Magallanes, el gran marino portugués, descubrió a las Filipinas en 1521, muriendo en la isla Cebú. Los españoles colonizaron las islas en 1565 y las conservaron bajo su dominio durante trescientos treinta y tres años, después de los cuales las traspasaron a los Estados Unidos a consecuencia de su derrota en la guerra Hispanoamericana. En 1946 alcanzaron su independencia. La influencia española aún persiste en muchas de sus tradiciones. La mayor parte de los Filipinas son católicos, aunque aún existen tribus paganas en las lomas y mahometanos en la isla de Mindanao y en el archipiélago de Joló.

CHINA — La civilización china es más antigua que todas las existentes en la actualidad. Durante muchos siglos logró absorber toda influencia extranjera sin cambio básico alguno. En los tres últimos siglos la población de China aumentó de unos 60 millones de habitantes en el siglo XVI a más de 600 millones en la actualidad. Durante todo este tiempo el país continuó siendo una nación agrícola, apegada a sus

antiguos sistemas de labranza. Como consecuencia, padeció de frecuentes hambrunas y el nivel de vida del pueblo, por regla general, se mantuvo bajo. En 1912 se llevó adelante una revolución democrática que trató de mejorar la situación. Sin embargo, el desarrollo gradual fué paralizado al ocupar la Manchuria los japoneses en 1931 y proceder, más tarde, a invadir la China en 1937. Al ser finalmente derrotados los japoneses, el comunismo se había extendido por todo el territorio y en 1949 el continente chino quedó bajo la dominación comunista. Desde entonces, el desarrollo industrial y el establecimiento de granjas colectivas en gran escala han comenzado a cambiar el aspecto tradicional de la China. El país disfruta de un clima templado y su producción agrícola sigue siendo el medio de vida principal de sus habitantes. No se crían muchos animales, lo cual permite el uso de una mayor superficie para la cosecha de productos alimenticios. La cosecha principal es la de arroz, pero también se cultivan toda clase de productos agrícolas.

La Mongolia Interior, el Tibet y Sinkiang son las provincias lejanas de China. En estas regiones las temperaturas varían de un extremo a otro y su territorio es casi todo desértico.

La isla de Tai-uan (Formosa) se mantiene libre del dominio comunista y es el territorio donde se asienta el gobierno nacionalista de China. La parte central y la oriental de la isla son montañosas. La cima más alta en la isla de Tai-uan es el Monte Morrison. En sus estribaciones crecen árboles de maderas preciosas y de los ríos se obtiene energía eléctrica. La parte occidental de la isla es una fértil llanura. Tai-uan casi se auto abastece económicamente. Recientemente se ha iniciado una moderna reforma agraria.

LA U.R.S.S. ASIÁTICA

— La U.R.S.S. asiática comprende la Siberia, o sea la porción oriental de la República Rusa, Federal Socialista Soviética, que se extiende desde los Urales hasta el Pacífico, así como, también, las cinco repúblicas del Asia central, que están enclavadas en una región limi-

Una aldea cerca de Yokohama, en el Japón.

Ronald Tolles

tada al norte por la parte occidental de la Siberia; al sur por Irán y Afganistán; al este por la China y al oeste por el mar Caspio.

La Siberia se compone de una vasta llanura al oeste que va elevándose gradualmente hasta alcanzar las abruptas mesetas y cordilleras de la región oriental. El mar de Okhotsk, que es parte del Pacífico, corta la costa oriental, quedando entre la península de Kamchatka al norte y la isla de Sakhalín al sur. El clima de la Siberia es continental, caracterizado por escasa precipitación y mucho calor en el verano y poca nieve y mucho frío en el invierno. Las costas de la Siberia permanecen bloqueadas por los hielos en el invierno, aunque los rompehielos logran mantener abierto el puerto de Vladivostok el año entero. Vladivostok, al sur de los montes de Sikhote-Alin, y Petropavlovsk, en la península de Kamchatka, son los principales puertos en el Pacífico y los centros de la industria pesquera en ese océano.

En la zona de la tundra ártica, el subsuelo se mantiene permanentemente con-

E. L. Jordan

Mercado flotante en Bangkok, Thailandia.

gelado, haciendo imposible el crecimiento de árboles. Esta región limita al sur con una ancha faja de selvas de coníferas conocida por la Taiga. En estas comarcas abundan las ardillas, las martas, y los armiños que se cazan para aprovechar sus preciosas pieles. La pesca y la cría de renos son actividades importantes en el norte. La Taiga suministra grandes cantidades de maderas de construcción, en cuya producción la U.R.S.S. marcha a la cabeza del mundo. Al suroeste de la Taiga se hallan las estepas, sobre cuyas fértiles tierras negras cae una cantidad adecuada de lluvia que permite la producción de abundantes cosechas. Las más importantes cosechas son las de cereales, remolacha dulce, arroz, frijol de soya y lino. Además se crían grandes rebaños de ganado y ovejas.

Durante varios siglos Rusia envió criminales y desterrados políticos a la Siberia para suplir la falta de colonos voluntarios.

Ronald Tolles

Templo japonés.

En la actualidad se ha logrado desarrollar la industria y la agricultura en gran escala en algunas regiones, especialmente en el suroeste, cerca de Novosibirsk, que es un centro importante de la fabricación de maquinarias, y en la cuenca de Kuznetsk que queda al norte de los Montes Altai. Se están construyendo grandes represas para el suministro de energía eléctrica. El ferrocarril Trans-Siberiano, la principal vía de comunicación de la Siberia, se está ampliando continuamente y algunos de los pueblos que quedan aislados tienen servicio aéreo. En la región de Kuznetsk se explotan grandes yacimientos carboníferos y de las montañas que están situadas en el límite meridional de la Siberia se extrae hierro, plomo y zinc, oro, tungsteno, estaño y sal. En medio de estas montañas se encuentra el lago Baikal, el más profundo del mundo, el cual queda cerca de la frontera de la República de Mongolia. La región noroeste de Siberia es rica en petróleo y gas natural.

Las repúblicas del Asia central abarcan una superficie compuesta de estepas áridas y desiertos, ceñida al norte por una faja de fértiles estepas de tierras negras que son la prolongación de las de la Siberia y al sur, por el empinado sistema montañoso que forma el límite meridional de la U.R.S.S. En las estepas áridas se crían carneros y se cosecha millo. En la región desértica se crían carneros karakul y camellos. Es en esta región en la cual se encuentran las antiguas ciudades de Bukhara, Samarcanda y Tachkent, situadas cada una de ellas en un oasis de la legendaria ruta comercial a la China. El regadío se ha extendido a la faja al pie de las montañas en la cual se cosecha remolacha dulce, tabaco, amapolas, algodón y arroz. En las sierras existen abundantes recursos minerales, tales como cobre, carbón, plomo y zinc, hierro y petróleo.

LA REPÚBLICA DE MONGOLIA

— La mayor parte del país es una árida meseta ocupada en gran parte por el desierto de Gobi. Al noroeste se encuentran altas montañas de donde brotan torrentes que forman lagos de buen tamaño. Sus habitantes son casi todos nómadas que viajan continuamente de

Barcos de velas en un canal que conduce a Yakarta, Java.

Standard Oil of N. J.

sitio en sitio en busca de pastos frescos para sus rebaños. En 1921 el país se convirtió en una "república popular" y desde entonces ha estado sujeto a la influencia de la Rusia comunista. Se han realizado intentos de establecer a los nómadas en granjas colectivas. Su capital es Ulan Bator.

JAPÓN —Desde que el Japón abrió sus puertas al comercio mundial, a mediados del siglo pasado, aplicó inmediatamente las innovaciones técnicas del mundo occidental, convirtiéndose en un corto espacio de tiempo en un moderno país industrializado. Al mismo tiempo, aumentaba su poderío militar, saliendo victorioso de las guerras contra China y Rusia. Tai-uan (Formosa) y Corea fueron ocupadas en 1905, Manchuria en 1932 y en 1937 el Japón invadió a la China. Durante la segunda Guerra Mundial el Japón logró dominar a Indonesia y a Indochina, pero su derrota al final de la guerra redujo su territorio a las islas del archipiélago Nipón.

Las islas del Japón emergen del fondo del mar y son generalmente montañosas (el Fujiyama se eleva a 3,778 mts.). El mar interior, conocido por el Mediterráneo japonés, está casi completamente cercado por las tierras que lo limitan, en las cuales se encuentran varias cadenas volcánicas donde quedan pocos volcanes activos. Los terremotos son frecuentes, por lo cual las

casas y fábricas son de poco puntal y casi todas de madera. El clima es templado y saludable y la lluvia abundante. Como un ochenta por ciento de la superficie es demasiado empinada para poderse cultivar. Debido a la gran densidad de la población del Japón, el máximo esfuerzo se empeña en el cultivo del veinte por ciento disponible. El pescado fresco y en conserva complementan el suministro de alimentos y, además, son renglones importantes de exportación.

Los japoneses son muy trabajadores, tienen una gran destreza técnica y, además, son extremadamente frugales. Han logrado montar grandes fábricas de tejidos e industrias pesadas a pesar de tener que importar la mayor parte de las materias primas. Recientemente se han montado plantas eléctricas para suplementar las reservas de carbón disponibles. La marina mercante japonesa es una de las mayores del mundo.

Durante varios siglos el gobierno del Japón estuvo en manos de unas cuantas familias señoriales. Después de la segunda Guerra Mundial, adoptó una constitución democrática, quedando el emperador como una figura decorativa con funciones meramente protocolares.

COREA — La república de Corea está situada en una península que forma una especie de puente terrestre entre Japón y el

continente asiático. Su posición la ha hecho víctima de invasiones desde los tiempos más remotos. En distintas épocas fue codiciada por la China, Rusia y el Japón, perdiendo su independencia a principios de este siglo cuando fué ocupada por los japoneses. Durante la segunda Guerra Mundial se le prometió la independencia a Corea, pero al terminarse la lucha surgió la división del país y la renovación de los conflictos. Hoy en día, Corea está dividida en dos estados, uno comunista al norte y otro, democrático y pro-occidental, al sur. Seúl es la capital de la Corea del Sur y Pyongyang, la de la Corea del Norte.

Su clima se ve afectado por el mar que la rodea y el inmenso continente asiático al que está unida. En el verano soplan brisas marinas que producen humedad y calor. En el invierno, los vientos soplan del interior del continente, produciendo un frío intenso y seco.

Desde un punto de vista topográfico y económico, Corea está dividida en dos diferentes regiones naturales. El centro productor agrícola de la nación está al sur del paralelo 38, donde se cosecha arroz, cebada, algodón y otros productos. Corea del Sur también posée importante cantidad de industria produciendo principalmente maquinaria, alimentos en conserva y textiles. Al norte del paralelo predomina la industria y la explotación de minas de carbón y hierro.

EL PACÍFICO —El océano Pacífico es la unidad geográfica de mayor extensión en el mundo, ya que abarca más de una tercera parte de la superficie del globo terráqueo. El fondo del mar no es parejo sino que tiene las mismas características que las superficies de los continentes. Del fondo se elevan montañas, unas aisladas, otras formando cordilleras, siendo muchas de ellas de mayor altura que las que existen en la superficie de

El moderno estado de Israel despliega gran actividad comercial.

TWA—Trans World Airlines

la tierra. Existen hoyas alargadas, algunas de gran profundidad, que se extienden paralelamente a estas montañas oceánicas. La más profunda es la fosa de las Marianas que llega hasta casi 10,000 metros bajo el nivel del mar. Estos macizos disparejos sumergidos y las distintas temperaturas latitudinales se combinan con la traslación de los vientos y la ausencia de movimiento en las zonas de calmas ecuatoriales para determinar las alternativas del estado del tiempo en el Pacífico.

El océano Pacífico es de forma más bien triangular y está bordeado por montañas muchas de las cuales son volcanes. El litoral del continente asiático es generalmente menos elevado que el de la América, estando orlado de archipiélagos importantes que se extienden desde la península de Kamchatka hasta Australia, donde se unen a las islas de Indonesia. Grandes sierras y plataformas submarinas se extienden por el fondo del océano desde las Filipinas y la Nueva Guinea en dirección sur y este, proyectándose en ocasiones sobre el nivel del mar para formar muchas cadenas de islas. Estas cadenas de islas se extienden en un amplio arco de miles de kilómetros hasta el archipiélago de Tuamotu. Islas solitarias y grupos de islas se encuentran cerca de las cadenas de islas y las masas de los continentes.

Las islas, en su mayoría, son montañosas y cubiertas por una espesa vegetación. En el Pacífico central y meridional, muchas de esta islas son de origen volcánico y a menudo bordeadas de arrecifes de coral. A lo largo del Ecuador y hacia el sureste, predominan los atolones coralíferos, muchos de los cuales se encuentran a flor de agua. Estas islas coralinas son de forma circular y contienen una albufera en el centro, en la cual emerge en algunos casos una isla de mayor elevación. En las mismas se dan cocoteros, el árbol del pan y cierta vegetación menor. La alimentación de los habitantes de estas islas del Pacífico se basa en una variedad de pescado, fruta del pan, cocos, frutas y tubérculos. La Oceanía, compuesta de las islas del Pacífico central y meridional se divide en tres grupos según el tipo antropológico de los habitantes de las islas, a saber la Melanesia, la Micronesia y la Polinesia.

El futuro de los millares de islas y grupos de islas que existen en el Océano Pacífico es de primordial importancia para el resto del mundo. Rutas aéreas y marítimas facilitan el transporte de gentes y productos desde cuatro de los continentes a través de esta región acuática con las islas sirviendo como puntos de reaprovisionamiento de combustible y servicios y aumentando su valor turístico cada día más. Bajo la dirección del Reino Unido, Francia, Australia, Nueva Zelanda y los Estados Unidos se están desarrollando con gran rapidez hoteles y facilidades turísticas para el recreo de pasajeros provenientes de Europa, Asia y las Américas. La belleza natural de las islas y sus alrededores son motivo también de estudio y consideración. Líneas aéreas nuevas y en desarrollo transportan

Australian News and Information Bureau

Uno de los puentes más grandes del mundo cruza la bahía en Sydney, Australia.

miles de nuevos pasajeros cada año a una región llena de encanto y paz y que hasta hace poco era conocida por la mayoría nada más que a través de la literatura y del cine.

Samoa Occidental, Tonga, Fiji, Naúru, Tuvalu, Vanuatu, Kiribati y Salomón han adquirido el rango de naciones independientes, las islas Niue, Cook, Islas Marshall e Islas Carolinas han logrado gobierno interno proprio y otras más han recibido más autonomía local poniéndolas en el camino de completa independencia en el futuro cercano. La industria del turismo sin duda proveerá el mayor recurso de ganancias para la región del Pacífico por muchos años

y las miriádas de atolones corales e islas volcánicas tomarán una parte cada día más importante en el descubrimiento de una de las últimas fronteras de desarrollo mundial.

MELANESIA —Las islas más próximas al Asia componen dos cadenas de las cuales, la más meridional es la de la Melanesia. Partiendo de la Nueva Guinea, las islas se extienden hacia el sureste, comprendiendo las islas del Almirantazgo, el archipiélago de Bismarck, las islas Salomón y las de Fiji. Muchas de estas islas estuvieron bajo la tutela administrativa de Gran Bretaña y Australia aunque ahora son completamente independientes. La Nueva Guinea está dividida políticamente en dos partes: la

Los campos sembrados de piñas crean diseños interesantes.

Dole Photo

A. N. Dupay

Pintoresco bote de vela en la playa de Waikiki en el Hawaii, viéndose a lo lejos el lomerío de Diamond Head.

mitad oriental se encuentra bajo la administración independiente de Papúa Nueva Guinea; la parte occidental de Nueva Guinea es una provincia de la república de Indonesia. Nueva Caledonia y sus dependencias están bajo dominio francés pero las antiguas Islas Nuevas Hébridas, llamadas ahora Vanuatu, son independientes.

Habitadas por razas negroides, estas islas fueron pasadas por alto por los Micronesios y Polinesios, aunque existen algunos habitantes de origen Micronesio en las islas occidentales y algunos Polinesios dispersos en las Salomón y en Fiji oriental. En la actualidad sus habitantes comprenden desde los europeizados colonos de la Nueva Caledonia y Fiji y los misioneros de las costas de Nueva Guinea hasta los primitivos cazadores de cabezas y caníbales que habitan las sierras de la Nueva Guinea.

La Melanesia es una de las regiones menos conocidas y menos desarrolladas del planeta. La Nueva Guinea, las islas del Almirantazgo, el archipiélago de Bismarck y las islas Salomón fueron objeto de diversos experimentos agrícolas en los años que precedieron a la Segunda Guerra Mundial. Durante la guerra fueron víctimas de las invasiones y consiguiente destrucción y en la actualidad siguen apenas sin adelantos. Nueva Guinea produce petróleo, oro, café y copra. Las islas del Almirantazgo, las Bismarck y las Salomón exportan copra. Las islas orientales de la Melanesia son, por el contrario, mucho mas productivas. Vanuatu produce cocos, cacao y café y Nueva Caledonia, que es rica en minerales, produce níquel y cromo, copra y café. Fiji, una nación independiente, tienen varios artículos de exportación, entre otros, azúcar, lingotes de oro, copra, frutas tropicales y conchas.

MICRONESIA — Al norte de la Melanesia se extiende la Micronesia, otra cadena de islas comprendida entre las Bonín y las islas Volcanes, al presente Japonés, pasando por las Marianas, las Palaos y las Carolinas, hasta llegar a las Marshall. Guam y las Marianas del Norte pertenecen a los Estados Unidos. El resto de las Marianas, las Marshall y las Carolinas componen el Territorio Fideicomisario de Islas del Pacífico de las

Nacionas Unidas, que está bajo la administración de los Estados Unidos.

Las islas Bonín y Volcanes permanecieron prácticamente deshabitadas hasta que fueron colonizadas por los japoneses en el siglo XIX. Después de la Segunda Guerra Mundial, los japoneses fueron repatriados, permaneciendo sólo unos pocos habitantes de origen mixto en una de las islas.

Las Marianas fueron inicialmente pobladas por una tribu de la Malasia conocida por los Chamorros. Los españoles dominaron las islas durante varios siglos, desde la época en que Guam servía de base de aprovisionamiento de los galeones que partían de Manila y que hacían el recorrido entre las Filipinas y Acapulco, México. Los españoles, cuya influencia ha sido la más duradera, fueron sucedidos por los alemanes y los japoneses. Los japoneses desarrollaron las islas comercialmente, produciendo grandes cantidades de azúcar y

Ronald Tolles

Mercado al aire libre en Kita-Kiusu, Japón.

pescado. Al ser repatriados al terminarse la guerra, las islas han vuelto a su antiguo nivel de mera subsistencia.

Al sur de las Marianas se encuentran las islas Palaos y las Carolinas, cuyos habitantes son básicamente de origen indo-malayo, mezclados con gentes de sangre Malasia y Polinesia. Los pobladores de estas islas han construído puentes, ciudades y fortificaciones utilizando rocas en forma muy original. Los isleños de Yap, que son refractarios al progreso, utilizan grandes piedras con perforaciones como unidad de cambio. Las principales fuentes de riqueza son la copra, la bauxita y los fosfatos.

El resto de las islas de la Micronesia y las Marshall así como las Islas del Océano y Naúru no quedan en la ruta habitual del transporte aéreo o marítimo y, a diferencia de las otras islas de la Micronesia, no son volcánicas, sino que casi todas son atolones coralinos. Los habitantes de los atolones dependen de la lluvia para el suministro de agua potable y de la pesca en la albufera para gran parte de su alimentacion. El suelo

de las islas, inferior y salino, produce cocos, fruta del pan, batatas, arruruz y algunas frutas tropicales. En las islas del Océano y Naúru, ahora una república independiente, se explotan minas de fosfatos, los cuales, unidos a la copra constituyen los principales artículos de exportación.

LA POLINESIA — La Polinesia, que quiere decir "muchas islas," ocupa un inmenso triángulo integrado por varios archipiélagos dispersos y algunas islas salteadas. Su vértice septentrional está situado en las islas Hawaii, a los veinte grados de latitud norte. El ángulo occidental del triángulo, lo forman las islas Fiji, donde se funden las culturas de la Polinesia y la Melanesia y las que están pobladas por mestizos de ambas razas. El límite oriental se encuentra en las islas Gambier, pertenecientes al archipiélago de las Tuamotu, aunque se considera generalmente que las islas Pitcairn y de Pascua, que están fuera de este archipiélago, también forman parte de la Polinesia. Es aquí donde radica el grupo étnico más progresista de los mares del sur, los polinesios, los cuales son el producto de la mezcla de tres razas, la blanca, la negra y la amarilla. Los polinesios son grandes navegantes que, partiendo del Asia, cruzaron el Pacífico rumbo al este hace centenares de años y llegaron en sus canoas a las islas donde habitan. Son célebres por sus bailes y sus fiestas. Los campechanos polinesios tratan por todos los medios de conservar sus costumbres originales a pesar del contacto con los comerciantes y misioneros europeos y los esfuerzos del gobierno.

La Polinesia Francesa contiene un gran número de islas al sur del ecuador. Entre las catorce islas de la Sociedad se encuentra la isla de Tahití, la mayor de la Polinesia Francesa. Tahití tiene una especie de domo central de origen volcánico de donde surgen varios desfiladeros que se comunican con la estrecha llanura costera que rodea a la isla. Las islas de la Sociedad exportan vainilla y copra y atraen numerosos visitantes. Las Marquesas, al igual que las islas de la Sociedad, son volcánicas, pero carecen de

Isla del Sur, Nueva Zelanda.

N.Z. Govt. Travel Comm.

llanura costera y de arrecifes protectores, lo que dificulta tanto la pesca como la navegación. Las islas del archipiélago de las Tuamotu y las del grupo de las Mangareva o Gambier, poseen bancos de perlas muy productivos. Las islas Australes exportan copra y café. En la isla de Rapa, que está situada cerca de una importante ruta del tráfico marítimo, existen figuras de piedra semejantes a las que se encuentran en la isla de Pascua. Las islas Wallis y Futuna, situadas al oeste, cerca de las Fiji, también pertenecen a Francia. Las islas Samoa se dividen en dos grupos: la Samoa Occidental está libremente asociada a la Comunidad Británica de Naciones, pero las islas que pertenecen a los Estados Unidos siguen estando bajo una administración territorial. Las islas de Cook y Tokelau y la de Niue, que están bajo la administración de Nueva Zelanda, producen frutos cítricos y bananas.

Tonga se compone de un grupo de islas que forman un reino independiente, hasta 1968 asociado con la Gran Bretaña. Las islas Tuvalu y sus vecinas, las Gilbert, están superpobladas. Algunos de los habitantes de estas islas han sido asentados en las islas del grupo de las Fénix, bajo la supervisión británica. La isla Pitcairn, habitada originalmente por los polinesios, estaba despoblada cuando arribaron los amotinados del buque inglés "Bounty" y sus acompañantes tahitianos y se quedaron a colonizar la isla.

La remota isla de Pascua, perteneciente a Chile, es famosa principalmente por las extrañas efigies, cuidadosamente labradas en piedra negra y rematadas con sombreros rojos, que se encuentran allí.

Además de habitar la región del Pacífico a que ellos dan su nombre muchos polinesios se hallan también más hacia el oeste en islas aisladas, rodeados por micronesios y melanesios. Sin embargo éstos han conservado las costumbres e idiomas de sus parientes que viven muy lejos hacia el este, en Polinesia.

Habitan casi por completo en atolones corales en el Pacífico occidental del sur y los productos que exportan y que son sus

principales alimentos son exactamente los mismos que se encuentran en toda Polinesia. Solamente el futuro podrá determinar qué rumbo la economía de estas nuevas islas independientes seguirán en su categoría de naciones soberanas.

AUSTRALIA — Esta isla-continente de los Mares del Sur es el más pequeño de los continentes y el último en ser descubierto. También es uno de los más interesantes debido a que algunas de la especies animales que allí se encuentran no existen en ninguna otra parte del mundo. Entre éstas se hallan el canguro, el osito koala y el platipus, con su pico de ganso.

Australia tiene cuatro regiones bien diferenciadas: 1) La Gran Meseta al poniente, que comprende aproximadamente la mitad del continente; 2) Las Serranías Orientales, que se ciñen a lo largo de toda la costa oriental, siendo raro el lugar en que penetran más de ciento setenta kilómetros tierra adentro; 3) El Valle Central, que es un llano, gran parte del cual fué el fondo de un mar; 4) la Llanura Costeña, que forma un reborde de anchura variable y que circunda casi todo el continente.

Casi la mitad de Australia está situada en la zona tropical, pero como está rodeada por grandes extensiones de agua, el continente tiene un clima templado durante todo el año. Sólo nieva en las montañas más altas en el invierno.

Las tierras del litoral son muy feraces y en el interior existen grandes extensiones de pastos, pero la mayor parte del interior no se presta para la agricultura. Existen grandes extensiones áridas de naturaleza desértica o semi-desértica que actualmente están escasamente pobladas y que nunca podrán sostener muchos habitantes. La mayor precipitación se registra en la zona tropical situada al norte del continente. La costa sur y la parte meridional de las Se-

E. L. Jordan

Escena callejera, en **Hong Kong**.

rranías Orientales tienen suficiente humedad. En el resto, la lluvia es insuficiente. Si no fuera por la existencia de innumerables pozos artesianos diseminados por vastas extensiones, la superficie seca del país sería mucho mayor. Estos pozos son los que hacen posible la cría de ganado en Australia, pero, debido a su alto contenido mineral, el agua rara vez se usa para beber o para regadío agrícola.

En los sitios en los cuales hay suficiente humedad para que se dé la hierba, el terreno resulta ideal para pastos. Estas tierras han demostrado ser las más apropiadas para la cría de ovejas. Los rebaños se componen principalmente de carneros Merino, los cuales producen una lana de gran calidad. El vellón de estos carneros es tanto más espeso que el de los que se crían en otras partes que aunque Australia tiene sólo una sexta parte de los carneros del mundo, su producción de lana abastece una proporcíon mucho mayor del mercado mundial.

El río Murray con sus afluentes forma la principal red fluvial, desembocando en el mar en la costa meridional. El Gilbert, el Norman y el Flinders son los principales ríos que desembocan en el golfo de Carpentaria al norte. En el poniente los ríos Murchison, Gascoyne, Ashburton y Fitzroy desaguan en el océano Índico.

Los ríos que corren hacia el interior sufren grandes alternativas en su caudal durante el año. Durante largos períodos de tiempo esos ríos no son más que una sucesión de charcos, pero cuando se desbordan sus aguas inundan kilómetros y kilómetros de los llanos. La mayor parte de las aguas se evapora o es absorbida antes de que pueda extenderse mucho. En el centro del continente, cuando los ríos tienen suficiente caudal, corren hacia el lago Eyre, pero ge-

Vista de los activos muelles de Singapur, uno de los grandes centros del tráfico marítimo mundial.

Servicio Informativo Británico

División Consular del Gobierno de Pakistán
Los Jardines de Shalamar, un lugar digno de verse en Lahore, Pakistán.

Australian News and Information Bureau
La calle Bourke en Melbourne, Australia.

TWA
Bombay, entrada a la India.

neralmente no son más que cauces secos y arenosos.

Los lagos, que aparentemente existen en abundancia, regados por todo el territorio, también resultan decepcionantes ya que no son más que cuencas de poca profundidad que sólo se llenan cuando llueve.

La Gran Barrera de Arrecifes, la formación coralífera más grande que existe, se extiende a lo largo del litoral nordeste por un total de dos mil kilómetros de los veinte mil kilómetros de costas que tiene Australia. Los barcos pueden cruzar esta barrera sólo en contados sitios, pero su existencia provee a Australia de una segunda línea de costas que facilita la navegación de cabotaje. La costa sureste tiene muy buenos puertos.

Como se carece de ríos navegables, la mayor parte del transporte se realiza por ferrocarril. Los ferrocarriles han desempe-

ñado un papel importantísimo en el desarrollo de Australia, aunque tienen el grave defecto de utilizar vías férreas de diversas anchuras. En los últimos cincuenta años ha habido un gran aumento en la construcción de carreteras y las rutas aéreas se amplían continuamente.

Australia, que pertenece a la Comunidad Británica de Naciones, es, a su vez, una Confederación compuesta de seis estados: Nueva Gales del Sur, Victoria, Tasmania, Australia Meridional, Australia Occidental y Queensland. La capital es Canberra, la cual está situada en un distrito que se denomina Territorio de la Capital Australiana, que se encuentra entre Melbourne y Sydney, en el estado de Nueva Gales del Sur. Al

igual que Brasília, Canberra se edificó de acuerdo con planos de urbanización cuidadosamente confeccionados.

La primera colonia en fomentarse fué la de Nueva Gales del Sur, que debe su nombre a Gales del Sur en Inglaterra. Uno de sus primeros pueblos fué el de Sydney, el cual fue aumentando su tamaño hasta llegar a ser la mayor ciudad del continente australiano. Su puerto es el principal del continente y, también, un centro mercantil de primer orden. La importancia económica de Nueva Gales del Sur radica en su gran industria siderúrgica que utiliza los valiosos yacimientos de hulla de la región. Las sierras tienen pastos ideales para ovejas. Cerca de la mitad de la producción de lana de Australia se basa en los rebaños de ovejas de Nueva Gales del Sur.

Melbourne, la segunda ciudad, es la capital de Victoria, el estado más pequeño.

Vista de Auckland, la ciudad más grande de Nueva Zelanda.

Paisaje de Indonesia.
Oficina de Información de la República de Indonesia

Embajada de Nueva Zelanda

Qantas
Puerto de Sydney con la casa de Gobierno al frente.

Victoria es un centro industrial de primer orden. La fabricación de automóviles y de maquinaria agrícola se cuenta entre sus principales actividades. En las sierras se cosechan frutas y en las montañas, al norte de Melbourne, crecen los eucaliptos más altos de Australia. Petróleo y gas natural se encuentran a lo largo del litoral.

Al sur de Australia se halla la isla de Tasmania que tiene forma de corazón. Sus célebres manzanares han hecho que se le apode el Estado Manzanero. En Tasmania se encuentra Hobart, que es el mejor puerto de Australia y la capital del estado. En el oeste de la isla existen minas de cobre.

El estado de Australia Meridional abarca desde la costa sur hasta cerca del centro del continente. Gran parte de la producción de trigo de Australia se cosecha en este estado. Los vinos de la Australia Meridional han adquirido fama por su buena calidad. Adelaida es la capital y centro industrial del estado, desde donde parte un ferrocarril que va hasta Alice Springs en el interior del continente. La via férrea tiene un tramo de 560 kilómetros sin una sola curva, lo que da una idea de lo plano que es el terreno. La construcción de buques es una industria importante en Whyalla.

Publishers Photo Service
Solo una cuarta parte, aproximadamente, del volumen de un témpano de hielo sobresale del agua.

El estado de Australia Occidental que comprende un tercio del continente está escasamente poblado. La mayor parte de la población se concentra en Perth, la capital, situada a pocos kilómetros del puerto de Fremantle. La costa de la Australia Occidental es conocida por su industria perlera. Procedente de este estado viene mucha de la nueva riqueza de Australia. Está a la cabeza en la producción de níquel, hierro, oro y gran cantidad de la bauxita del país. Kalgoorlie es famosa por sus minas de oro. También algunas partes de este estado producen maderas en abundancia.

Queensland es el estado situado en el nordeste del continente, donde existe un clima tropical. Las frutas tropicales y la caña de azúcar se cuentan entre sus principales cosechas. Es el centro productor de carne de Australia. Este estado también tiene ricos recursos minerales; es el principal productor de bauxita, cobre y plata.

Además del territorio continental y la isla de Tasmania, Australia ha extendido su influencia a otros territorios. Entre éstos se encuentran el Territorio de Islas de la Mar de Coral y la isla de Norfolk.

NUEVA ZELANDA — Nueva Zelanda está situada a unos dos mil kilómetros al sureste de Australia, al otro lado del mar de Tasmania. Está compuesta de dos islas grandes y muchas pequeñas y tiene una longitud de unos 1,870 kilómetros de norte a sur. Las dos islas principales, la Isla del Norte y la Isla del Sur, están divididas por el estrecho de Cook, el cual tiene solamente 27 kilómetros de ancho en su parte más an-

El valle de Alto Murray.
Australian News and Information Bureau

El río Lockhart del Canadá corre hacia el norte para desembocar en el océano Ártico.

En los mares árticos se cazan ballenas.
Ferrocarriles Nacionales del Canadá

Casa con techo de hierba en Fiji.

Jean Le Roy

gosta. Estas islas, a pesar de lo cerca que se encuentran, tienen pocas características comunes, a no ser la topografía montañosa de ambas.

La Isla del Norte es de origen volcánico y está compuesta principalmente de colinas boscosas y mesetas. El pico más alto es la cumbre nevada y hermosa del Monte Egmont, que es un volcán apagado. Existen algunos volcanes en erupción, aguas termales y géiseres.

La isla del Sur es más abrupta, presentando picachos rocosos y glaciares parecidos a los de los Alpes en Europa. El Monte Cook es la cima más alta, elevándose hasta los 3,764 metros. La costa suroeste, al igual que la costa de Noruega, está llena de profundos fiords. En el Parque Nacional de la Tierra de los Fiords, que comprende una gran parte de esta región, se halla la cascada de Sutherland, una de las cataratas más altas del mundo (600 mts.).

Con excepción de la extremidad nordeste de la Isla del Norte que es una zona semitropical, Nueva Zelanda tiene un clima templado, mas bien frío y vigorizante. En la región sureste es donde más llueve y nieva pero, en general, la precipitación en todo el territorio es lo suficiente para que su vegetación sea lozana y floreciente.

Como Australia, Nueva Zelanda tiene una flora y fauna singular. No hay culebras pero sí se ven unos rarísimos murciélagos y lagartos. De aquí es que el kigui (kiwi), un ave que no vuela. No existen mamíferos que sean originarios de Nueva Zelanda.

Los primeros colonizadores europeos llevaron ovejas a las islas y después importaron ganado. Los perros y cerdos jíbaros que moran en la espesura descienden de los animales domésticos que vinieron con los colonizadores y se escaparon al monte. Entre los animales salvajes llevados a Nueva Zelanda por los colonos europeos está el gamo alpino que pulula en las montañas de la Isla del Sur. Se han introducido venados de la India, Europa y América.

Hay una gran abundancia de helechos, tanto plantas como árboles. De estos últimos, algunos alcanzan alturas de 15 metros. El pino de kauri, que se encuentra principalmente en el norte, es muy apreciado por la calidad de su madera y la utilidad de su resina.

La vegetación y el clima de Nueva Zelanda son propicios al desarrollo de la industria lechera. La producción de lana, que todavía es considerable, era la principal industria en los comienzos, pero al perfeccionarse los modernos procedimientos de refrigeración que permiten el transporte de carnes y derivados lácteos a grandes distancias sin descomponerse, Nueva Zelanda ha ido aumentando progresivamente sus exportaciones de productos lácteos y carnes congeladas de res y carnero. La Gran Bretaña es el principal mercado de estos productos.

Los principales productos minerales de Nueva Zelanda son carbón, hierro, petróleo y gas natural. También produce cantidades menores de otros minerales. Nueva Zelanda, al igual que Suiza, posée una gran abundancia de fuerza hidráulica y muchas plantas eléctricas suministran electricidad a los ferrocarriles, a la industria y a las casas particulares.

La isla de Stewart, separada de la Isla del Sur por el estrecho de Foveaux y las islas Chatham, al este del estrecho de Cook, forman parte del dominio de Nueva Zelanda. Otras islas que se consideran parte de Nueva Zelanda son las Auckland y las Campbell. Nueva Zelanda también administra varias islas en la Polinesia, tales como las Niue, las Tokelau y las de Cook. Nueva Zelanda alega tener derecho sobre la llamada "Dependencia de Ross" en la Antártica, que abarca el amplio casquete polar de Ross.

EL ÁRTICO — El Ártico es una vasta región de hielo, nieve y agua que se encuentra comprendida dentro del Círculo Ártico, que circunda la Tierra a los 66 grados 33 minutos de latitud norte y cuyo centro es el polo norte. El océano Ártico, que ocupa la mayor parte de la superficie, se encuentra entre unas islas (entre ellas la mayor parte de Groenlandia) y los límites septentrionales de la América del Norte, Europa y Asia. La temperatura oscila entre un grado centígrado bajo cero en el verano y 34 bajo cero en el invierno en las regiones cercanas al océano Ártico, pero las temperaturas son mucho más bajas en el interior del continente ártico. En el verano la orilla del océano Ártico que rodea la superficie terrestre del continente se descongela lo suficiente como para permitir la navegación. Unos pocos centímetros del suelo se descongelan al influjo de los días de veinticuatro horas de sol y se cubren de una espesa alfombra de hierba llena de flores. La tierra es pantanosa ya que como el subsuelo permanece helado, el drenaje es deficiente. En estos llanos moran los renos, visones, zorros, castores y muchos otros animales, muchos de los cuales tienen valiosas pieles. Los osos polares, las focas, morsas y muchas aves marinas hallan su sustento en las aguas repletas de peces.

Las regiones árticas permanecieron mucho tiempo inexploradas pero últimamente han despertado gran interés al descubrirse su importancia como fuente de información metereológica y como ruta que acorta el tránsito aéreo intercontinental.

LA ANTÁRTICA — El imponente continente Antártico, que circunda el polo sur, se compone de una región de vendavales violentos y frígidos, témpanos flotantes y enormes masas de hielo, situada en la extremidad meridional de los océanos Atlántico, Pacífico e Índico.

Este continente, de forma casi circular, está compuesto por una alta meseta rodeada por acantilados rocosos y atravesada por encumbradas cordilleras que se elevan hasta cerca de los 4,500 metros de altura. La línea del litoral la alteran el mar de Weddell y el de Ross, que son verdaderos golfos bloqueados por el hielo. El hielo proviene de un inmenso casquete de gran espesor que cubre a todo el continente. En ciertos sitios que el hielo no cubre, la tierra es estéril, dándose solamente musgos, algas y líquenes. En la península al sur de América del sur se encuentran algunas plantas fanerógamas. La temperatura de este continente es la más baja del mundo. Aún durante el verano antártico raras veces la temperatura sube a más de cero grados centígrados y para eso sólo en las partes más templadas de la península. En el interior siempre son inferiores a dieciocho grados bajo cero. La vida animal en el continente está limitada a los pinguinos "emperadores," que son los únicos que viven allí el año entero; otras especies de pinguinos y algunas aves de paso. En las gélidas aguas de los alrededores se hallan diversas manifestaciones de vida vegetal, camarones pequeños, focas y muchas ballenas.

Muchachas con trajes típicos, Fiji.

Jean Le Roy

LAS RAZAS HUMANAS

POR EL DR. HENRY FIELD,
EX DIRECTOR DE LA SECCIÓN DE ANTROPOLOGÍA FÍSICA.

Revisado por el Dr. W. D. HAMBLY,
DIRECTOR DE LA SECCIÓN DE ETNOLOGÍA AFRICANA.

MUSEO DE HISTORIA NATURAL DE CHICAGO
ANTES MUSEO FIELD DE HISTORIA NATURAL

MONGOLOIDE

BLANCA

NEGRA

GRUPO QUE SIMBOLIZA LA UNIDAD DE LA HUMANIDAD
ESCULTURA DE MALVINA HOFFMAN

MIENTRAS "CAZABA" CABEZAS PARA ESCULPIRLAS

POR MALVINA HOFFMAN

Una de las inevitables consecuencias de la guerra mundial es la adquisición de conocimientos más amplios sobre los pueblos que habitan la Tierra. Lugares y tribus humanas que antes eran desconocidos para la mayoría, parece que nos presentan, ahora, una perspectiva más próxima. Los soldados de las fuerzas combatientes traen consigo recuerdos vívidos y, a menudo, agradecidos, de tierras lejanas y de nativos que han mostrado lo valientes que pueden ser los indígenas de las tribus primitivas y la confianza que puede depositarse en ellos. Cuando vivimos con esos hijos de la selva, o del desierto, nos asombramos al comprobar su buen humor y su inteligencia natural, y lo profundamente humano de su comportamiento. Su concepto del honor es, con frecuencia, un ejemplo para aquellos pueblos que se consideran más civilizados. Su palabra es mejor que una escritura, y una vez empeñada, no se puede faltar a ella.

Su concepto de la hospitalidad abarca la protección del huésped, aunque entrañe peligro para ellos. La formación de un jefe de la selva exige algo más fuerte que la enseñanza que se adquiere por medio de los libros, y para establecer una corriente de amistad entre el hombre blanco que lo visita y el miembro de una tribu, se necesita algo más que un intérprete o regalos y sobornos.

Mientras "cazaba" tipos característicos en los desiertos o las selvas, encontré que el pasaporte más útil para el viajero, eran la honradez del propósito y la sinceridad de carácter. En muchas tribus existe una especie de sexto sentido que les permite apreciar, aplicando su propia escala de valores, la integridad del extranjero que llega a su territorio. Si sospechan o si creen que se les quiere explotar, quizás reciban, a pesar de ello, al visitante, pero es posible que éste sea engañado por su propio juego. Son buenos actores y tienen un sistema especial para comunicarse sus ideas, unos a otros, que el extranjero nunca sospecha.

Un incidente que prueba lo que acabo de decir ocurrió cuando un viajero se propuso grabar en discos fonográficos la música de cierta tribu. Sus maneras orgullosas molestaron al jefe, pero la recompensa que ofrecía era tentadora. Se cantaron las canciones a su debido tiempo y se grabaron, y sólo mucho después, cuando se tradujo la letra de las canciones por personas expertas en los dialectos empleados, se vió que las canciones no eran otra cosa que una repetición de frases, todas las cuales tenían el mismo significado: "Me pregunto si el hombre blanco cree que puede realmente engañarme".

Una vez, en contestación a mi pregunta de por qué no tomaba parte en nuestra conversación, un indio americano me respondió: "El indio escucha y aprende mucho; el hombre blanco habla constantemente y no aprende nada".

Y otra vez, en los desiertos de África, cuando un aeroplano volaba sobre nuestras cabezas, pregunté al modelo de piel negra que posaba para mí, por qué ni siquiera levantaba los ojos para mirar al maravilloso aeroplano plateado que cruzaba el cielo: "¿Qué hace el hombre blanco con el tiempo que ahorra—preguntó él, a su vez—, queriendo alejarse tan rápidamente del sitio en que vive?". Mientras no aprendamos a apreciar las buenas cualidades de nuestros contemporáneos primitivos, y sigamos adoptando hacia ellos una actitud de tolerante superioridad, nos resultará difícil contestar satisfactoriamente la pregunta que antecede.

ALGUNAS NOTAS SOBRE MALVINA HOFFMAN. *Puede considerarse a Malvina Hoffman como la retratista más sobresaliente, en forma plástica, de los tipos raciales humanos. Antes de que se le encomendara a Miss Hoffman la tarea de crear sus estudios raciales en bronce, era conocida ya como gran escultora. Después de estudiar bajo la dirección de Gutzon Borglum y de Augusto Rodin, obtuvo el primer premio en el Salón de París con sus "Bailarines Rusos". Algunas de sus obras pueden admirarse en el Metropolitan Museum of Art, de Nueva York en el Musée du Luxembourg, de París, en el Carnegie Institute de Pittsburgh, y en la American Academy, de Roma. En 1929, el Field Museum, de Chicago, le encomendó a Miss Hoffman la tarea de perpetuar en bronce ciertos tipos raciales escogidos. En sus viajes a las apartadas regiones en que habitan esas razas, recorrió todos los continentes y visitó muchas tribus remotas. El texto de "Las Razas Humanas" está ilustrado con grabados que reproducen la obra escultórica de Miss Hoffman al servicio de la Antropología.*

DESCRIPCIÓN DE LAS RAZAS

DURANTE MUCHOS AÑOS LOS ANTROPÓLOGOS HAN USADO LA PALABRA "RAZA" CON LA MAYOR LIBERTAD Y SIN DISCERNIMIENTO; INCLUSO SE HA HECHO QUE ABARCARA CUALIDADES PSICOLÓGICAS Y SOCIALES Y, A MENUDO, SE LA HA CONFUNDIDO CON LA NACIONALIDAD. TAMBIÉN SE LE HA ATRIBUÍDO CIERTO CARÁCTER DE SUPERIORIDAD O INFERIORIDAD INNATAS. POR NUESTRA PARTE, HACEMOS CONSTAR CLARAMENTE QUE ENTENDEMOS POR "RAZA" CIERTA COMBINACIÓN DE RASGOS FÍSICOS HEREDITARIOS, SIN IMPLICACIONES DE ÍNDOLE SOCIAL O PSICOLÓGICA.

ÁFRICA

El continente de África cubre una superficie de 31.000.000 de kilómetros cuadrados, casi cuatro veces el tamaño de los Estados Unidos. La población total se ha calculado en 254.000.000 de habitantes, pero esta cifra no es más que una aproximación. La región habitada por los negros típicos comprende los dos tercios, aproximadamente, del continente, o sea la zona de bosques que abarca una faja de la costa occidental y una extensa región central. Los negros muestran muchas variaciones locales importantes en su aspecto físico. La estatua del hombre negro en el grupo que simboliza la unidad de la humanidad, es una buena representación del aspecto general del africano.

NEGROS TÍPICOS DE LA COSTA OCCIDENTAL

El negro se caracteriza por el color oscuro de su piel, que varía entre el moreno muy oscuro y el color casi negro, aunque tal vez la piel no es nunca negra como el azabache, y la estatura también varía considerablemente según la localidad. El *kru* de Liberia, el *ibo* de Nigeria, y el *ijaw* del delta del Níger, se mencionan a menudo como tipos negros ejemplares. El negro de la costa occidental de África tiene la cabeza alargada, es de mediana estatura, muy bien desarrollado, con torso fuerte y miembros vigorosos. Los brazos son largos y las piernas cortas, en comparación con la longitud del tronco. En todos los negros suele ser la cara ancha y llena, a veces con mentón saliente. La nariz es ancha, y los labios gruesos y volteados. Los ojos oscuros y el cabello lanoso son, también, rasgos constantes del negro. Aunque no se tratarán los complejos problemas relacionados con el origen de los tipos negros, mencionaremos aquí las principales ramas del tronco negro.

NEGROS DEL NILO SUPERIOR

Para explicar este tipo, al que suele dársele el nombre de *nilótico*, se apela a la hipótesis de la intrusión de una raza extranjera. Los antropólogos creen que olas migratorias de seres humanos, llamados *camitas*, penetraron en el Nordeste de África en una época remota, mucho antes de que comenzara el período histórico. Se cree, también, que el cruzamiento de esos invasores camíticos con los verdaderos negros produjo el tipo nilótico. Los negros nilóticos, si se comparan con los negros típicos del Africa occidental, muestran una estatura mayor, una estructura mucho más ligera, y cabezas más largas en relación con su anchura (son más dolicocéfalos).

NEGROS DEL NORDESTE DE ÁFRICA

En la colonia de Kenia hay tribus cuyo tipo físico ha sido afectado por los camitas intrusos. En esta región, como entre los negros nilóticos, la configuración del verdadero negro ha sido modificada y presenta una mayor estatura, una estructura menos vigorosa, y un afinamiento de la nariz y la boca. Algunos antropólogos llaman *semicamitas* a estos negros *camitizados*, de los que son ejemplos los *suk*, los *masai* y los *nandi*.

CAMITAS

Los camitas, que habitan el Norte y el Nordeste de Africa, pertenecen a la rama caucásica de la humanidad. Tienen cabellos de color castaño oscuro o negro, que es rizado en unos y ondulado en otros, y el color de la piel varía del pardo rojizo al castaño oscuro. Su estatura media oscila entre la talla muy alta y la mediana, y su estructura es ligera. El camita típico tiene cabeza larga, cara ovalada y alargada sin protuberancias, labios delgados, mentón puntiagudo, y nariz prominente, estrecha y bien formada. Hay que reconocer dos divisiones principales: los camitas del Norte y los del Este. Los principales camitas del Norte son los *bereberes* y los *tuareg*, que están confinados en la región del Sáhara. El grupo oriental de camitas comprende los *somalies*, los *hadendoa* y los *bisharin*.

HOMBRE BEREBER
MARRUECOS
ÁFRICA DEL NORTE
TRONCO BLANCO

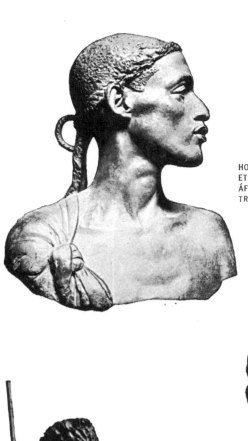

HOMBRE ETÍOPE
ETIOPÍA
ÁFRICA DEL NORDESTE
TRONCO BLANCO

MUJER ETÍOPE
ETIOPÍA
ÁFRICA DEL NORDESTE
TRONCO BLANCO

GUERRERO NUER
TRIBU NUER
NILO BLANCO SUPERIOR
ÁFRICA DEL NORDESTE
TRONCO NEGRO

HOMBRE SOMALÍ
TRIBU SOMALÍ
ÁFRICA DEL NORDESTE
TRONCO BLANCO

SEMITAS

Las palabras semítico y camítico tienen una connotación lingüística definida en la mente de los antropólogos. Las dos lenguas, de las que hay muchos dialectos, se separaron hace mucho tiempo del tronco original camítico-semítico. Pero además de un significado lingüístico, los términos traen a la mente tipos físicos que difieren muchísimo de los negros. En el párrafo anterior se mencionaron algunas características de los camitas, y, en cierto grado, los rasgos físicos de los camitas se asemejan a los de los semitas. Miembros del grupo semítico que, en la actualidad, viven principalmente en el extremo septentrional del África, emigraron de Arabia en épocas remotas. Una migración y una conquista importantes ocurrieron en el siglo VII de la era cristiana y otras en el siglo XI. Los árabes, que son semitas típicos tanto por el físico como por el lenguaje, suelen ser de estatura mediana, tienen cabellos oscuros, y, por lo general, la cara ovalada con nariz larga, estrecha y recta. Hay dos formas típicas de cabeza entre los árabes: una es larga, la otra, ancha. Durante siglos los árabes esclavizaron a los negros y, a veces, se mezclaron racialmente y, en consecuencia, en el Norte y el Nordeste de África pueden verse muchos tipos arábigo-negros. Los judíos, que abundan en el Norte de África, hablan lenguajes semíticos, y por su fisonomía muchos de ellos se parecen algo a los árabes. Tenemos que considerar a los semitas como una gran familia étnica que antiguamente se dividió en tipos físicos y lingüísticos tales como los árabes, los judíos y muchas de las tribus y naciones mencionadas, con tanta frecuencia, en el Antiguo Testamento.

PIGMEOS

No se ha determinado aún qué relación genética existe entre los negros típicos, los pigmeos (a los que a veces se aplica equivocadamente el nombre de negrillos), los bosquimanos y los hotentotes. Hay que observar que muchas pequeñas tribus negroides de la región de las selvas centrales se consideran a veces como pigmeos. Pero algunas de ellas como, por ejemplo, la del muchacho pigmeo *batua*, representado en un busto de bronce, descienden probablemente de una mezcla de pigmeos con negros.

BATUA
MUCHACHO PIGMEO
REP. DEL CONGO
ÁFRICA CENTRAL
TRONCO NEGRO

Hay, sin embargo, grupos de verdaderos pigmeos, siendo los más típicos de ellos los *wambuti* de la selva del Ituri, en la Rep. del Congo. Su cabello de color castaño oscuro suele ser corto. El color de su piel varía del moreno claro con un tono amarillento, al chocolate muy oscuro. La estatura media del varón es de 1 metro y 37 centímetros, y tanto el cuerpo como las piernas son cortos. Presentan un desarrollo peculiar de las nalgas análogo al de los bosquimanos del Kalahari. La forma de la cabeza es típicamente redonda y sobresale ligeramente. Los labios son gruesos, y la nariz, ancha y aplastada.

BOSQUIMANOS Y HOTENTOTES

Desde un punto de vista racial, los bosquimanos son el pueblo más interesante al Sur del África ecuatorial. En la actualidad están confinados principalmente al desierto de Kalahari. Los bosquimanos tienen cabello corto y rizado, que crece en mechones, enrollados en forma de bola, y que, debido a su aspecto, se conoce con el nombre de cabello "grano de pimienta". El pelo de la cara y el cuerpo es muy escaso. La piel, cuyo color varía entre el amarillo y el aceitunado, se surca de arrugas mucho antes de llegar a la senectud. La cabeza es sumamente pequeña, baja en la coronilla, y su forma es entre alargada y redonda. La anchura de los pómulos unida a la estrechez de la frente, hace que el contorno de la cara tenga el aspecto de un losange. La frente sobresale ligeramente, y la nariz es más ancha y aplastada que en ninguna otra raza. Los ojos oscuros son, a menudo, estrechos y ligeramente oblicuos. La estatura corriente en el varón, es inferior a 1 metro y 52 centímetros. En los dos sexos existe un desarrollo excesivo de las nalgas, que a menudo es muy acentuado en las mujeres. La mezcla racial de los bosquimanos y los negros, y posiblemente con los primitivos camitas invasores, dió como resultado gentes de una talla algo mayor, a las que se les da el nombre de hotentotes, que tienen cabeza más larga y estrecha y cara más saliente. Los hotentotes habitaban, originariamente, la parte occidental del África del Sur, pero, en la actualidad, su organización tribal sólo se conserva en el Suroeste de África.

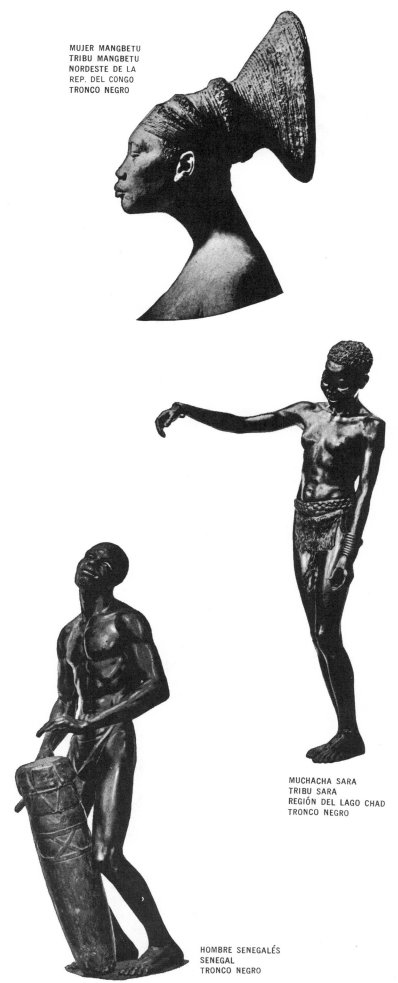

MUJER MANGBETU
TRIBU MANGBETU
NORDESTE DE LA
REP. DEL CONGO
TRONCO NEGRO

MUCHACHA SARA
TRIBU SARA
REGIÓN DEL LAGO CHAD
TRONCO NEGRO

HOMBRE SENEGALÉS
SENEGAL
TRONCO NEGRO

HOMBRE NUBIO
NUBIA
VALLE DEL NILO
EGIPTO
TRONCO BLANCO

HOMBRE DEL DAHOMEY
DAHOMEY
ÁFRICA OCCIDENTAL
MEZCLA NEGRA Y
BLANCA

Procederemos ahora a estudiar las esculturas reproducidas en este artículo, empezando por las que aparecen en las dos páginas anteriores. Los pueblos camíticos del Norte y el Nordeste de África están representados por cuatro grabados. El busto en bronce de un camita de Etiopía, muestra los rasgos finos que son característicos del grupo. Se reproduce, también, la cabeza de una mujer etíope, esculpida en mármol negro. La regularidad de los rasgos y la forma peculiar de arreglarse el cabello están fielmente reproducidos. El busto de un somalí presenta, también, rasgos camíticos típicos, mientras que el nubio muestra una mezcla de sangre camítica y negra. Este hombre procede de Luxor, en Egipto, pero el grosor de sus labios lo diferencia ligeramente del labriego típico del valle del Nilo.

Los negros del valle del Nilo Superior, están representados por una estatua, de cuerpo entero, de un guerrero *nuer* de piel oscura, que tiene una altura de 2.03 metros. Está de pie, sobre una pierna, en la postura peculiar característica de estas gentes. Los *mangbetus*, en la región del Nordeste del Congo, son primordialmente un tipo negro verdadero; pero la piel de color moreno claro de la clase aristocrática sugiere alguna mezcla camítica. El busto de una mujer *mangbetu* es interesante por el modo peculiar de arreglarse el cabello y por la deformación del cráneo. Existe la costumbre de ligar fuertemente con vendajes la cabeza de algunos niños, lo que la obliga a crecer en sentido longitudinal, resultando así una cabeza larga y estrecha. Esa deformación se considera como signo de belleza y distinción social. El perfil de esa mujer muestra claramente los efectos de semejante tratamiento.

MUJER SUDANESA
ÁFRICA DEL NORDESTE
TRONCO NEGRO

FAMILIA DE PIGMEOS
WAMBUTI
SELVA DEL ITURI
NORDESTE DE LA
REP. DEL CONGO
TRONCO NEGRO

MUJER DEL UBANGUI
TRIBU DEL UBANGUI
LAGO CHAD
TRONCO NEGRO

142

El tipo negro está representado por dos figuras de cuerpo entero, que se complementan: un senegalés que toca un instrumento músico de percusión, y una joven bailarina de la tribu *sara*. Las figuras de esos bronces, cuya pátina es de un negro lustroso, se nos muestran en posturas características correspondientes a los movimientos rítmicos que provoca la música negra. La figura vivaracha y graciosa de la muchacha, en una postura de baile, contrasta fuertemente con la expresión soñadora del hombre que toca el tambor.

En el Dahomey, África Occidental, existe una variedad del tipo negro con facciones y cabello que sugieren una mezcla camítica, según puede verse en el busto correspondiente. La cabeza de una mujer del Sudán ilustra el notable tocado que es moda entre ellas, y la de una muchacha *ubangui*, con boca en forma de pico de pato, representa una de las deformaciones artificiales más notables que existen. Se perforan los labios y, para agrandarlos, se insertan en ellos pequeñas rodajas, cuyo tamaño se aumenta progresivamente. El gobierno francés ha prohibido esta costumbre desde hace muchos años. Los pueblos del África central o ecuatorial, están representados por un grupo familiar, con figuras de cuerpo entero, de pigmeos de la selva del Ituri. Mientras el hombre golpea rítmicamente el tambor, su mujer, con un niño pequeño en brazos, escucha atentamente.

Los bosquimanos están representados por una mujer que lleva un niño sujeto a la espalda (escultura muy realista) y, además, por la cabeza de un hombre de edad. Los tres tipos reproducen, en detalle, las características raciales de este pueblo primitivo, habitante del desierto. La mujer zulú es un tipo negro que se encuentra en la parte extrema del Sureste de África.

MUJER ZULÚ
TRIBU ZULÚ
ÁFRICA DEL SURESTE
TRONCO NEGRO

HOMBRE BOSQUIMANO
DESIERTO DE KALAHARI
ÁFRICA DEL SUR
MEZCLA NEGRO-MONGOLOIDE

MUJER Y NIÑO
BOSQUIMANOS
DESIERTO DE KALAHARI
ÁFRICA DEL SUR
MEZCLA NEGRO-
MONGOLOIDE

EUROPA

Los actuales habitantes de Europa pueden dividirse en tres grupos: mediterráneo (europeo meridional) alpino (europeo central), y nórdico (europeo septentrional). Aunque ha habido incontables mezclas de esos tres troncos básicos desde la época paleolítica, es todavía posible recurrir a este sistema general de clasificación, ya que la terminología tiende hacia el cambio y la minuciosidad. Los dináricos son gentes de cabeza ancha del tipo alpino; los bálticos forman parte del tronco nórdico o septentrional. Al tronco mediterráneo pertenecen los europeos meridionales y los africanos del Norte (camitas septentrionales).

La raza mediterránea está representada por un siciliano, que es bajo de estatura y de constitución robusta, con tez aceitunada, cabello y ojos de color oscuro, cabeza alargada, cara ovalada y estrecha, y boca pequeña. Este grupo habita, en la actualidad, principalmente la Península Ibérica, las islas del Mediterráneo occidental, el Sur de Francia e Italia, y las partes occidentales de Gales e Irlanda.

La raza alpina comprende la mayoría de los pueblos

SICILIANO
SICILIA
TRONCO BLANCO

FRANCES
FRANCIA
TRONCO BLANCO

ITALIANO
NORTE DE ITALIA
TRONCO BLANCO

VASCO
NORTE DE ESPAÑA
TRONCO BLANCO

MUJER BRETONA
BRETAÑA
NOROESTE DE FRANCIA
TRONCO BLANCO

de cabeza redonda de Europa. Se extienden desde la meseta central de Francia, Suiza, y Checoeslovaquia, hacia el Sur, hasta los Balcanes, y hacia el Este hasta la Unión Soviética. El miembro típico de este grupo tiene una tez tersa y bastante oscura, cabello castaño ondulado, cejas espesas, ojos castaños, vello abundante, cara ancha, a veces cuello grueso, y cuerpo unas veces mediano y otras robusto. Un buen ejemplar de este grupo, es el busto del hombre austríaco.

Los pueblos nórdicos habitan Escandinavia, el Norte de Alemania y parte de Holanda y Bélgica. Existe, también, un fuerte elemento nórdico en Gran Bretaña. El sueco, alto, con tez muy blanca, cabello rubio, ojos azules, cabeza larga, y cara con nariz y mentón prominentes, es un miembro típico de este grupo.

Los grupos raciales de Europa están representados por las figuras de cuerpo entero, de un pescador siciliano, que aparece con su red de pescar, y un hombre nórdico. En esta sección se reproducen, también, el busto de una mujer bretona, de Bretaña, Francia, con su pintoresco tocado, y el de un vasco del Norte de España. Pueden verse, además, las cabezas de un inglés, un francés, un ruso, un turco y un lapón.

LAPÓN
TRIBU LAPONA
EXTREMO DEL NOROESTE
DE EUROPA
MEZCLA BLANCO-
MONGOLOIDE

INGLÉS
GRAN BRETAÑA
TRONCO BLANCO

AUSTRÍACO
EUROPA CENTRAL
TRONCO BLANCO

HOMBRE NÓRDICO
NORTE DE EUROPA
TRONCO BLANCO

TURCO
TURQUÍA
TRONCO BLANCO

RUSO
GEORGIA, UNIÓN SOVIÉTICA
TRONCO BLANCO

ÁRABE
HILLA
IRAQ (IRAK)
TRONCO BLANCO

BEDUINO
ÁFRICA DEL NORTE
TRONCO BLANCO

HOMBRE DE CACHEMIRA
PROVINCIA DE CACHEMIRA
NOROESTE DE LA INDIA
TRONCO BLANCO

AFGANO
PESHAWAR
NORTE DE PAKISTÁN
TRONCO BLANCO

ASIA

El estudio de los pueblos asiáticos tropieza con numerosas dificultades y presenta muchos problemas complicados. En vista de los datos existentes, parece probable que el hombre tuviera su origen en alguna parte de este vasto continente. Aquí presentamos un estudio general del Asia, basado en las seis grandes divisiones geográficas siguientes: del Suroeste, del Sur o Meridional, del Sureste, del Este u Oriental, del Centro, y del Norte o Septentrional.

ASIA DEL SUROESTE

Esta región estuvo habitada originalmente por miembros primitivos del tronco mediterráneo, que forman la población básica en la época actual. Los extremos del Norte y del Sur de esta sección, están poblados por gentes de cabeza redonda. Por ejemplo, en Armenia y Anatolia (Turquía Asiática) el individuo característico tiene cabello oscuro, piel de color blanco atezado, estatura media, y nariz aquilina, prominente, de punta deprimida y alillas grandes. En la costa del Sur de Arabia el tipo que prevalece es el de cabeza redonda, y existen, también, grupos braquicéfalos (cabeza redonda) más pequeños, como los drusos de Siria y una parte del elemento fundamental en el Iraq (Mesopotamia) al Este. Para representar al gran grupo arábigo se eligió a uno de los trabajadores de Kish, en Iraq, donde la expedición conjunta del Museo Field de Chicago y de la Universidad de Oxford, realizó excavaciones arqueológicas desde 1922 hasta 1933.

El pueblo judío, que es una sección del grupo semítico, forma parte del gran tronco mediterráneo y se divide, a su vez, en dos grupos: el de los *ashkenazim* y el de los *sefarditas*. El primero incluye los judíos de la Unión Soviética y de la Europa central y occidental, mientras el segundo comprende los de España, Portugal, Asia Menor, Egipto, y Arabia. Según Haddon, los antiguos judíos estaban racialmente emparentados con los actuales beduinos del Norte de Arabia y se mezclaron, en épocas remotas con los amoritas, los filisteos, y los hititas, de los que adquirieron la llamada *nariz judía*. Toda esta región, exceptuando ciertas zonas aisladas, ha sido objeto, en épocas históricas, de numerosas invasiones, de modo que la población actual es sumamente mezclada.

En el Irán (Persia) existen descendientes directos de los antiguos habitantes de la meseta irania, junto con elementos mediterráneos en el Oeste, y rasgos mongoloides en el Nordeste. Hay, también, elementos intrusos como los kurdos, los árabes, los armenios, y otros que se han establecido en el país. El Afganistán es, esencialmente, la patria del tronco indoafgano, que se caracteriza por cabellos negros y ondulados, cutis moreno claro, cabeza y cara larga, nariz estrecha y prominente y ojos oscuros. El afgano, prestamista de dinero, que aparece en el grabado tiene los rasgos típicos de este grupo. Los habitantes del Baluchistán están estrechamente emparentados con los afganos. Sin embargo, los *baluchis* tienen la cabeza más redonda; por consiguiente, pueden clasificarse entre los pueblos indoiranios.

ASIA MERIDIONAL

Hay tres regiones geográficas principales en la India que parecen haber influído sobre los grupos raciales más importantes. En el Norte se encuentra la cordillera del Himalaya; en la parte central septentrional, las vastas llanuras del Indostán, y hacia el Sur se extiende la gran meseta, cubierta en muchos sitios por la selva, a la que se le da el nombre de Decán. Con una población variada, de unos 350.000.000 de habitantes, es imposible definir con exactitud los orígenes raciales en la India. En épocas prehistóricas, es probable que la India estuviera habitada por una población negroide primitiva, emparentada con los aborígenes de Ceilán, Sumatra, y quizás de Australia. Se cree, también, que en una época bastante remota, penetraron en la India troncos dravidianos procedentes del Noroeste y razas mongoloides que procedían del Nordeste. La palabra *dravidiano* es un término de carácter general que se usa para designar a los principales habitantes de Decán. Los caracteres físicos son: cabeza alargada, cabello ondulado y abundante, piel de color negro pardusco, y estatura mediana.

Los *veddas* de Ceilán forman uno de los grupos primitivos más interesantes de la India. Pertenecen a la rama predravidiana, y entre sus caracteres físicos figuran el cabello largo, negro, áspero y ondulado; la piel de color moreno oscuro, y estatura baja. La forma de la cabeza es larga y estrecha y la frente ligeramente deprimida, con cejas prominentes, cara y nariz relativamente anchas, labios delgados y mentón puntiagudo. Los veddas son los supervivientes actuales de los primitivos habitantes de la India.

Entre las ilustraciones se encuentra la escultura de un joven *vedda* típico, con el arco en la mano; también, la figura, de cuerpo entero, de un *tamil* (término lingüístico) y la cabeza de un hombre de Cachemira, India. El tamil habita la mitad septentrional de la isla de Ceilán y parte de la tierra firme del Sur de la India. Por su físico, pertenece al grupo dravidiano. Se ve al tamil trepando a una gran palmera, proeza que ejecuta con destreza notable. Los hombres de Cachemira tienen la piel tersa, de color moreno claro, y suelen ser de talla relativamente elevada. La cabeza es larga, con frente bien desarrollada, cara larga y estrecha, rasgos regulares, y nariz prominente, estrecha y fina. Salvo por el color de la piel, muchos habitantes del Norte de la India se parecen mucho a los europeos.

Otras figuras de esta sección representan: un cingalés, de Kandy, en Ceilán; una mujer *rajputana*, perteneciente a la casta de los parias; un brahmán de Benarés, y un hombre y una mujer de Bengala. Esas esculturas muestran las facciones refinadas de los habitantes del Norte de la India. Hay, también, la cabeza

HOMBRE TODA
TRIBU TODA
TIPO MUY ANTIGUO
DE INDIO ORIENTAL
SUR DE LA INDIA
TRONCO AUSTRALOIDE
MEZCLA BLANCA
Y NEGRA

HOMBRE VEDDA
TRIBU VEDDA
CEILÁN
TRONCO AUSTRALOIDE
MEZCLA BLANCA
Y NEGRA

HOMBRE TAMIL
SUR DE LA INDIA
MEZCLA BLANCA Y
NEGRA

CINGALÉS
CEILÁN
TRONCO BLANCO

de una bella señora de Jaipur (Yaipur), esculpida en piedra caliza, que puede considerarse excepcional por la regularidad de sus agradables facciones.

Las islas Andamán, situadas en el Océano Indico, están habitadas por miembros del grupo negrito, que comprende los *semang* de la Península de Malaca y el Este de Sumatra, los *aëtas* de la Islas Filipinas, y los *tapiros* de la Nueva Guinea. Los andamaneses están representados en las ilustraciones por un cazador pigmeo, sentado sobre una roca en actitud de tender el arco. Tiene los rasgos característicos de este grupo, que son: cabello negro y corto (a veces con un tono rojizo), piel negra, cuerpo bien proporcionado, cabeza pequeña y redonda, y manos pequeñas. La cara es ancha, los labios gruesos, pero no salientes y tampoco las mandíbulas.

Los habitantes de Birmania son del tipo mongoloide del Sur, tienen cabello negro (casi lampiños de cara y cuerpo), cabeza redonda, cara y nariz ancha y, con frecuencia, ojos oblicuos. El color de la piel varía entre amarillo y moreno, según la localidad. Por ejemplo. cuanto más alejados de la China, tanto menos amarillo es el color de la piel. Es interesante comparar las facciones del birmano que aparece en el grabado, con las de los habitantes de la India y de la China.

MUJER RAJPUTANA
PROVINCIA DE RAJPUTANA
NOROESTE DE LA INDIA
TRONCO BLANCO

MUJER DE JAIPUR (YAIPUR)
PROVINCIA DE RAJPUTANA
NOROESTE DE LA INDIA
TRONCO BLANCO

HOMBRE DE BENARÉS
BENARÉS
NORTE CENTRAL DE LA
INDIA
TRONCO BLANCO

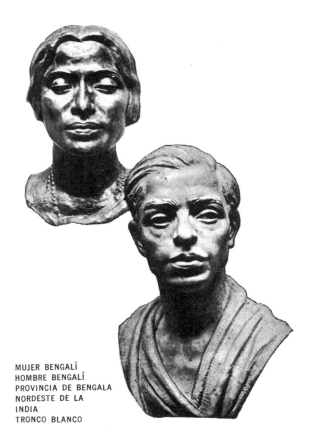

MUJER BENGALÍ
HOMBRE BENGALÍ
PROVINCIA DE BENGALA
NORDESTE DE LA
INDIA
TRONCO BLANCO

ASIA DEL SURESTE

PENÍNSULA DE MALACA Y ARCHIPIÉLAGO MALAYO

Los habitantes de esta región pueden dividirse en dos secciones: un numeroso grupo mongoloide del Sur y otro grupo no incluído en esta clasificación. En las espesas selvas de la Península de Malaca viven los *semang* y los *sakai*. Los primeros pertenecen al grupo negrito o pigmeo, pues tienen 1 metro y 52 centímetros de estatura y aun menos. El cabello es corto y rizado, de color negro con un tono rojizo, y el pelo es escaso en la cara y en el cuerpo. La piel es de color chocolate oscuro. La forma de la cabeza tiende a ser redonda; los labios son generalmente delgados; la nariz es corta, achatada y muy ancha. Los *semang* habitan, también, la porción oriental de la isla de Sumatra. El representante de este grupo es un cazador pigmeo, con su larga cerbatana en la mano derecha.

En la parte meridional de la Península de Malaca viven, también, los *sakai,* que representan el segundo elemento entre las tribus aborígenes de esta región. Se han mezclado mucho con los negritos en el Norte, y con los protomalayos en el Sur. Se diferencian de los negritos por el color más claro de la piel, por su mayor estatura, y por su cabello largo, ondulado y ensortijado, que es negro con un tono rojo. Los *sakai* pertenecen al grupo dravidiano y están emparentados con los *veddas* de Ceilán y con las tribus primitivas de las selvas del Sur de la India.

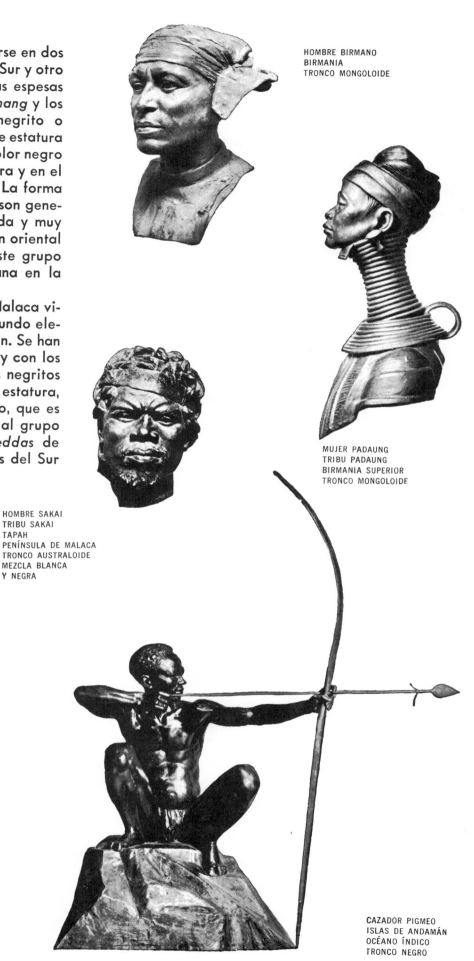

HOMBRE BIRMANO
BIRMANIA
TRONCO MONGOLOIDE

MUJER PADAUNG
TRIBU PADAUNG
BIRMANIA SUPERIOR
TRONCO MONGOLOIDE

HOMBRE SAKAI
TRIBU SAKAI
TAPAH
PENÍNSULA DE MALACA
TRONCO AUSTRALOIDE
MEZCLA BLANCA
Y NEGRA

CAZADOR PIGMEO
ISLAS DE ANDAMÁN
OCÉANO ÍNDICO
TRONCO NEGRO

HOMBRE PIGMEO
TRIBU SEMANG
PENÍNSULA DE MALACA
TRONCO NEGRO

Hay todavía, un tercer grupo primitivo en la Península de Malaca. Los *jakun*, a los que se aplica, a veces, el nombre de "malayos salvajes". Tienen piel de color rojo oscuro o pardo cobrizo y cabello lacio oscuro y áspero. La cabeza es redonda, los pómulos son altos, y los ojos, oscuros, con tendencia a la oblicuidad. En los grabados se reproducen los bustos de un hombre y una muchacha *jakun*.

En marcado contraste con esos tipos primitivos, existe un tipo puro de malayo, cuyos rasgos expresan un alto grado de inteligencia si se comparan con el *jakun*.

La familia malaya, llamada, también, indonesia, está distribuída en la mayor parte del Archipiélago Malayo. Puede dividirse en los grupos siguientes: el malayo, propiamente dicho, de la Península de Malaca; los aborígenes de las Filipinas, Borneo y Célebes; los javaneses y sondaneses de Java y Bali, y los *bataks* de Sumatra. Hay, también, miembros esparcidos de esta familia en Formosa y Madagascar. El malaya típico es, más bien, de corta estatura, tiene cabello oscuro y ondulado, piel atezada de color amarillo, el contorno de la cara en forma de losange, pómulos prominentes y mandíbulas algo salientes. La forma de la cabeza varía entre larga y redonda, siendo probablemente la primera la forma principal.

Los tipos seleccionados entre los habitantes del Archipiélago Malayo representan un *dayak* de Saráwak, Borneo, y un muchacho y una muchacha de Java. Hay, también, un grupo compuesto por tipos de diversos pueblos del archipiélago. Son dos galleros que incitan a sus gallos a la pelea, una muchacha de Bali, con una carga de fruta sobre la cabeza, y un niño de Java que se come un plátano. Los dos hombres tienen aspecto semejante, aunque uno procede de Borneo y el otro de la isla de Madura (Madoera), situada frente a la costa septentrional de Java.

MUCHACHA JAKUN
HOMBRE JAKUN
TRIBU JAKUN
PENÍNSULA DE MALACA
TRONCO MONGOLOIDE

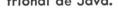

MALAYO
PENÍNSULA DE MALACA
TRONCO MONGOLOIDE

GALLEROS MALAYOS
MUJER DE BALI
MUCHACHO DE JAVA
HOMBRE DE MADOERA (IZQUIERDA)
HOMBRE DE BORNEO (DERECHA)
TRONCO MONGOLOIDE

IGORROTE
HOMBRE DE BONTOC
LUZÓN
FILIPINAS
TRONCO MONGOLOIDE

ASIA ORIENTAL

CHINA Y JAPÓN

La actual república de China abarca una superficie de varios millones de kilómetros cuadrados con una población de 650.000.000 de habitantes, aproximadamente. Los chinos integran una sola unidad racial, que ha tenido suficiente vigor para conservar su cultura y sus tradiciones frente a numerosos invasores. Considerados en conjunto, los chinos son de mediana estatura. La forma de la cabeza es intermedia, entre larga y redonda; la piel, de color moreno amarillento; los ojos, oblicuos con el pliegue mongol, y el cabello lacio y negro.

Según L. H. Dudley Buxton, se conocen dos tipos de chinos del Norte: uno, que parece estar relacionado con el chino del Sur, y otro, relacionado con los tibetanos del Este. Basándose en datos estadísticos, puede observarse que existen chinos de estatura alta, lo que sólo guarda relación con la talla de los tibetanos vecinos. Los habitantes del Sur de China pertenecen al mismo grupo que los del Norte, pero existen entre ellos diferencias notables. En el Sur de China, la estatura es menor y la cabeza menos larga, lo que hace que aumente el índice cefálico, pues la anchura, en cierta manera, permanece constante. La anchura de la nariz parece ser ligeramente mayor, lo que puede deberse a la mayor humedad y temperatura del clima. El color de la piel es más oscuro en el Sur. Sin embargo, debe reconocerse que los efectos del clima sobre la fisonomía y la constitución física del hombre aún no se comprenden bien.

Los grabados nos ofrecen los siguientes tipos raciales de China: un peón chino (culí), entre los varales del pequeño vehículo, del cual tira, como si fuera un animal de tracción (la escultura es de cuerpo entero); el busto de una mujer de Cantón de la clase campesina, con el palo de bambú que usa para transportar cargas sobre el hombro; el busto, en bronce, de un estudiante chino, y el de una mujer, en piedra, de aspecto atrayente, con el vestido adornado.

MUJER CANTONESA
CANTÓN
CHINA DEL SUR
TRONCO MONGOLOIDE

MUJER CHINA
CHINA DEL SUR
TRONCO MONGOLOIDE

CHINO
CONDUCTOR DE JINRIKISHA
CHINA DEL NORTE
TRONCO MONGOLOIDE

CHINO
SHANGHAI
CHINA
TRONCO MONGOLOIDE

MUCHACHA JAVANESA
JAVA
INDIAS ORIENTALES
TRONCO MONGOLOIDE

MUCHACHO JAVANÉS
JAVA
INDIAS ORIENTALES
TRONCO MONGOLOIDE

HOMBRE DAYAK
BORNEO
INDIAS ORIENTALES
TRONCO MONGOLOIDE

JAPONÉS
TOKIO
JAPÓN
TRONCO MONGOLOIDE

En las épocas prehistóricas, los *ainos* habitaban las islas que comprendía el antiguo Imperio Japonés. En la actualidad, sólo habitan la isla septentrional de Hokkaido, las Kuriles, y la parte meridional de la isla de Sakhalín. Los *ainos* se diferencian de todas las razas mongólicas por sus exuberantes barbas negras, su cabello ondulado y enmarañado y la gran vellosidad de otras partes del cuerpo. El color de la piel se parece al de los europeos centrales, curtidos por el sol. De estatura media, el *aino* es, generalmente, rechoncho, con cabeza de forma intermedia, entre alargada y redonda, y cara ancha, no muy sobresaliente. La nariz, estrecha, es corta y cóncava. Los ojos, grandes y horizontales, suelen ser de color castaño oscuro. La clasificación racial de los *ainos* es una cuestión altamente interesante. Representan un tronco prehistórico antiguo que se ha diferenciado grandemente.

El japonés actual se divide en dos tipos: uno, que tiene facciones relativamente finas, y otro, de rasgos más toscos. Ambos tienen ciertos caracteres en común. El cabello es siempre negro y, a veces, rizado, cuando existe mezcla de sangre *aina*. En general, la estatura es baja, aunque hay variaciones considerables. El índice cefálico y el color de la piel son, también, caracteres variables. El color de los ojos es castaño oscuro.

El tipo fino o aristocrático es más alto y esbelto, con cara alargada y nariz prominente, estrecha y arqueada. Los ojos son rectos u oblicuos y puede existir el pliegue epicántico. El tipo de caracteres toscos, que quizá proceda de inmigrantes del Asia del Sureste, es de baja estatura, rechoncho; de cara ancha y corta, con nariz cóncava y alillas redondas; ojos oblicuos, que tienen, generalmente, el pliegue epicántico, y piel más oscura que la del otro grupo.

HOMBRE AINO
NORTE DE JAPÓN
MEZCLA BLANCA Y
MONGOLOIDE

HOMBRE AINO
NORTE DE JAPÓN
MEZCLA BLANCA Y
MONGOLOIDE

JAPONESA
TOKIO
JAPÓN
TRONCO MONGOLOIDE

Como representantes raciales de estas islas, se reproducen los bustos de una joven japonesa y de un japonés. La estatua de un *aino*, de cuerpo entero, es una contribución importante al estudio de este tipo racial. Miss Hoffman modeló un *aino* de edad avanzada y, además, la cabeza de un hombre joven de esta tribu primitiva.

ASIA CENTRAL Y SEPTENTRIONAL

El Asia Central comprende el Tibet, el Turquestán chino y la Mongolia. Puede identificarse el Asia septentrional con la Siberia, que cubre aproximadamente una cuarta parte de todo el continente. La vasta región del Norte de Asia está dividida, por el Río Yenisei, en Siberia occidental y Siberia oriental. Los habitantes pueden agruparse en paleosiberianos y neosiberianos. Estos últimos, que habitan principalmente la sección occidental, constituyen un grupo variado que comprende las tribus que hablan el idioma finés.

Entre los paleoasiáticos hay los *chukchi* del Nordeste de Siberia; los *koryaks*, que viven entre el río Anadir y Kamchatka, y los *kamchadales*. A veces se incluyen en este grupo los *giliaks*, los *ainos* y los esquimales, que habitan en el lado asiático del estrecho de Bering. Los caracteres físicos son: cabello negro, barba rala de color castaño o rojizo, y piel de color blanco amarillento o moreno. Tienen, a veces, cara achatada, pómulos prominentes, ojos oblicuos y nariz recta o cóncava. La forma de la cabeza varía entre intermedia y redonda, aunque están presentes vestigios de un tronco racial muy antiguo de cabeza alargada.

En los grabados de esta sección se ve la figura sedente de un comerciante tibetano, de Lasa. Hay, además, la cabeza de una mujer tibetana, también de Lasa, y la de un sacerdote mongol, de la Mongolia Exterior.

HOMBRE MONGOL
ASIA CENTRAL
MONGOLIA EXTERIOR
TRONCO MONGOLOIDE

MUJER TIBETANA
LASA (LHASA)
TIBET
TRONCO MONGOLOIDE

COREANO
NORDESTE DE ASIA
TRONCO MONGOLOIDE

CHINO
NORDESTE DE CHINA
TRONCO MONGOLOIDE

TIBETANO
LASA (LHASA)
TIBET
TRONCO MONGOLOIDE

AMÉRICA

Antes de la llegada de los europeos, la población de las Américas estaba formada por aborígenes a los que Colón dió el nombre de indios. Desde un punto de vista histórico, ellos son los verdaderos americanos. Además, en la actualidad, aún no se han reunido suficientes pruebas arqueológicas sobre la existencia de pueblos o culturas anteriores a los indios. Se admite, generalmente, que los indios proceden del tronco mongoloide. Posiblemente, llegaron al Nuevo Mundo hace 15.000 años, o aun más, en una serie de migraciones que abarcaron un largo período. Pequeños grupos cruzaron probablemente el estrecho de Bering, ya fuera por la presión que ejercieran sobre ellos tribus hostiles o en busca de nuevos terrenos de caza. Viajando hacia el Sur y el Este se extendieron gradualmente por todas las Américas. La teoría de las migraciones sucesivas la corroboran tanto el hecho de que, a cada lado del estrecho de Bering, el país no es capaz de sostener una población numerosa, como la observación de que los indios americanos, aunque poseen muchos rasgos en común, muestran, a menudo, una gran variedad de caracteres físicos. Y, además, se pueden tomar en consideración los efectos del clima y de otros agentes ambientales, como factores de diferencias físicas.

Los caracteres físicos constantes de los indios americanos son: piel de color pardo, que frecuentemente tiene un tono rojizo o amarillento; ojos oscuros, cabello lacio, áspero y negro, barba escasa, poco vello en el cuerpo, y cara ancha con pómulos altos y prominentes. La cabeza suele ser redonda, aunque hay ciertos grupos en los que predominan las cabezas largas. La estatura varía, también, en los diferentes grupos. La nariz, es,

INDIO BLACKFOOT
MONTANA
ESTADOS UNIDOS DE AMÉRICA
TRONCO MONGOLOIDE

INDIO SIOUX
DAKOTA DEL SUR
ESTADOS UNIDOS DE AMÉRICA
TRONCO MONGOLOIDE

INDIO SIOUX
DAKOTA DEL SUR
ESTADOS UNIDOS DE AMÉRICA
TRONCO MONGOLOIDE

unas veces, aplastada y, otras, aquilina. Los indios de estatura más elevada, son los que habitan en la región del Valle del Misisipí, y se extienden a alguna distancia hacia el Norte y el Este.

Entre los indios de las llanuras y las tribus de las tierras cubiertas de bosques del Norte y el Este, existe poca variación de los caracteres anteriores. Sin embargo, los indios de la costa del Noroeste tienen piel y cabello más claros que los de los otros grupos. Son de estatura mediana, cuerpo corto y brazos largos, y, al parecer, están estrechamente enlazados con los nativos del Nordeste de Asia. Las tribus al Norte de esta región general, incluídos los *tlingit*, los *haida* y los *tsimshian*, son de estatura superior al promedio. Tienen cabeza grande, cara muy ancha y nariz cóncava o recta. En la parte meridional de esta región, como, por ejemplo, entre los *kwakiutl*, los habitantes son menos altos, y tienen la cabeza redonda, cara ancha y nariz muy larga y estrecha, a menudo de forma convexa. Estos indios habitan la costa del Noroeste, desde los 60° latitud Norte, hasta la frontera septentrional del estado de Wáshington. Entre los grabados puede verse un magnífico ejemplar de indio *blackfoot* en la postura que adopta al final de una cacería afortunada, y la cabeza de un bravo *sioux*. Para ilustrar otros tipos de indios norteamericanos, se han reproducido varios individuos procedentes de Nuevo México, entre ellos la figura, de cuerpo entero, de un indio *navajo*, una mujer *pueblo* de San Ildefonso, Nuevo México, y un indio *apache jicarilla*.

Los esquimales forman un grupo definido, evidentemente de origen asiático. En muchos respectos son los más mongoloides de todos los americanos. Se distin-

INDIA DE SAN ILDEFONSO
NUEVO MÉXICO
ESTADOS UNIDOS DE AMÉRICA
TRONCO MONGOLOIDE

INDIO NAVAJO
NUEVO MÉXICO
ESTADOS UNIDOS DE AMERICA
TRONCO MONGOLOIDE

INDIO APACHE JICARILLA
NUEVO MÉXICO
ESTADOS UNIDOS DE AMÉRICA
TRONCO MONGOLOIDE

MUJER ESQUIMAL
AMÉRICA DEL NORTE
TRONCO MONGOLOIDE

HOMBRE ESQUIMAL
AMÉRICA DEL NORTE
TRONCO MONGOLOIDE

guen por su estructura baja y rechoncha, su cabeza notablemente alargada, combinada con una cara muy ancha (rasgo poco usual en gentes con cráneo largo), mandíbulas sólidas y nariz moderadamente estrecha. Los lados de la cabeza son, a menudo, planos, y a lo largo de la bóveda del cráneo puede presentarse una cresta o protuberancia. Los ojos tienen, con frecuencia, el pliegue mongoloide. En los grabados se ven la cabeza de un hombre y de una mujer esquimales.

En México y en la América Central, la estatura más común varía entre la baja y la mediana, y predominan las cabezas redondas, aunque hay indicios que sugieren que los habitantes primitivos que fueron conquistados por estos últimos invasores, tenían la cabeza larga. Uno de los grabados representa la cabeza de un maya de Yucatán.

Los indios de la América del Sur tienen, en general, los caracteres físicos comunes a toda la raza. Se cree que penetraron en este continente en una sucesión de migraciones a través del istmo de Panamá. El busto de un *tehuelche* de Patagonia y la cabeza de un *caribe* de la cuenca del Amazonas, ilustran estos dos tipos de la América del Sur.

En algunas naciones del continente americano, entre ellas la Argentina, México y los Estados Unidos, se han hecho descubrimientos de fósiles humanos e instrumentos líticos que sugieren una mayor antigüedad para los ascendientes del hombre americano. Tales son los casos de las investigaciones geológicas en la Patagonia y las Pampas (Argentina, 1914), de los hallazgos de Folsom (Estados Unidos, 1925) y del hombre fósil de Tepexpan (México, 1947); pero el estado actual de los estudios e investigaciones concernientes a estos problemas, aún no permite ofrecer soluciones definitivas.

OCEANÍA

La Oceanía es la región que se extiende desde Australia hasta la isla de Pascua, y desde Nueva Zelanda, hacia el Norte, hasta Hawai, incluyendo todos los grupos de islas del Océano Pacífico. Es opinión general que el hombre penetró en la región del Pacífico desde el

INDIO TEHUELCHE
PATAGONIA
AMÉRICA DEL SUR
TRONCO MONGOLOIDE

INDIO CARIBE
CUENCA DEL AMAZONAS
AMÉRICA DEL SUR
TRONCO MONGOLOIDE

Sureste de Asia. Ha habido también varias migraciones sucesivas de importancia, lo que aumenta la complejidad de los problemas raciales que presenta esta región. Las seis divisiones etnográficas principales de la Oceanía, comprenden los habitantes de Australia, Tasmania, Melanesia, Nueva Guinea, Polinesia y Micronesia.

AUSTRALIA

Australia es el continente más pequeño del globo, con una superficie aproximadamente igual a la de los Estados Unidos. En general, los rasgos físicos de los aborígenes australianos son uniformes en todo el continente, aunque se observan numerosas variaciones de poca importancia. Las investigaciones arqueológicas sugieren que el hombre entró en este continente en una fecha muy remota, y que cambió muy poco bajo la influencia de los factores exteriores, hasta la llegada de los primeros europeos en 1606.

Los caracteres físicos del aborigen australiano son: cabello negro como el azabache, ondulado o rizado; pelo de la cara a menudo espeso; piel de color chocolate oscuro; estatura mediana, miembros delgados, cabeza larga, frente achatada, cejas prominentes, cara saliente, y nariz ancha, profundamente asentada.

TASMANIA

Los aborígenes de Tasmania se extinguieron a fines del siglo XIX. Eran de mediana estatura, tenían piel de color negro o pardo oscuro, cabello lanoso, cejas muy pronunciadas, cara larga y de forma ovalada o pentagonal, cabeza achatada y pequeña; nariz ancha y corta, y dientes grandes. Los cráneos de los aborígenes de Tasmania y los dibujos y retratos que de ellos se conservan, tienen semejanza con los de los negritos, los melanesios y los aborígenes australianos. En general, los caracteres físicos de los extintos habitantes de Tasmania eran similares a los de los australianos. Pero los aborígenes de Tasmania eran más negroides que los de Australia. La ruta migratoria original de esos pueblos es una cuestión no aclarada todavía.

ABORÍGENES AUSTRALIANOS
MUJER Y NIÑO
NORDESTE DE AUSTRALIA
TRONCO AUSTRALOIDE
MEZCLA BLANCA Y NEGRA

ABORIGEN AUSTRALIANO
NORDESTE DE AUSTRALIA
TRONCO AUSTRALOIDE
MEZCLA BLANCA Y NEGRA

INDIO MAYA
YUCATAN
MÉXICO
TRONCO MONGOLOIDE

MELANESIA

El nombre de esta región del Pacífico se deriva del color oscuro de la piel de los pueblos que habitan sus islas. La Melanesia abarca el Archipiélago de Bismarck, el Nordeste de Nueva Guinea, las Luisiadas, las Salomón, Santa Cruz, las Nuevas Hébridas y las islas Loyalty (Lealtad), Nueva Caledonia, Fiji (Viti) y otro pequeño grupo de islas. Aunque en toda la población de Melanesia predomina un importante elemento papú, ha habido también varias migraciones de troncos raciales desde la Indonesia. El resultado de esta mezcla de pueblos, es que la población actual muestra una variación considerable y no tiene, en modo alguno, carácter homogéneo. El cabello de los melanesios suele ser lanoso, pero puede ser, también, rizado u ondulado. El color de la piel varía entre muy oscuro y pardo claro; la estatura, entre corta y mediana. La cabeza suele tener forma alargada, pero hay grupos aislados con cabeza redonda. La frente suele ser redondeada, y las cejas bastante prominentes. La nariz es ancha, a veces recta, y más ancha que en el papú. En los melanesios hay elementos australoides y negroides.

NUEVA GUINEA

Los habitantes de Nueva Guinea y de los grupos de islas adyacentes pertenecen a la rama con cabello lanoso (negra) de la humanidad. Existe una variedad considerable de tipos raciales, que se subdividen en negritos, papús y melanesios. Los negritos típicos son los pigmeos *tapiros* de las montañas occidentales de la Nueva Guinea Occidental, que pueden compararse con los habitantes de las islas Andamán, los pigmeos *semang* de la parte central de la Península de Malaca y del Este de Sumatra, y los negritos de las Filipinas.

El cabello del *tapiro* es corto, de color negro, y tiene abundante pelo en la cara y el cuerpo. La piel es de color pardo amarillento. La estatura común de los *tapiros* es de 1 metro y 45 centímetros. La forma de la cabeza presenta variaciones considerables, la nariz es

HOMBRE DE LAS
ISLAS DE SALOMÓN
MELANESIA
TRONCO NEGRO

recta y de anchura media. Rasgo frecuente de los *ta-piros* y de otros negritos es el labio superior, profundo y convexo.

Los papús tienen la piel oscura, mediana estatura y cabeza alargada. El cabello negro es, a menudo, largo y el pelo de la cara suele ser abundante. La frente es deprimida, las cejas prominentes, y saliente la parte inferior de la cara. La nariz, ancha, es, a menudo, prominente y convexa, mientras que la punta está, a veces, curvada hacia abajo. Los papús habitan, actualmente, la mayor parte de Nueva Guinea, y estuvieron, originalmente, distribuídos por toda la Melanesia. Las palabras *papú y melanesio* tienen connotaciones geográficas, lingüísticas y físicas. Podemos referirnos tanto a Papuasia como a Melanesia y también a un papú y a un melanesio. Ambos son del tronco negro básico con algunos elementos australoides, esparcidos aquí y allá.

POLINESIA

Esta región del Pacífico Central, comprende los numerosos grupos e islas pequeñas situadas, en su mayor parte, al Sur del Ecuador. Las dos islas de Nueva Zelanda son las mayores de toda la región, que incluye también los grupos de las islas Hawai, de la Sociedad, y las Marquesas, y, además, Tonga y Samoa. El origen de los polinesios sigue ofreciendo muchas dudas, pero se cree que en una fecha remota emigraron hasta esta extensa región procedentes del Sureste de Asia. La estatura corriente del polinesio varía de mediana a alta; el pelo es negro, lacio en unos y ondulado en otros. La piel del polinesio, más oscura, se diferencia de la del europeo meridional en varios tonos del color moreno. La forma de la cabeza es redonda, pero hay pequeños grupos de cabeza larga o de forma intermedia. En general, la forma de la cara es elíptica con pómulos algo prominentes, y nariz también prominente, y, por lo común, recta, como entre los maoríes, pero, a veces, convexa. Las medidas del cráneo revelan pocas semejanzas de importancia con los melanesios y los aborígenes australianos.

HOMBRE DE LA
ISLA DE SAMOA
POLINESIA
MEZCLA BLANCA,
MONGOLOIDE Y NEGRA

HOMBRE DE LAS
ISLAS HAWAI
POLINESIA
MEZCLA BLANCA,
MONGOLOIDE Y NEGRA

MICRONESIA

Al Norte de la Melanesia se encuentran innumerables islas, entre ellas, los grupos de las Marianas, Carolinas, Marshall y Gilbert, que, juntos, forman la región conocida con el nombre de Micronesia. La población es sumamente mezclada, y contiene algunas influencias melanesias, polinesias y malayas. El color de la piel varía del pardo hasta el casi amarillo, y el cabello es ondulado o lacio; pero en el Oeste, algunos individuos tienen piel muy oscura y cabello crespo, mientras otros tienen piel clara y cabello ondulado o lacio. Los ojos son casi negros y los pómulos relativamente prominentes. Los micronesios son de mediana estatura y no tan robustos como los polinesios.

Entre las ilustraciones pueden verse algunos individuos de los pueblos de Oceanía. Australia está representada por figuras de cuerpo entero de un hombre, una mujer y un niño. El hombre tiene la postura característica que se adopta al lanzar un venablo. En su cuerpo puede verse el relieve de cicatrices especiales, producidas al taracear la carne por medio de piedras cortantes. El natural de las islas Salomón, aparece trepando a una palmera, y representa al grupo melanesio. Rodea su cuello una concha en forma de media luna y un anillo le cuelga de la nariz.

Dos hombres de las islas Hawai y el busto de un samoano son característicos del grupo polinesio. Puede verse a un *hawaiano*, de cuerpo entero, sobre la plancha de madera que se utiliza en el deporte de cabalgar sobre las olas, que lo llevan a la playa a gran velocidad. En el samoano, con un arma cortante al hombro, se aprecia la complexión robusta del polinesio.

HOMBRE DE LAS
ISLAS HAWAI
POLINESIA
MEZCLA BLANCA,
MONGOLOIDE Y NEGRA

INDICE DEL MUNDO

La que sigue es una lista arreglada en orden alfabetico de los nombres de paises, estados, provincias, etc., asi como de ciudades, poblaciones menores y accidentes geograficos de la tierra. Se hace constar primero el nombre del lugar o del accidente geografico respectivos, despues el nombre del pais, al que siguen las poblaciones y la referencia y el numero de la lamina correspondiente. Las referencias senalan el sitio en que puede encontrarse en el mapa el nombre que se busca. Cuando algun lugar sea conocido con varios nombres, o con un solo nombre que se escriba en formas diferentes, el indice incluye, si no todas, casi todas las grafias. Abajo aparece una lista de las abreviaturas empleadas en el indice.

ABREVIATURAS

EMPLEADAS EN EL SIGUIENTE INDICE DEL ATLAS

Amér. del Norte	América del Norte
Amér. del Sur	América del Sur
Amér. Central	América Central
Ant. Hol.	Antillas Holandesas
arch.	archipiélago
Arg.	Argentina
arr.	arroyo
Aust.	Australia
Brit.	Británica
cap.	capital
cord.	cordillera
Checo.	Checoslovaquia
des.	desierto
dist.	distrito
E.A.U.	Emiratos Árabes Unidos
Esp.	Español
estr.	estrecho
E.U.A.	Estados Unidos de América
Fr.	Francesa
Guat.	Guatemala
Guinea Ecuat.	Guinea Ecuatorial
Ing.	Inglaterra
Is.	islas
mte.	monte
Nic.	Nicaragua
Nva.	Nueva

N.Z.	Nueva Zelanda
Occ.	Occidental
Or.	Oriental
pen.	península
P.N.G.	Papúa Nueva Guinea
Port.	Portugal, Portuguesa
prom.	promontorio
pta.	punta
R. A. Yemen	República Árabe del Yemen
R.D.P. Yemen	República Democrática del Yemen
reg.	región
Rep.	República
Rep. Dom.	República Dominicana
repr.	represa
sa.	sierra
San Vin. y Grens.	San Vicente y Grenadines
Sept.	Septentrional
Terr.	Territorio
Terr. I.P.	Territorio de las Islas del Pacífico
Thai.	Thailandia
U.R.S.S.	Unión de las Repúblicas Socialistas Soviéticas
Ven.	Venezuela
vol.	volcán
Yugo.	Yugoslavia
Zim.	Zimbabwe

INDICE DEL MUNDO

A

Argel es uno de los principales puertos del norte de Africa.

163

Oficina de Información de Turquía

Comerciantes turcos que viajan diariamente de Europa a Asia a través del Bósforo.

Más de cincuenta puentes atraviesan los numerosos canales de Brujas en Bélgica.

Ferrocarriles Nacionales del Canadá
Leñadores conducen troncos de árboles hasta un aserradero cerca de Campbellton, Nueva Brunswick.

CH

Estatua de una sirena en la magnífica bahía de Copenhague.

Gendreau
Mezquita de Sulimán el Magnífico en Damasco, Siria.

F

El monte Fujiyama, el más alto del Japón.

175

El mar de Galilea, lago de agua dulce formado al ensancharse el río Jordán.

TWA

Departamento de Carreteras de Tejas

Autopista cerca de Houston, estado de Tejas.

Oficina Informativa del Gobierno Sudafricano

Centro comercial de Johannesburgo, República Sudáfrica.

L

Panorama Internacional Pepsi-Cola

Festival religioso en Lima, Perú.

Servicio Informativo Británico

La estatua del almirante Nelson en la Plaza de Trafalgar en Londres.

M

LL

Oficina de Información Turística de Alemania

Munich, una de las principales ciudades de Alemania.

Ñ

O

Nazaré es un balneario popular y puerto pesquero de Portugal.

TWA

La estructura de hierro forjado de la Torre Eiffel en París.

Oficina de Turismo del Gobierno Francés

P

Una catedral de Puerto Rico y su plaza

Hamilton Wright

Q

R

Vista de las Montañas Rocosas, al oeste de la América del Norte.

La catedral de San Gall en Suiza.

El Monte San Miguel en el golfo de San Malo, en Francia.

TWA
Barriles de cáscaras de naranjas en los muelles de Sicilia, a punto de ser embarcados para Inglaterra.

La Universidad de Toronto, la universidad de la provincia de Ontario, Canadá.

U

Viña del Mar es un delicioso balneario de Chile.

W

Standard Oil Company de Nueva Jersey

Botes de vela surcan los canales que conducen a Yakarta en Indonesia.

XYZ